高等职业院校国家技能型紧缺人才培养培训工程规划教材·汽车运用与维修专业

# 汽车性能与检测技术

王 强 主 编
金柏正 孙 伟 吕凤军 副主编
朱福根 主 审

电子工业出版社
Publishing House of Electronics Industry
北京·BEIJING

## 内 容 简 介

本书是为适应高等职业院校"汽车性能与检测技术"课程的教学需要及汽车运用与维修技术、汽车营销与服务等领域的职业需求而编写的。本书从汽车的日常使用性能出发，介绍了汽车的动力性、燃油经济性、制动性、操纵稳定性的含义、评价指标及检测方法，还介绍了汽车车速表检测、汽车前照灯检测、汽车排放污染物检测及噪声检测，并结合汽车检测站的布置，讲解了汽车安全环保检测与综合性能检测的工作流程。

本书可作为高等职业院校汽车运用与维修技术、汽车营销与服务、汽车检测与维修技术、汽车电子技术等专业的教材，也可作为汽车维修、汽车检测从业人员岗位培训、职业资格考核鉴定的参考用书。

未经许可，不得以任何方式复制或抄袭本书之部分或全部内容。
版权所有，侵权必究。

**图书在版编目（CIP）数据**

汽车性能与检测技术 / 王强主编. —北京：电子工业出版社，2018.8
ISBN 978-7-121-34449-7

Ⅰ. ①汽… Ⅱ. ①王… Ⅲ. ①汽车－性能检测－高等职业教育－教材 Ⅳ. ①U472.9

中国版本图书馆 CIP 数据核字（2018）第 124232 号

策划编辑：程超群
责任编辑：裴 杰
印　　刷：北京七彩京通数码快印有限公司
装　　订：北京七彩京通数码快印有限公司
出版发行：电子工业出版社
　　　　　北京市海淀区万寿路 173 信箱　邮编 100036
开　　本：787×1 092　1/16　印张：11.75　字数：300.8 千字
版　　次：2018 年 8 月第 1 版
印　　次：2022 年 1 月第 4 次印刷
定　　价：42.00 元

凡所购买电子工业出版社图书有缺损问题，请向购买书店调换。若书店售缺，请与本社发行部联系，联系及邮购电话：（010）88254888，88258888。
质量投诉请发邮件至 zlts@phei.com.cn，盗版侵权举报请发邮件至 dbqq@phei.com.cn。
本书咨询联系方式：（010）88254577，ccq@phei.com.cn。

# 前　言

本书是为适应高等职业院校"汽车性能与检测技术"课程的教学需要及汽车运用与维修技术、汽车营销与服务等领域的职业需求而编写的，分为9个项目，介绍了汽车性能检测的认识、汽车外观检测、汽车的动力性与检测、汽车的燃油经济性与检测、汽车的制动性与检测、汽车的操纵稳定性与检测、汽车车速表检测、汽车前照灯检测、汽车公害检测等内容。通过学习本书，读者不但能够了解汽车的主要性能及其检测方法，还能掌握对汽车性能进行检测的技能。

本书坚持项目引导、任务驱动，体现职业教育的理念，以工作任务驱动课程的学习，注重知识的应用价值和技能学习的可操作性；坚持理论和实践紧密结合，既介绍了汽车性能的专业知识与检测标准，也紧贴生产实际讲解具体的检测技术与方法，提供实训指导和实训报告，突出了检测的操作训练；坚持紧跟时代前沿，介绍了汽车检测的新标准、新规范、新设备和新技术，使读者能学有所用、学以致用；坚持"好用、适用"原则，结构紧凑，内容精练，重点突出，图文并茂，编排合理，为了解汽车性能和掌握检测知识提供了学习保障。

本书提供了配套教学资源，可从华信教育资源网（www.hxedu.com.cn）上免费下载。

本书由浙江交通职业技术学院的王强担任主编，杭州长运运输集团有限公司教授级高级工程师金柏正和浙江交通职业技术学院的孙伟、吕凤军担任副主编。其中，王强编写了项目1、项目3、项目4、项目5、项目7、项目9、实训及实训报告，金柏正参加编写了项目5，孙伟编写了项目2和项目8，吕凤军编写了项目6。本书是浙江省教育厅高校访问工程师校企合作项目"汽车安全环保检测与质量鉴定关键技术研究（FG2016014）"成果之一。

本书由浙江交通职业技术学院的朱福根教授主审，在此深表感谢。

由于编者水平有限，书中难免有疏漏和不足之处，欢迎读者批评指正。

编者联系邮箱：349820647@qq.com。

编　者

# 目 录

## 项目1 汽车性能检测的认识 (1)
### 任务1.1 汽车性能的评价 (1)
- 1.1.1 汽车容载量 (2)
- 1.1.2 汽车的质量利用 (2)
- 1.1.3 汽车使用方便性 (2)
- 1.1.4 汽车速度性能 (3)
- 1.1.5 汽车使用经济性 (3)
- 1.1.6 汽车安全性 (3)

### 任务1.2 汽车检测技术基础理论 (4)
- 1.2.1 汽车检测诊断参数 (4)
- 1.2.2 检测诊断参数标准的组成 (7)
- 1.2.3 汽车诊断参数相关标准 (7)
- 1.2.4 检测诊断周期 (8)

### 任务1.3 汽车性能检测站的任务和分类 (9)
- 1.3.1 汽车性能检测站的任务 (9)
- 1.3.2 汽车性能检测站的类型 (9)

### 任务1.4 汽车性能检测站的工位布置 (11)
- 1.4.1 安全环保检测线 (11)
- 1.4.2 综合检测线 (15)
- 1.4.3 汽车性能检测站的工作流程 (17)

### 任务1.5 受检车辆的交接与检测信息识读 (17)
### 思考题 (19)

## 项目2 汽车外观检测 (20)
### 任务2.1 汽车外观检测概述 (20)
- 2.1.1 车辆外观检测的重要性 (20)
- 2.1.2 对送检车辆的基本要求 (20)
- 2.1.3 车辆唯一性认定 (21)
- 2.1.4 联网查询 (21)

### 任务2.2 汽车外观检测的方法与内容 (21)
- 2.2.1 汽车外观检测的方法 (21)
- 2.2.2 汽车外观检测的内容 (21)

### 任务2.3 实训：车辆外观检测 (27)
- 2.3.1 实训目的与要求 (27)
- 2.3.2 实训设备与器材 (27)
- 2.3.3 判定标准 (28)
- 2.3.4 外观检测方法 (28)
- 2.3.5 实训报告：车辆外观检测 (28)

·Ⅴ·

思考题 ……………………………………………………………………………………（31）
# 项目3 汽车的动力性与检测 ……………………………………………………………（32）
## 任务3.1 汽车动力性的评价 ………………………………………………………………（32）
### 3.1.1 汽车的最高车速 …………………………………………………………………（32）
### 3.1.2 汽车的加速性能 …………………………………………………………………（32）
### 3.1.3 汽车的爬坡能力 …………………………………………………………………（33）
## 任务3.2 汽车行驶的受力分析 ……………………………………………………………（33）
### 3.2.1 汽车的驱动力 ……………………………………………………………………（33）
### 3.2.2 汽车行驶过程的阻力 ……………………………………………………………（35）
### 3.2.3 汽车不同行驶状态的条件 ………………………………………………………（39）
### 3.2.4 汽车的功率平衡 …………………………………………………………………（41）
## 任务3.3 汽车动力性的影响因素 …………………………………………………………（42）
### 3.3.1 发动机参数的影响 ………………………………………………………………（42）
### 3.3.2 传动系参数的影响 ………………………………………………………………（42）
## 任务3.4 汽车动力性检测的相关标准 ……………………………………………………（43）
## 任务3.5 发动机综合性能检测 ……………………………………………………………（44）
### 3.5.1 发动机综合性能检测的基本内容及特点 ………………………………………（44）
### 3.5.2 发动机综合性能检测装置的基本组成 …………………………………………（45）
## 任务3.6 发动机点火波形分析 ……………………………………………………………（48）
### 3.6.1 点火波形测试 ……………………………………………………………………（48）
### 3.6.2 点火次级波形分析 ………………………………………………………………（51）
### 3.6.3 点火初级波形分析 ………………………………………………………………（53）
## 任务3.7 汽车底盘输出功率的检测 ………………………………………………………（54）
### 3.7.1 底盘测功机的结构原理 …………………………………………………………（54）
### 3.7.2 汽车底盘输出功率的检测方法 …………………………………………………（56）
### 3.7.3 检测结果分析 ……………………………………………………………………（56）
## 任务3.8 实训：汽车底盘输出功率检测 …………………………………………………（56）
### 3.8.1 实训目的与要求 …………………………………………………………………（56）
### 3.8.2 实训设备与器材 …………………………………………………………………（56）
### 3.8.3 检测前的准备工作 ………………………………………………………………（57）
### 3.8.4 检测方法 …………………………………………………………………………（57）
### 3.8.5 检测限值 …………………………………………………………………………（58）
### 3.8.6 实训报告：汽车底盘输出功率检测 ……………………………………………（60）
## 任务3.9 实训：汽车发动机点火波形仪器检测 …………………………………………（61）
### 3.9.1 实训目的与要求 …………………………………………………………………（61）
### 3.9.2 实训设备与器材 …………………………………………………………………（61）
### 3.9.3 实训方法与步骤 …………………………………………………………………（61）
### 3.9.4 实训报告：汽车发动机点火波形仪器检测 ……………………………………（61）
思考题 ……………………………………………………………………………………（62）

## 项目4 汽车的燃油经济性与检测 (63)
### 任务4.1 汽车燃油经济性的评价 (63)
### 任务4.2 汽车燃油经济性的影响因素 (64)
#### 4.2.1 发动机 (64)
#### 4.2.2 整车结构 (64)
#### 4.2.3 汽车的技术状况 (65)
### 任务4.3 汽车燃油经济性检测的相关标准 (66)
#### 4.3.1 乘用车燃料消耗量限值 (66)
#### 4.3.2 营运客车燃料消耗量限值 (67)
#### 4.3.3 营运货车燃料消耗量限值 (68)
#### 4.3.4 轻型商用车辆燃料消耗量限值 (69)
### 任务4.4 汽车燃油经济性道路试验和台架试验 (70)
#### 4.4.1 汽车燃油经济性的道路试验标准 (70)
#### 4.4.2 汽车燃油经济性的道路试验方法 (70)
#### 4.4.3 汽车燃油经济性的台架试验标准 (71)
#### 4.4.4 汽车燃油经济性的台架试验方法 (71)
### 思考题 (71)

## 项目5 汽车的制动性与检测 (72)
### 任务5.1 汽车制动性的评价 (72)
#### 5.1.1 制动印痕分析 (72)
#### 5.1.2 制动过程车轮的受力分析 (73)
#### 5.1.3 汽车制动性能的评价指标 (74)
### 任务5.2 汽车制动性分析 (75)
#### 5.2.1 汽车制动效能分析 (75)
#### 5.2.2 汽车制动效能恒定性分析 (75)
#### 5.2.3 汽车制动时的方向稳定性分析 (76)
#### 5.2.4 前后车轮制动器制动力的比例关系分析 (78)
### 任务5.3 汽车制动性能的影响因素 (81)
#### 5.3.1 道路条件的影响 (81)
#### 5.3.2 车轮制动器的影响 (81)
#### 5.3.3 制动初速度的影响 (81)
#### 5.3.4 汽车载质量的影响 (81)
#### 5.3.5 轴间负荷分配的影响 (82)
#### 5.3.6 驾驶技术的影响 (82)
### 任务5.4 汽车制动性检测 (82)
#### 5.4.1 汽车制动性检测的相关标准 (82)
#### 5.4.2 制动性能检测项目 (83)
#### 5.4.3 制动性能检测设备 (83)
#### 5.4.4 制动性能检测方法 (87)
### 任务5.5 实训：汽车制动力的检测 (88)

· VII ·

  5.5.1 实训目的与要求 …………………………………………………………………(88)
  5.5.2 实训设备与器材 …………………………………………………………………(88)
  5.5.3 检测前的准备 ……………………………………………………………………(88)
  5.5.4 测量方法 …………………………………………………………………………(88)
  5.5.5 检测结果及计算判断是否合格 …………………………………………………(89)
  5.5.6 实训报告：汽车制动力的检测 …………………………………………………(89)
 思考题 ……………………………………………………………………………………(90)

## 项目6　汽车的操纵稳定性与检测 ………………………………………………………(91)

 任务6.1　汽车转向特性的评价 …………………………………………………………(91)
  6.1.1 汽车的转向特性 …………………………………………………………………(91)
  6.1.2 汽车转向特性的影响因素 ………………………………………………………(92)
 任务6.2　汽车转向盘自由转动量和转向力的检测 ……………………………………(92)
  6.2.1 转向参数测量仪的结构和工作原理 ……………………………………………(92)
  6.2.2 转向参数测量仪的使用方法 ……………………………………………………(93)
 任务6.3　汽车侧滑检测 …………………………………………………………………(94)
  6.3.1 汽车侧滑的产生及其影响 ………………………………………………………(94)
  6.3.2 双板联动式侧滑检验台的结构 …………………………………………………(95)
  6.3.3 双板联动式侧滑检验台的测量原理 ……………………………………………(97)
  6.3.4 侧滑检验台的操作 ………………………………………………………………(98)
  6.3.5 侧滑检验台的维护和调整 ………………………………………………………(99)
  6.3.6 侧滑检测的标准 …………………………………………………………………(99)
 任务6.4　汽车转向轮定位参数分析 ……………………………………………………(99)
  6.4.1 外倾角的分析 …………………………………………………………………(100)
  6.4.2 前束角的分析 …………………………………………………………………(100)
  6.4.3 主销后倾角的分析 ……………………………………………………………(101)
  6.4.4 主销内倾角的分析 ……………………………………………………………(101)
 任务6.5　汽车四轮定位参数检测 ……………………………………………………(102)
  6.5.1 四轮定位仪的类型 ……………………………………………………………(102)
  6.5.2 四轮定位的检测原理 …………………………………………………………(103)
  6.5.3 四轮定位仪的结构与原理 ……………………………………………………(105)
  6.5.4 四轮定位仪的操作方法 ………………………………………………………(106)
  6.5.5 汽车车轮定位仪的使用注意事项和维护 ……………………………………(108)
 任务6.6　车轮动平衡检测 ……………………………………………………………(109)
  6.6.1 车轮平衡概述 …………………………………………………………………(109)
  6.6.2 车轮平衡机及其使用方法 ……………………………………………………(110)
 任务6.7　实训：汽车前轮侧滑量的检测 ……………………………………………(113)
  6.7.1 实训目的与要求 ………………………………………………………………(113)
  6.7.2 实训设备与器材 ………………………………………………………………(113)
  6.7.3 汽车前轮侧滑量的检测要求 …………………………………………………(114)
  6.7.4 测量方法 ………………………………………………………………………(114)

  6.7.5　调整 ································································································(114)
  6.7.6　实训报告：汽车前轮侧滑量的检测 ·······················································(114)
 任务6.8　实训：汽车四轮定位参数的检测 ·······························································(115)
  6.8.1　实训目的与要求 ···············································································(115)
  6.8.2　实训设备与器材 ···············································································(115)
  6.8.3　车轮定位测量步骤 ············································································(116)
  6.8.4　测量数据实例 ··················································································(118)
  6.8.5　调整 ································································································(120)
  6.8.6　实训报告：汽车四轮定位参数的检测 ····················································(120)
 任务6.9　实训：汽车车轮动平衡试验 ······································································(121)
  6.9.1　实训目的与要求 ···············································································(121)
  6.9.2　车轮动平衡后的要求 ·········································································(121)
  6.9.3　实训设备与器材 ···············································································(121)
  6.9.4　试验操作步骤 ··················································································(121)
  6.9.5　实训报告：汽车车轮动平衡试验 ··························································(123)
 思考题 ·······················································································································(123)

## 项目7　汽车车速表检测 ································································································(124)
 任务7.1　汽车车速表误差的形成原因及测量原理 ·····················································(124)
  7.1.1　车速表误差的形成原因分析 ································································(124)
  7.1.2　车速表误差的测量原理 ······································································(124)
 任务7.2　车速表检验台的结构及原理 ······································································(125)
  7.2.1　标准型车速表检验台 ·········································································(125)
  7.2.2　驱动型车速表检验台 ·········································································(127)
 任务7.3　汽车车速表检测的标准及方法 ··································································(128)
  7.3.1　汽车车速表检测的相关标准 ································································(128)
  7.3.2　汽车车速表检测方法 ·········································································(128)
 任务7.4　实训：汽车车速表的检测 ········································································(129)
  7.4.1　实训目的与要求 ···············································································(129)
  7.4.2　实训设备与器材 ···············································································(129)
  7.4.3　车速表指示误差的检验方法 ································································(130)
  7.4.4　车速试验台的检测方法 ······································································(130)
  7.4.5　实训报告：汽车车速表的检测 ······························································(130)
 思考题 ·······················································································································(130)

## 项目8　汽车前照灯检测 ································································································(131)
 任务8.1　汽车前照灯检测设备的运用 ······································································(131)
  8.1.1　前照灯的特性 ··················································································(131)
  8.1.2　汽车前照灯检测仪的检测原理 ······························································(133)
  8.1.3　汽车前照灯检测仪 ············································································(134)
 任务8.2　汽车前照灯检测的标准及方法 ··································································(139)
  8.2.1　汽车前照灯检测的相关标准 ································································(139)

· IX ·

         8.2.2 前照灯检测仪的检测方法 (140)
         8.2.3 前照灯检测仪的使用及维护 (141)
         8.2.4 检测结果分析 (141)
      任务8.3 实训：汽车前照灯的检测 (142)
         8.3.1 实训目的与要求 (142)
         8.3.2 实训设备与器材 (142)
         8.3.3 前照灯检测仪的检测方法 (142)
         8.3.4 实训报告：汽车前照灯的检测 (143)
   思考题 (144)
项目9 汽车公害检测 (145)
   任务9.1 汽车废气排放及检测标准 (145)
      9.1.1 废气的成分及特性 (145)
      9.1.2 检测标准 (147)
   任务9.2 汽油车废气检测 (150)
      9.2.1 汽油车废气检测的仪器 (150)
      9.2.2 汽油车废气的检测方法和步骤——双怠速法 (151)
   任务9.3 柴油车废气检测 (152)
      9.3.1 柴油车废气检测的仪器 (152)
      9.3.2 柴油车废气的检测 (154)
   任务9.4 汽车噪声检测 (156)
      9.4.1 汽车噪声的来源 (156)
      9.4.2 汽车噪声的危害 (157)
      9.4.3 噪声的评价指标 (158)
      9.4.4 汽车噪声检测的相关标准 (159)
      9.4.5 汽车噪声检测设备 (159)
      9.4.6 汽车车内噪声检测 (161)
   任务9.5 实训：汽油车排放污染物的检测 (162)
      9.5.1 实训目的与要求 (162)
      9.5.2 实训设备与器材 (162)
      9.5.3 汽油车污染物排放标准及要求——双怠速法 (162)
      9.5.4 汽油机废气分析仪的使用方法 (163)
      9.5.5 实训报告：汽油车排放污染物的检测 (164)
   任务9.6 实训：柴油车排放污染物的检测 (165)
      9.6.1 实训目的与要求 (165)
      9.6.2 实训设备与器材 (165)
      9.6.3 柴油车自由加速试验烟度和排气可见污染物排放限值 (165)
      9.6.4 测量原理 (166)
      9.6.5 测量前的准备工作 (166)
      9.6.6 检测方法 (167)
      9.6.7 实训报告：柴油车排放污染物的检测 (168)

任务9.7　实训：汽车噪声的检测 …………………………………………………（168）
　　9.7.1　实训目的与要求 ……………………………………………………（168）
　　9.7.2　实训设备与器材 ……………………………………………………（169）
　　9.7.3　实训操作方法 ………………………………………………………（169）
　　9.7.4　实训报告：汽车噪声的检测 ………………………………………（171）
　思考题 …………………………………………………………………………（172）
**参考文献** ……………………………………………………………………………（173）

# 项目1 汽车性能检测的认识

## 任务1.1 汽车性能的评价

汽车性能一般包括动力性、经济性、制动性、操纵稳定性、平顺性、废气排放性、安全性及可靠性等。汽车的使用效果不但与车辆性能有关，还与使用条件有关，汽车使用条件是指影响汽车完成运输工作的各类外界条件，主要包括气候条件、道路条件、运输条件和汽车安全运行技术条件等。与使用者密切相关的是汽车的使用性能，它是指汽车以最高效率工作的能力，是决定汽车利用效率和方便性的结构特性表征。汽车的工作效率往往用汽车的运输生产率和运输成本进行评价。目前，我国采用的汽车使用性能的主要指标如表1-1所示。

表1-1 汽车使用性能的主要指标

| 使用性能 | | 量标和评价参数 | 使用性能 | 量标和评价参数 |
|---|---|---|---|---|
| 使用方便性 | 容量 | 额定装载质量（t） | 速度性能 | 动力性 |
| | | 单位装载质量（t/m³） | | 平均技术速度（km/h） |
| | | 货厢单位有效容积（m³/t） | 越野性、机动性 | 汽车最小离地间隙 |
| | | 货厢单位面积（m²/t） | | 接近角 |
| | | 座位数和可站立人数（个、人） | | 离去角 |
| | 操纵方便性 | 每百公里平均操纵作业次数 | | 纵向通过半径 |
| | | 操作力（N） | | 前、后轴荷分配 |
| | | 驾驶员座位可调程度 | | 轮胎花纹及尺寸 |
| | | 照明、灯光、视野、信号完好 | | 轮胎对地单位压力 |
| | 出车迅速性 | 汽车冷起动暖车时间 | | 前、后轮辙重合度 |
| | 乘客上下车和货物装卸方便性 | 车门和踏板尺寸及位置 | | 低速挡的动力性 |
| | | 货厢地板高度 | | 驱动轴数 |
| | | 货厢栏板可倾翻数 | | 最小转弯半径 |
| | | 有无随车装卸机具 | 安全性 | 稳定性 | 纵向倾翻条件 |
| | 可靠性和耐久性 | 大修间隔里程（km） | | | 横向倾翻条件 |
| | | 主要总成的更换里程（km） | | 制动性 | 制动效能 |
| | | 可靠度、故障率（1/1000km） | | | 制动效能的恒定性 |
| | | 平均故障停车时间（h） | | | 制动时的方向稳定性 |
| | 维修性 | 维护和修理工时 | 乘坐舒适性 | 平顺性 | 振动频率 |
| | | 每公里维修费用 | | | 振动加速度及变化率 |
| | | 对维修设备的要求 | | | 振幅 |
| | 防公害性 | 主要有害排放物的排放量 | | 设备完备 | 车身类型 |
| | | 电磁干扰 | | | 空气调节指标 |
| | 燃油经济性 | 最低燃油消耗量（L/100t·km） | | | 车内噪声指标（dB） |
| | | 平均燃油消耗量（L/100km） | | | 座椅结构 |

### 1.1.1 汽车容载量

汽车容载量是指汽车一次允许运载的货物数量或乘坐旅客的人数。它与汽车的装载质量、车厢尺寸、货物的比重、座位数和站立乘客的地板面积等有关。

载货汽车的容载量常用比装载质量（$t/m^3$）和装载质量利用系数进行评价：

$$比装载质量=汽车装载质量/车厢容积 \tag{1-1}$$

$$装载质量利用系数=货物容积质量×车厢容积/额定装载质量 \tag{1-2}$$

比装载质量和装载质量利用系数表征了汽车结构对各种货物需要的适应能力。

### 1.1.2 汽车的质量利用

汽车的质量利用描述了汽车整备质量与装载质量的关系，常用整备质量利用系数来评价：

$$整备质量利用系数=汽车装载质量/汽车整备质量 \tag{1-3}$$

整备质量利用系数与汽车的零部件、总成、结构的合理程度及轻型材料的使用比例有关，它表明汽车主要材料的使用水平，也反映了车型的设计和制造水平，同时也体现了汽车的使用经济性。

要提高现代货车的整备质量利用系数，不但应优化汽车结构和提高制造技术，还应注重应用强度高、质量轻的新型材料。

### 1.1.3 汽车使用方便性

汽车使用方便性是汽车的一项综合使用性能，用于表征汽车运行过程中，驾乘人员的舒适性和疲劳程度，以及对保证运行货物完好无损和装卸货物的适用性。它主要包含以下内容。

**1. 操纵轻便性**

操纵轻便性决定了驾驶员的工作条件，对减轻驾驶员的疲劳，保证行车安全具有重要作用。其主要评价量标为操纵力、操作次数、驾驶员座位参数与调整参数、驾驶员的视野参数等。

**2. 乘员上下车方便性**

乘员上下车方便性作为使用方便性之一，影响着城市公共汽车站点的停车时间，从而影响着汽车的线路运行时间。乘员上下车的方便性主要取决于车门的布置（轿车）和踏板的结构参数，即踏板高度、深度、级数、能见度及车门的宽度。

**3. 装卸货物方便性**

装卸货物方便性是指车辆对装卸货的适应性，它用车辆装卸所耗费的时间和劳动力评价。表征装卸货物方便性的结构因素有：货厢和车身地板的装卸高度；从一面、两面、三面或上面装卸货物的可能性；厢式车车门的构造、布置和尺寸；有无随车装卸货的装置及其效率等。

**4. 乘坐舒适性**

汽车乘坐舒适性很大程度上取决于座位的形状结构，其形状结构应符合人体工程学的要求，为乘客提供最大的方便性和更舒适的乘坐姿势。座椅的结构参数主要是座位的宽度和深度、靠背高度和倾角，以及座椅上乘员的上下自由空间。座椅应具有良好的柔和性。通常用座椅的振动特性（振幅、频率）和消振速度来评价座椅的柔和性。当座椅上乘员的自振频率与车身振动频率的比值为 1.6~2.0 时，座椅的舒适性最好。

另外，乘坐舒适性也与行驶平顺性、车内的噪声、空气调节和居住性有关。

**5. 最大续航里程**

汽车最大续航里程是指油箱一次性加满油后能连续行驶的最大里程（km）。它主要与车辆的燃油经济性及油箱容积有关。

**6. 通过性和机动性**

汽车的通过性一般也称越野性，是指能以足够高的平均速度通过各种道路、无路地带及克服各种障碍的能力。它与汽车最小离地间隙、接近角、离去角、最小转弯半径等几何参数有关。

汽车在最小面积内转向和转弯的能力称为汽车的机动性。它也表征了汽车能够通过狭窄弯曲地带或绕开不可越过障碍物的能力。其主要评价参数包括前外轮最小转弯半径 $R_H$、汽车转弯宽度 $A$、突伸距 $a$ 和 $b$ 等，如图 1-1 所示。

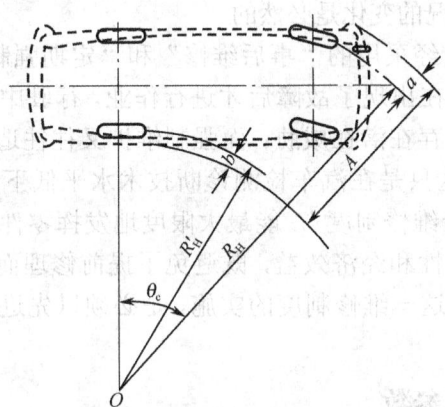

图 1-1　汽车机动性评价参数

### 1.1.4　汽车速度性能

汽车速度性能主要取决于动力性，而汽车动力性是汽车在行驶中能达到的最高车速、最大加速能力和最大爬坡能力，是汽车的基本使用性能。汽车动力性越高，运输生产率也就越高。

### 1.1.5　汽车使用经济性

汽车使用经济性是为完成单位运输量所支付的最小费用的一种使用性能，它是评价汽车营运经济效果的综合性指标。

汽车的燃油经济性表示汽车以尽量少的燃料消耗量经济行驶的能力。它的评价指标主要有：等速百公里燃料消耗量；等速百吨公里燃料消耗量；循环行驶试验工况百公里燃料消耗量。燃油经济性的提高就意味着汽车运输成本的下降和经济效益的提高。

### 1.1.6　汽车安全性

汽车的操纵稳定性包含着互相联系的两个内容：一个是操纵性，另一个是稳定性。操纵性表示汽车能及时而准确地按照驾驶员的指令行驶的能力；稳定性是指汽车抵抗外界干扰保持稳定行驶的能力。

汽车的制动性表示汽车能在短时间内迅速降低车速直至停车并保持方向稳定的能力。制动效能是汽车的制动性最基本的评价指标。另外，还有制动效能的恒定性、制动时汽车的方向稳定性等。

## 任务1.2　汽车检测技术基础理论

汽车检测是指为确定汽车技术状况或工作能力而进行的检查和测量。所有车辆随着使用时间的增长和行驶里程的增加，其技术状况都会不断地恶化，如动力性下降、经济性和排放性变差、可靠性降低等。汽车技术状况变坏的主要原因是：零件间的运动摩擦导致零件磨损使运动间隙和接触条件发生变化，零件在交变载荷作用下产生疲劳变形使运动规律发生变化；有害气体对零件的腐蚀使形状尺寸发生变化；橡胶及塑料等元件的老化使本身的功能丧失；气候条件和道路环境的不断变化加剧了零件的损坏；没有按规范要求合理地使用也会缩短零件的使用寿命。汽车技术状况的变化是必然的。

在我国汽车发展史中曾经采用的"事后维修"和"定期强制维护"，会产生一系列的问题，因为汽车的维修只是在出现了故障后才进行作业，行驶中的车辆产生故障的概率较高，对人身安全和财产安全存在潜在威胁；而强制维护又往往造成盲目修理现象，会造成一定的浪费和经济损失，这只是在汽车检测诊断技术水平低下的情况下的一种阶段性制度。目前我国采用的"视情维修制度"，能最大限度地发挥零件的使用潜力，减少不必要的作业，提高零部件的可靠性和经济效益，既避免了提前修理而造成的浪费，又不会因滞后修理而造成车况恶化。但这一维修制度的实施，是必须以先进的汽车检测与诊断技术为前提的。

### 1.2.1　汽车检测诊断参数

汽车的检测与诊断是确定汽车技术状况的技术，不仅要求有完善的检测、分析、判断的手段和方法，而且在检测诊断汽车技术状况时，必须选择合适的诊断参数，确定合理的诊断参数标准和最佳诊断周期。

汽车检测诊断参数是表征汽车、汽车总成及机构技术状况的量。有些结构参数可以表征技术状况，但在不解体的情况下直接测量往往受到各种因素的限制，如气缸间隙、曲轴和凸轮轴各道轴颈的磨损量等，都无法在不解体的情况下直接测量。因此，在检测诊断汽车技术状况时，需要采用一种与结构参数有关而又能较好地表征技术状况的间接指标，该间接指标称为检测诊断参数。可以看出，检测诊断参数既与结构参数紧密相关，又能够反映汽车的技术状况，是一些可测的物理量或化学量。也就是说，检测诊断参数是通过适当的检测过程获取的汽车技术状况信息。

**1. 汽车检测诊断参数的类型**

汽车检测诊断参数一般包括工作过程参数、伴随过程参数和几何尺寸参数。

（1）工作过程参数。

工作过程参数是汽车、总成或机构工作过程中输出的一些可供测量的物理量或化学量。例如，发动机功率、汽车燃油消耗量、制动距离或制动力、滑行距离等，往往能表征诊断对象总的技术状况，适用于总体诊断。如通过检测，底盘输出功率符合要求，说明发动机的技术状况和传动系的技术状况均符合要求。反之，如果底盘输出功率不符合要求，说明发动机的输出功率不足或传动系的功率损失太大，通过进一步深入检测诊断，可确定是发动机的技术状况不佳还是传动系的技术状况不佳。工作过程参数是深入诊断的基础。汽车不工作时，工作过程参数无法测量。

（2）伴随过程参数。

伴随过程参数是伴随工作过程输出的一些可测量，如振动、噪声、异响、温度等。这些参数可提供诊断对象的局部信息，常用于复杂系统的深入诊断。汽车不工作时，无法测量该参数。

（3）几何尺寸参数。

几何尺寸参数可提供总成或机构中配合零件之间或独立零件的技术状况，如配合间隙、自由行程、圆柱度、圆度、端面圆跳动、径向圆跳动等。这些参数提供的信息量有限，却能表征诊断对象的具体状态。

汽车常用的检测诊断参数如表1-2所示。

表1-2 汽车常用的检测诊断参数

| 检测诊断对象 | 检测诊断参数 | 检测诊断对象 | 检测诊断参数 |
| --- | --- | --- | --- |
| 汽车整体 | 最高车速 | 润滑系 | 油底壳液面高度 |
| | 加速时间 | | 机油压力 |
| | 最大爬坡度 | | 机油温度 |
| | 驱动轮输出功率 | | 机油消耗量 |
| | 驱动轮驱动力 | | 理化性能指标变化量 |
| | 汽车燃油消耗量 | | 机油清净分散性系数 $K$ 的变化量 |
| | 汽车侧倾稳定角 | | 介电常数的变化量 |
| | CO、HC、$NO_X$、$CO_2$、$O_2$ 排放量 | | 金属微粒含量 |
| | 柴油车自由加速烟度 | 转向系 | 转向盘自由转动量 |
| 汽油机供给系 | 混合气空燃比 | | 转向盘最大转向力 |
| | 汽油泵出口关闭压力 | | 车轮侧滑量 |
| | 供油系供油压力 | | 车轮前束值 |
| | 喷油器喷油压力 | | 车轮外倾角 |
| | 喷油器喷油量 | | 主销后倾角 |
| | 喷油器喷油不均匀度 | | 主销内倾角 |
| 柴油机供给系 | 输油泵输油压力 | | 传动系游动间隙 |
| | 喷油泵高压油管最高压力 | | 传动系功率损耗 |
| | 喷油泵高压油管残余压力 | | 机械传动效率 |
| | 喷油器针阀开启压力 | | 总成工作温度 |
| | 喷油器针阀升程 | | 转向轮最大转向角 |
| | 各缸喷油器喷油量 | | 车辆最小转弯半径 |
| | 各缸喷油器喷油不均匀度 | 制动系 | 制动距离 |
| | 喷油器喷雾质量 | | 制动力 |
| | 供油提前角、喷油提前角 | | 制动减速度 |

续表

| 检测诊断对象 | 检测诊断参数 | 检测诊断对象 | 检测诊断参数 |
|---|---|---|---|
| 发动机总成 | 额定转速、怠速转速 | 制动系 | 驻车制动力 |
|  | 发动机功率 |  | 制动拖滞力 |
|  | 发动机燃油消耗量 |  | 制动时间 |
|  | 单缸断火（油）转速下降值 |  | 制动系协调时间 |
|  | 排气温度 |  | 制动完全释放时间 |
| 曲柄连杆机构 | 气缸压缩压力 |  | 制动液面高度 |
|  | 气缸漏气量、气缸漏气率 | 行驶系 | 车轮静不平衡量、车轮动不平衡量 |
|  | 曲轴箱漏气量 |  | 车轮端面圆跳动量 |
|  | 进气管真空度 |  | 车轮径向圆跳动量 |
| 配气机构 | 气门间隙 |  | 轮胎花纹深度 |
|  | 配气相位 |  | 轮胎气压 |
| 冷却系 | 冷却液液面高度 | 其他 | 前照灯发光强度 |
|  | 冷却液温度 |  | 前照灯光束照射位置 |
|  | 风扇皮带预紧度 |  | 车速表误差值 |
|  | 风扇离合器离合温度 |  | 扬声器声级 |
|  | 风扇开启及关闭温度 |  | 驾驶员耳旁噪声 |
|  |  |  | 客车车内噪声 |

**2. 选择检测诊断参数应遵循的原则**

要确定汽车的技术状况，必须合理选择检测诊断参数，一般应遵循以下原则。

（1）灵敏性。

灵敏性即有足够的灵敏度，它是诊断对象的技术状况在从正常状态到进入故障状态之前的整个使用期内，诊断参数相对于技术状况参数的变化率。选用灵敏性高的诊断参数诊断汽车的技术状况时，可提高诊断时的可靠性。

（2）稳定性。

稳定性指在相同的测试条件下，多次测得同一诊断参数的测量值，具有良好的一致性（重复性）。诊断参数的稳定性越好，其测量值的离散度越小。稳定性不好的诊断参数，其灵敏性也低，可靠性差。

（3）信息性。

信息性是指诊断参数对汽车技术状况具有的表征性。表征性好的诊断参数，能揭示汽车技术状况的特征和现象，反映汽车技术状况的全部情况。诊断参数的信息性越好，包含汽车技术状况的信息量越多，得出的诊断结论越可靠。

（4）经济性。

经济性是指获得诊断参数的测量值所需要的诊断作业费用的多少，包括人力、工时、场地、仪器、设备和能源消耗等项费用。经济性高的诊断参数，所需要的诊断作业费用低。

检测得到的诊断参数数值与测量条件和方法都有关系，测量条件一般指温度条件、速度条件、负荷条件等。多数诊断参数的测得需要汽车走热至正常工作温度。除了温度条件外，速度条件和负荷条件也很重要。例如，发动机功率的检测，需在一定的转速和负荷下进行；

汽车制动距离的检测，需在一定的初速度和载荷下进行。对诊断参数的测量方法也有规定，如汽油车排气污染物的测量，以往采用怠速法或双怠速法，目前常用简易瞬态工况法进行等。只有在一定的测量条件和测量方法下，测量的结果才是有意义的。

### 1.2.2 检测诊断参数标准的组成

通过检测结果来评价汽车及其总成或机构的技术状况，必须有标准进行对比和衡量。诊断参数标准一般由以下三部分组成。

**1. 初始值**

初始值相当于无故障新车和大修车诊断参数值的大小，往往是最佳值，可作为新车和大修车的诊断标准。当诊断参数测量值处于初始值范围内时，表明诊断对象技术状况良好。

**2. 许用值**

诊断参数测量值若在此值范围内，表明诊断对象技术状况虽发生变化，但尚属正常，无须修理，按要求维护即可继续运行；若超过此值，应及时进行修理，许用值是某一个范围。

**3. 极限值**

诊断参数测量值超过此值后，表明汽车技术状况严重恶化，须进行修理。此时，汽车的动力性、经济性和环保性大大降低，行驶安全得不到保证，有关机件磨损严重，甚至可能发生机械事故。

综上所述，当检测诊断参数测量值在许用值以内，汽车可继续运行；当检测诊断参数测量值达到或超过极限值，须停止运行进厂维修。因此，将检测诊断参数测量值与诊断参数标准值比较，就可得知汽车技术状况。

### 1.2.3 汽车诊断参数相关标准

按照《中华人民共和国标准化法》的规定，汽车诊断参数标准也可以分为国家标准、行业标准、地方标准和企业标准4类。

**1. 国家标准**

国家标准是国家制定的标准，冠以中华人民共和国国家标准（GB）字样。国家标准一般由某行业部委提出，由国家质量监督检验检疫总局发布，全国各级有关单位和个人都必须贯彻执行，具有强制性和权威性。例如，GB 7258—2017《机动车运行安全技术条件》、GB 21861—2014《机动车安全技术检验项目和方法》、GB 18565—2016《道路运输车辆综合性能要求和检验方法》、GB 3847—2005《车用压燃式发动机和压燃式发动机汽车排气烟度排放限值及测量方法》等，都是国家标准，在对汽车检测中必须执行。

**2. 行业标准**

行业标准也称部委标准，是部级制定并发布的标准，在部委系统内或行业系统内贯彻执行，一般冠以中华人民共和国某某行业标准，在一定范围内具有强制性和权威性，有关单位和个人也必须贯彻执行。例如，JT/T 198—2016《道路运输车辆技术等级划分和评定要求》为中华人民共和国交通行业标准，其与诊断有关的限值均可作为诊断参数标准使用。

**3. 地方标准**

地方标准是省级、市级、县级制定并发布的标准，冠以"DB"字样，在地方范围内贯彻执行，在一定范围内具有强制性和权威性，所属范围内的有关单位和个人必须贯彻执行。省、市、县三级除贯彻执行上级标准外，还可根据本地具体情况制定地方标准或率先制定上级没有制定的标准，地方标准中的限值应比上级强制标准中的限值要求更严格。

**4. 企业标准**

企业标准包括汽车生产厂家推荐的标准、汽车运输企业和汽车维修企业内部制定的标准、检测仪器设备制造厂推荐的参考性标准3种类型。

企业标准由企业制定，由企业法人代表或法人代表授权的主管领导批准、发布。一般以"Q"作为企业标准的开头，企业标准的层次是最低的，但并不是说其技术水平是最低的。

汽车运输企业和维修企业的标准是本企业内部制定的标准，只在企业内部贯彻执行。该类标准除贯彻执行上级标准外，往往根据本企业的具体情况，制定一些上级标准中尚未明确的内容。企业标准中有些诊断参数的限值比上级标准还要严格，以保证汽车维修质量和树立良好的企业形象。企业标准须达到国家标准和上级标准的要求，同时允许超过国家标准和上级标准的要求。

检测仪器设备制造厂推荐的参考性标准是检测仪器设备制造厂针对本仪器或设备所检测的诊断参数，在尚没有国家标准和行业标准的情况下制定的诊断参数的限值，通过产品使用说明书提供给使用者，作为参考性标准。

以上任何一级标准的制定，都既要考虑技术性和经济性，又要考虑先进性，并尽量靠拢同类国际标准。

诊断参数标准往往会随行业的发展而做适当的调整，这就需要技术人员随时掌握和应用最新的标准。

### 1.2.4 检测诊断周期

检测诊断周期是汽车检测诊断的间隔期，以行驶里程或使用时间表示。检测诊断周期的确定，应满足技术和经济两方面的条件，其最佳值为能保证车辆的完好率最高而消耗的费用最少的检测诊断周期。

**1. 制定最佳检测诊断周期应考虑的因素**

制定最佳检测诊断周期，应考虑汽车技术状况和汽车使用条件，还应考虑汽车检测诊断、维护修理和停驶损耗的费用等项因素。

（1）汽车技术状况。在汽车新旧程度不一、行驶里程不一、技术状况等级不一，甚至还有使用性能、结构特点、故障规律、配件质量不一等情况下，制定的最佳检测诊断周期显然也不能一样。新车和大修后的车辆，其最佳检测诊断周期长，反之应短。

（2）汽车使用条件。它包括气候条件、道路条件、装载条件、驾驶技术、是否拖挂、燃润油料质量等。气候恶劣、道路状况差、经常重载、驾驶技术不佳、拖挂行驶、燃润油料质量得不到保证的汽车，其最佳检测诊断周期短，反之则长。

（3）经济性。它包括检测诊断、维护修理、停驶损耗的费用。若要使检测诊断、维护修理费用降低，则应使检测诊断周期延长；但汽车因故障停驶的损耗费用和行驶消耗费用会增加；若要使停驶损耗的费用和行驶消耗费用降低，则应使检测诊断周期缩短，但检测诊断、维护修理的费用增加。在具体确定过程中，应从总费用最低来进行考虑。

**2. 制定最佳检测诊断周期的方法**

大量统计资料表明，实现单位里程费用最少和技术完好率最高，两者是可以求得一致的。

汽车实行"定期检测、强制维护、视情修理"的制度。该规定要求车辆在二级维护前应进行检测诊断和技术评定，根据检测结果确定附加作业或修理项目，结合二级维护一并进行。该规定又指出，车辆修理应贯彻"视情修理"的原则，即根据车辆检测诊断和技术鉴定的结果，视情按不同作业范围和深度进行，既要防止拖延修理造成车况恶化，又要防止提前修理造成浪费。

当车辆要进行送检时，送检员必须清楚送检所需的手续，并基本能看懂检测报告单。

早期汽车性能的检测只是在单台检测设备上对车辆的单项性能进行检测，随着汽车运输业的发展和对车辆良好运行状况要求的不断提高，充分发挥检测设备的作用，加强在用汽车的技术管理的作用，成为社会发展的必然需求。在各种检测设备研制成功的基础上，原交通部（2008年更名为交通运输部）于1980年开始有计划地在全国公路运输和车辆管理系统（交通部当时负责汽车监理）筹建汽车性能检测站，将检测设备按一定的检测顺序组成流水式的检测工艺路线（也称检测线），检测内容以汽车安全性检测为主。20世纪80年代初，原交通部在大连市建立了国内第一个汽车检测站。1990年交通部第13号令发布《汽车运输业车辆技术管理规定》（已废止），目前实行2016年交通运输部第1号令发布的《道路运输车辆技术管理规定》和1991年交通部第29号令发布的《汽车运输业车辆综合性能检测站管理办法》，此后，全国又掀起了建设汽车综合性能检测站的高潮。

## 任务1.3　汽车性能检测站的任务和分类

### 1.3.1　汽车性能检测站的任务

根据中华人民共和国交通部第29号令《汽车运输业车辆综合性能检测站管理办法》的规定，汽车性能检测站的主要任务如下。

（1）对在用运输车辆的技术状况进行检测诊断。

（2）对汽车维修行业的维修车辆进行质量检测。

（3）接受委托，对车辆改装、改造、报废及其有关新工艺、新技术、新产品、科研成果等项目进行检测，提供检测结果。

（4）接受公安、环保、商检、计量和保险等部门的委托，为其进行有关项目的检测，提供检测结果。

上述前两项检测任务是由运输车辆管理部门和维修管理部门根据检测制度组织并委托的车辆检测。

### 1.3.2　汽车性能检测站的类型

**1. 按服务功能分类**

根据服务功能的差异，汽车性能检测站可分为安全检测站、维修检测站和综合检测站3种。

安全检测站是按照国家规定的车检法规，定期检测车辆中与安全和环保有关的项目，以保证汽车安全行驶，并将污染降低到允许的限度。这种检测站对检测结果往往只显示"合格"、"不合格"两种，而不做具体数据显示和故障分析，因而检测速度快，生产效率高。检测合格的车辆凭检测结果报告单办理年审签证，在有效期内准予车辆行驶。这种检测站一般由公安车辆管理机关直接建立管理，或由公安车辆管理机关认可的汽车运输企业、汽车维修企业建立，也可多方联合建立并管理。

人们通常所说的机动车年审就是由安全检测站完成的，机动车年审的时间周期规定如下：小型、微型非营运载客汽车 6 年以内无须上线（汽车检测线）年检，但每 2 年仍需申领年检及环保标志；超过 6 年的，每年检验 1 次；超过 15 年的，每年检测 2 次；对于营运车辆，还必须由综合检测站进行检测，此时的检测分为定级评定检测和二级维护检测。

维修检测站主要从车辆使用和维修的角度，担负车辆维修前、维修后的技术状况检测。它只对车辆的主要使用性能进行检测，并能进行故障分析与诊断。一般由汽车运输企业或汽车维修企业建立并管理。

综合检测站既能担负车辆管理方面的安全环保检测，又能担负车辆维修方面的技术状况检测，还能承接科研或教学方面的性能试验和参数测试。这种检测站设备多且配套，自动化程度高，数据处理迅速、准确，因而功能齐全，检测项目广且深度大，可为合理制定诊断标准、诊断周期，以及为科研、教学、设计、制造和维修等部门提供可靠依据，并能担负检测设备的精度测试。

2．按规模分类

根据规模大小，检测站可分成大、中、小 3 种类型。其中，大型检测站检测线多，自主程度高，年检能力大，且能检测多种车型。大型综合检测站可成为一定地区范围内的检测中心。

中型检测站至少有两条检测线，目前国内建成或正在筹建的检测站多为这种类型。

小型检测站主要指那些服务对象单一的检测站，如规模不大的安全检测站和维修检测站就属于这种类型，它不能担负更多的检测任务。这种检测站设有一条或两条作用相同的检测线。

3．按自动化程度分类

根据检测线的自动化程度分类，检测站可分成手动式、半自动式和全自动式 3 种类型。

手动检测站的各检测设备，由人工手动控制检测过程，从各单机配备的指示装置上读数，笔录检测结果或由单机配备的打印机打印检测结果，因而占用人员多，检测效率低，读数误差大，多适用于维修检测站。

全自动检测站利用计算机将检测线上的各检测设备连接起来，除车辆上部和下部的外观检查工位仍需人工检查外，其他工位上的检测过程全部自动控制，设备的启动与运转，数据采集、分析判断、存储、显示和集中打印报表等全过程实现自动化。检测长可坐在主控制室内通过监控观察各工位的检测情况，并通过检测程序向各工位受检车辆的驾驶员和检测员发出各种操作指令，每一项检测结果均能在主控制室内的显示器和各工位上的检验程序指示器上同时显示。

相对于手动检测站，由于全自动检测站自动化程度高，检测效率高，能避免人为判断错误，因而获得广泛应用，目前国内外的安全检测站多为这种形式。

半自动检测站的自动化程度或范围介于手动和全自动检测站之间，一般是在原手动检测站的基础上使部分检测设备（如侧滑试验台、制动试验台、车速表试验台等）计算机联网以实现自动控制，而另一部分检测设备（如烟度计、废气分析仪、声级计等）仍然手动操作。

4．按站内检测线数分类

按站内检测线数分类，检测站可分成单线检测站、双线检测站、三线检测站等多种类型。

总之站内有几条检测线,就可以称为几线检测站。

## 任务 1.4　汽车性能检测站的工位布置

工位就是检测线上的一段可以容纳一辆受检车进行一个或者多个项目测试的物理区域。

检测站主要由一条或数条检测线组成。当然,为保证检测站的有效运行,除检测线外,还经常配备有停车场、清洗站、维修车间、办公区和生活区等。对于不同的汽车安全检测站和综合性能检测站,其具体工位布置可以有所区别,但就其功能而言,大致都由以下几种工位组成。

### 1.4.1　安全环保检测线

安全环保检测线可以由三工位、四工位或五工位组成,三工位的主要见于手动和半自动的安全环保检测线,而全自动安全环保检测线一般都由汽车资料输入及安全装置检查工位、侧滑制动车速表工位、灯光尾气工位、车底检查工位、综合判断及主控制室工位组成。下面就以此为例介绍工位设备和检测项目。

图 1-2 为国产五工位全自动安全环保检测线。

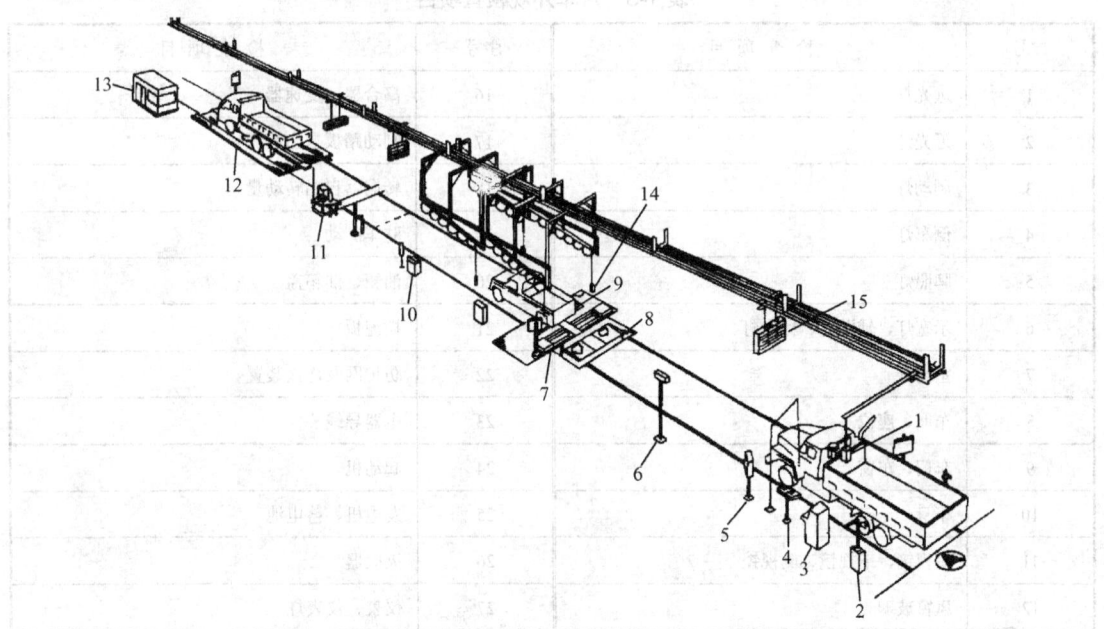

1—进线指示灯；2—烟度计；3—汽车资料登录计算机；4—安全装置检查不合格项目输入键盘；5—烟度计检验程序指示器；
6—电视摄像机；7—制动试验台；8—侧滑试验台；9—车速表试验台；10—废气分析仪；11—前照灯检测仪；
12—车底检查工位；13—主控制室；14—车速表检测申报开关；15—检验程序指示器

图 1-2　国产五工位全自动安全环保检测线

**1. 汽车资料输入及安全装置检查工位**

本工位除将汽车资料输入主控制计算机外,还进行汽车上部的灯光和安全等装置的外观检查(Lamps and Safety Device Inspection),简称 L 工位。

(1) 主要设备。

① 进线指示灯。

② 汽车资料登录计算机（包括键盘及显示屏）。

③ 工位测控计算机。

④ 检验程序指示器及其控制器。

⑤ 轮胎自动充气机。

⑥ 轮胎花纹测量器。

⑦ 检测手锤。

⑧ 不合格项目输入键盘。

⑨ 电视摄像机。

⑩ 光电开关。

(2) 检查项目。

由检查人员人工检查汽车的灯光、安全装置、防护装置、操纵装置、工作仪表和车身等是否装备齐全、工作正常、连接可靠和符合规定。检查的重点是灯光和安全装置。汽车外观检查项目如表 1-3 所示。

表 1-3  汽车外观检查项目

| 序号 | 检查项目 | 序号 | 检查项目 |
| --- | --- | --- | --- |
| 1 | 远光灯 | 16 | 离合器、变速器 |
| 2 | 近光灯 | 17 | 制动踏板自由行程 |
| 3 | 制动灯 | 18 | 转向器自由转动量 |
| 4 | 倒车灯 | 19 | 驻车制动 |
| 5 | 牌照灯 | 20 | 油箱、油箱盖 |
| 6 | 示宽灯、辅助灯、标志灯 | 21 | 挡泥板 |
| 7 | 室内灯 | 22 | 防护网及连接装置 |
| 8 | 车厢、座位 | 23 | 电器导线 |
| 9 | 车门、车窗 | 24 | 起动机 |
| 10 | 车身 | 25 | 发电机、蓄电池 |
| 11 | 后视镜、下视镜、侧视镜 | 26 | 灭火器 |
| 12 | 风窗玻璃 | 27 | 仪表、仪表灯 |
| 13 | 雨刮器 | 28 | 机油压力报警器 |
| 14 | 扬声器 | 29 | 半轴螺栓 |
| 15 | 轮胎、轮胎螺栓 | 30 | 座椅安全带 |

2．侧滑制动车速表工位

本工位由侧滑检测（Alignment Inspection）、轴重检测（Weight Inspection）、制动检测（Brake Test）和车速表检测（Speedometer Test）组成，简称 ABS 工位。

(1) 主要设备。

① 工位测控计算机。

② 侧滑试验台。
③ 轴重计或轮重仪（如果制动试验台本身带有轴重测量装置，则不必另外装备轴重计或轮重仪）。
④ 制动试验台。
⑤ 车速表试验台及车速表检测申报开关。
⑥ 检验程序指示器。
⑦ 光电开关。
⑧ 反光镜。
（2）检测项目。
① 检测前轮侧滑量。
② 检测各轴轴重。
③ 检测各轮制动拖滞力和制动力，求轴制动力和、制动力差和轴制动力占轴荷的百分比。
④ 检测手制动力。
⑤ 检测车速表指示误差。

### 3. 灯光尾气工位

本工位主要由前照灯检测（Head Light Test）、废气检测（Exhaust Gas Test）、烟度检测（Diesel Smoke Test）和扬声器噪声级检测（Noise Test）组成，简称 HX 工位。

（1）主要设备。
① 工位测控计算机。
② 前照灯检测仪。
③ 废气分析仪。
④ 烟度计。
⑤ 声级计。
⑥ 检验程序指示器。
⑦ 停车位置指示器。
⑧ 光电开关。
⑨ 反光镜。
（2）检测项目。
① 检测前照灯发光强度和光束照射方向。
② 检测汽油车怠速排放污染物或柴油车自由加速烟度。
③ 检测扬声器噪声级。

### 4. 车底检查工位

车底检查（Pit Inspection）工位简称 P 工位。

（1）主要设备。
① 工位测控计算机。
② 检验程序指示器及其控制器。
③ 地沟内举升平台。
④ 检测手锤。
⑤ 不合格项目输入键盘。

⑥ 对讲话筒及扬声器。
⑦ 光电开关。
⑧ 车辆到位报警灯或报警器。
⑨ 地沟内电视摄像机。
（2）检测项目。

本工位是车辆底部的外观检查，由检测人员在地沟内人工检查底盘各装置及发动机的连接是否牢固可靠，有无弯扭断裂及漏油、漏水、漏气、漏电等现象，车底检查项目如表 1-4 所示。

表 1-4　车底检查项目

| 序号 | 检查项目 | 序号 | 检查项目 |
| --- | --- | --- | --- |
| 1 | 发动机及其连接 | 16 | 油路、气路、电路 |
| 2 | 车架 | 17 | 储气筒 |
| 3 | 前梁 | 18 | 传动轴、万向节、伸缩节 |
| 4 | 转向器的转向轴及其万向节 | 19 | 中间支承 |
| 5 | 转向器支架 | 20 | 离合器及操纵机构 |
| 6 | 转向垂臂 | 21 | 变速器 |
| 7 | 转向器 | 22 | 主传动器 |
| 8 | 转向主销及其轴承 | 23 | 减振器 |
| 9 | 横直拉杆 | 24 | 钢板弹簧夹及U形螺栓 |
| 10 | 前悬挂连接 | 25 | 排气管及消声器 |
| 11 | 前吊耳销子 | 26 | 制动系拉杆、驻车制动器 |
| 12 | 后悬挂连接 | 27 | 后桥壳 |
| 13 | 后吊耳销子 | 28 | 缓冲器、保险杠、牵引钩 |
| 14 | 各种杆系 | 29 | 是否漏油、漏水、漏气、漏电 |
| 15 | 各种软管 | 30 | 油箱、蓄电池等的固定 |

**5. 综合判定及主控制室工位**

（1）主要设备。
① 主控制计算机、键盘及显示器。
② 打印机。
③ 监控电视。
④ 控制台及主控制键盘。
⑤ 稳压电源。
⑥ 不间断电源。
（2）检测项目。

汽车到达本工位时已全部检测完毕，主控制计算机将各工位的检测结果综合判定后，由打印机集中打印检测结果报告单，交给汽车驾驶员。

## 1.4.2 综合检测线

综合检测线有两种类型：全能综合检测线和一般综合检测线。前者包含安全环保检测线的主要检测设备，能对车辆的技术状况进行全面检测，也能对车辆进行安全环保检测；而后者不包括安全环保检测线的主要检测设备，主要由底盘测功机组成。

以全能综合检测线为例，综合检测线的工位设备与检测项目如下。

**1. 外观检查及前轮定位工位**

外观检查及前轮定位工位包括车上、车底外观检查和前轮定位检测。

（1）主要设备。

① 轮胎自动充气机。

② 轮胎花纹测量器。

③ 检测手锤。

④ 地沟内举升平台和地沟上举升器。

⑤ 就车式车轮平衡机。

⑥ 声发射探伤仪。

⑦ 侧滑试验台。

⑧ 前轮定位试验台或前轮定位检验仪。

⑨ 转向盘自由行程检测仪。

⑩ 传动系游动角度检验仪和底盘松旷量检测仪。

（2）检测项目。

① 车上、车底外观检查项目同全自动安全环保检测线。

② 就车检测车轮不平衡量并进行平衡。

③ 对转向节枢轴等安全机件进行探伤。

④ 检测前轮侧滑量。

⑤ 检测前轮最大转向角、主销后倾角、主销内倾角，并视需要检测前轮前束值和前轮外倾值。

⑥ 检测转向盘自由行程。

⑦ 检测传动系游动角度。

⑧ 检测轮毂轴承、主销和纵横拉杆等处的底盘松旷量。

**2. 制动工位**

（1）主要设备。

① 轴重计或轮重仪（如果制动试验台本身带有轴重测量装置，则不必另外装备轴重计或轮重仪）。

② 反力式制动试验台。

（2）检测项目

① 检测各轴轴重。

② 检测各轮制动拖滞力和制动力，求轴制动力和、制动力差和轴制动力占轴荷的百分比。

### 3. 底盘测功工位

底盘测功工位能模拟汽车道路行驶，因而可组织较多的检测设备同时或交叉地对汽车发动机、底盘和电气设备等进行综合动态检测。本工位配备的设备众多，能检测的项目也较多。

（1）主要设备。

① 底盘测功试验台。
② 发动机综合参数测试仪（汽、柴油机合一或分开）。
③ 电器综合测试仪。
④ 气缸压力测试仪。
⑤ 气缸漏气测试仪。
⑥ 真空表或真空测试仪。
⑦ 油耗计。
⑧ 废气分析仪。
⑨ 烟度计。
⑩ 声级计。
⑪ 机油清净性分析仪。
⑫ 发动机无负荷测功仪。
⑬ 发动机异响分析仪。
⑭ 传动系异响分析仪。
⑮ 前照灯检验仪。
⑯ 温度计或温度仪。

（2）检测项目。

① 检测驱动车轮输出功率或驱动力，模拟车辆各种速度行驶，进行加速性能、等速性能和滑行性能等试验，检测百公里耗油量和经济车速等。
② 对发动机的点火系、供油系、电气设备、动力性、气缸密封性和各部异响等进行检测、分析和诊断。
③ 检测汽油车怠速或其他工况排放的 CO 和 HC 浓度。
④ 检测柴油车自由加速烟度或全负荷烟度。
⑤ 检测前照灯的发光强度和光束照射位置。
⑥ 检测扬声器噪声和汽车车内、外噪声。
⑦ 检测、分析并诊断传动系异响。
⑧ 检测各总成温度和发动机排气温度。

当该工位上的有些项目的检测时间过长时，也可在前面的工位上提前进行。例如，机油清净性分析，可以在第一工位上对机油取样，接着到分析仪上进行分析，以平衡与其他项目的检测进度。

在综合检测线上，允许对车辆做必要的调试。如调试时间过长，应出检测线在维修（或调试）车间内进行。当在综合检测线上进行安全环保检测时，应按安全环保检测线规定的项目进行。

### 1.4.3 汽车性能检测站的工作流程

受检车辆进入综合性能检测站，工作流程应该如图1-3所示。

检测车辆的目的是对车辆的技术状况进行评价，如何评价车辆使用性能是下个任务所要完成的。

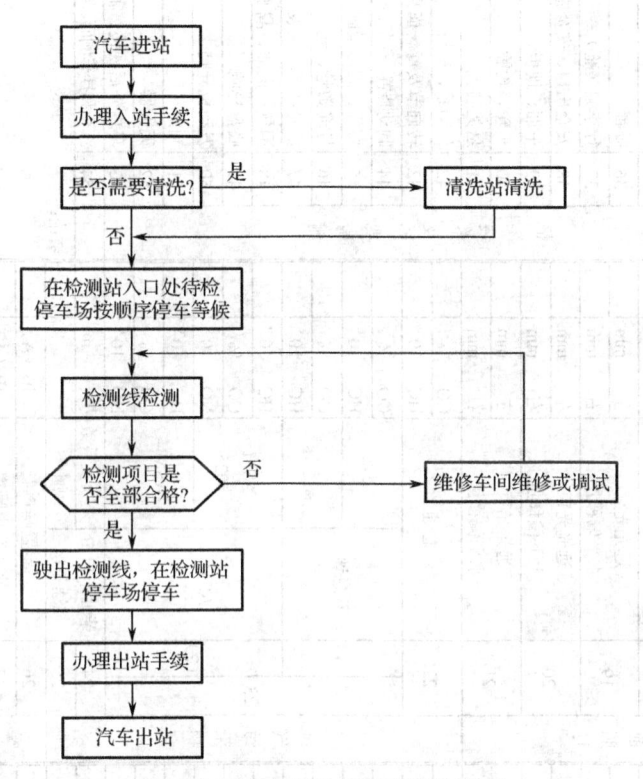

图1-3 汽车性能检测站的工作流程

## 任务1.5 受检车辆的交接与检测信息识读

以综合性能检测为例，送检车辆应该随带车辆技术档案、行驶证等，在受理窗口确认检测的类别，是等级评定检测还是二级维护检测。前者由车主自己送检，检测结果确定车辆属于哪个技术状况等级（1、2、3级）；后者由承修方送检，受理窗口工作人员根据检测程序提示输入车辆相关信息，由检测员和引车员直接检测。检测结束，由送检员到受理窗口办签证手续。

机动车综合性能检测报告如表1-5所示。

表1-5 机动车综合性能检测报告

| 车辆单位 | | | | 厂牌型号 | | | 号码号牌 | | 载质量（座位数） | | | 燃料 | | 车辆登记日期 | |
|---|---|---|---|---|---|---|---|---|---|---|---|---|---|---|---|
| 送检单位 | | | | 发动机号 | | | 营运证 | | 车架识别码 | | | 引车员 | | 检测员 | |
| 类型 | 序号 | 检测内容 | 评价 | 检测结果 | | | 检测内容 | | 类型 | 序号 | 检测内容 | | 检测结果 | | 评价 |
| 发动机 | 1 | 怠速转速 | | | r/min | | 发光强度 | 左 | | 32 | 整车装备及标识 | | | | |
| | 2 | 机油压力 | | | MPa | | | 右 | cd | 33 | 车身、驾驶室外形与连接 | | | | |
| 驱动轮输出功率 | (1) | 校正驱动轮输出功率 | | | % | 前照灯 | 17 | 近光光束 | 左 | 整车装备及外观检测 | 34 | 车门、车窗、雨刮器 | | | |
| | | | | | | | 18 | 上下偏移量 | 右 | mm | 35 | 司乘座椅 | | | |
| | (2) | 校正驱动轮额定扭矩输出功率 | | | | | | 近光光束 | 左 | mm | 36 | 卧铺 | | | |
| | 3 | 额定功率 | | | % | | 19 | 水平偏移量 | 右 | mm | 37 | 行李架（舱） | | | |
| 油耗 | 4 | 等速百公里油耗 | | | L/100km | | 20 | 远光光束 | 左 | mm | 38 | 安全出口、安全带 | | | |
| | 5 | 轴荷 | 一轴 | 左 N；右 N；共 N | | | | 上下偏移量 | 右 | mm | 39 | 车厢、地板、挡泥板 | | | |
| | | | 二轴 | 左 N；右 N；共 N | | | 21 | 远光光束 | 左 | mm | 40 | 车轮、轮胎 | | | |
| | | | 三轴 | 左 N；右 N；共 N | | | | 水平偏移量 | 右 | mm | 41 | 悬架装置 | | | |
| | | | 四轴 | 左 N；右 N；共 N | | 排气污染物 | 22 | 怠速 | CO | % | 42 | 传动系、车桥 | | | |
| 制动性 | 6 | 行车制动 | 整车 | | % | | | | HC | 10⁻⁶ | 43 | 转向节及转杆、应急、驻车制动 | | | |
| | 7 | 制动力平衡 | 前轴 | | % | | | 双怠速 | CO | % | 44 | 制动装置（行车、应急、驻车制动） | | | |
| | | | 一轴 | | % | | | | HC | 10⁻⁶ | 45 | 螺栓、螺母紧固 | | | |
| | | | 二轴 | | % | | | 高怠速 | CO | % | 46 | 灯光数量、光色、位置 | | | |
| | | | 三轴 | | % | | 23 | | HC | 10⁻⁶ | 47 | 信号装置与仪表 | | | |
| | | | 四轴 | | % | | (1) | ASM 5025 | CO | % | 48 | 漏气、漏油、漏水、漏电 | | | |
| | 8 | 制动协调时间 | | | s | | | | HC | 10⁻⁶ | 49 | 底盘异响 | | | |
| | 9 | 车轮阻滑 | 一轴左 | | %；一轴右 | % | | | NO | 10⁻⁶ | 50 | 发动机异响 | | | |
| | | | 二轴左 | | %；二轴右 | % | (2) | ASM 工况法 2540 | CO | % | 51 | 润滑 | | | |
| | | | 三轴左 | | %；三轴右 | % | | | HC | 10⁻⁶ | 52 | 灭火器 | | | |
| | | | 四轴左 | | %；四轴右 | % | | | NO | 10⁻⁶ | 53 | 车内外后视镜、前下视镜 | | | |
| | 10 | 驻车制动 | | | % | | 24 | 柴油车自由加速工况 | 光吸收系数 | m⁻¹ | 54 | 汽车和挂车侧面、后下部防护装置 | | | |
| | | | | | | 噪声 | 25 | 加速工况 | 烟度 | Rₐ | | | | | | |
| 转向操 | 11 | 转向轮自由转动量 | | | m/km | | 26 | 定置噪声 | | dB (A) | | | | | | |
| 纵性 | 12 | 转向盘操纵力 | 左转 N | 右转 N | | | 27 | 客学车内噪声 | | dB (A) | 结论： | | | | | |
| | 13 | 大转角 | 内 ； 外 | | | | 28 | 扬声器音级 | | dB (A) | | | | | | |
| | 14 | 转向轮定位 | 内 ； 外 | | | 其他 | 29 | 客学防雨密封性 | | | | | | | | |
| 悬架效率 | 15 | 吸收率或悬架效率 | 前左 % ； 前右 % | 后左 % ； 后右 % | | | 30 | 车速表示值误差 | | % | | 检测单位技术负责人（签名） | | | | |
| | 16 | 同轴左右差值 | 前轴 % ； 后轴 % | | | | 31 | 滑行性能 | (1) 距离 | m | | （检测专用章） | | | | |
| | | | | | | | | | (2) 阻力 | N | | 年 月 日 | | 年 月 日 | |

注：① 检测编号由年、月、日及故检测累计上线数计16位数组成。编号由年、月、日时间自动生成。
② 检测时间由系统自动生成。时间由年、月、日、时、分、秒（精确到0.1秒）组成。

·18·

## 思 考 题

1. 车辆进行性能检测的目的是什么？
2. 汽车检测站有哪几种类型？
3. 目前车辆检测涉及哪些相关标准？
4. 检测诊断参数有哪几种类型？
5. 选择诊断参数的标准是什么？
6. 综合检测站的检测项目有哪些？
7. 试述汽车检测的流程。

# 项目2 汽车外观检测

外观检测工作是车辆进入台试检测的第一项工作,是汽车不解体检测的重要组成部分,它涉及整车和总成各个部分。外观检测点分布在车辆上、下、左、右、前、后、内、外各部位,几乎包括了车辆结构的全部,涉及安全的各个部位。

## 任务 2.1 汽车外观检测概述

### 2.1.1 车辆外观检测的重要性

严格外观检测质量一直是汽车检测的重要工作。外观检测的重要性体现在以下几点。

(1)汽车检测作为保障安全运行、保护环境、节约能源、促进公路运输事业发展的重要手段,是政府的强制措施。汽车进行检测前,应首先对车辆的唯一性进行确认,要核对行驶证、营运证,要核对外廓尺寸,要严查私自改装、套牌和拼装车。车辆唯一性确认后,才可以上线检测。唯一性的确认由外观检测人员逐一核对检视后,才能确定。

(2)部分车辆由于使用不当或维护不到位,可能存在严重的安全隐患,如发动机严重漏油、漏水,制动严重失灵,转向不灵等。对这类车不加控制盲目上线,若在检测线上失控,不但会影响正常的检测秩序,严重时还会造成事故,损坏车辆和检测设备。因此,被检测车辆必须经外检合格后才可以上线。通过外观检测可防范有隐患的车辆在检测线上发生故障,确保检测秩序。

(3)台试检测对车辆的技术状况提出了许多具体的定量要求,如左右轮胎规格、花纹不一致,制动偏差值就可能大;若轮胎气压不足,则检测侧滑、车速、灯光等项目时就会不准;轮胎破损对底盘测功的准确性影响很大。为了确保检测质量,应该对影响台试检测数据准确性的汽车总成和部件进行重点检视,为后面的台试检测做好准备工作。

(4)汽车的很多性能(如动力性、制动性、操纵稳定性、灯光、尾气等性能)可以通过计算机控制的检测设备和仪器进行检测,但对于外观的破损、清洁、润滑、紧固、断片、裂纹、缺损等故障,不可能也没必要全部由仪器自动检测。通过人工的眼看、手摸、耳听及实际操作,便能很快、很直观地查出车辆的隐患,这不失为一种事半功倍的方法。通过外观检测既能查出事故隐患,又能保证后续台试检测质量。外观检测的人工检视和台试检验是综合性能检测工作整体的两个方面,两者是互相补充、相互完善的关系。只有抓好外观检测工作才能更有利于检测全面、深入、健康地开展。

### 2.1.2 对送检车辆的基本要求

送检机动车应清洁,无明显漏油、漏水、漏气现象,轮胎完好,轮胎气压正常且胎冠花纹中无异物,发动机怠速应正常。对达不到以上基本要求的送检机动车,机动车安全技术检验机构应要求整改符合要求后再进行安全技术检验。

在用车检验时,送检人应提供送检机动车的机动车行驶证和有效的机动车第三者责任强制保险凭证,对不能提供以上证件、凭证的送检机动车,机动车安全技术检验机构不应予以安全技术检验。

送检车辆在进行外观检测之前，必须先进行外部清洗和吹干。因为车身及底盘积有油泥、污垢，将影响外观检测的质量，也不便于安装检测仪器，同时还会弄脏检测设备和场地。

### 2.1.3 车辆唯一性认定

车辆唯一性认定（Identification of Vehicles）是指对机动车的号牌号码、车辆类型、品牌/型号、颜色、发动机号码、车辆识别代号（或整车出厂编号）及主要特征和技术参数进行核查，核对车辆识别代号（或整车出厂编号）的拓印膜，以确认送检机动车的唯一性。

### 2.1.4 联网查询

查询送检机动车是否发生过交通事故及涉及尚未处理完毕的道路交通安全违法行为。

对发生过交通事故的送检机动车，应根据交通事故时送检机动车的损伤部位和损伤情况确定需重点检查的部位和项目。

对涉及尚未处理完毕的道路交通安全违法行为的送检机动车，应在《机动车安全技术检验报告》的"备注"栏中简要说明情况，提醒机动车所有人及时到公安机关交通管理部门处理道路交通安全违法行为。

## 任务 2.2　汽车外观检测的方法与内容

### 2.2.1 汽车外观检测的方法

**1. 直观检视法**

直观检视法是汽车检验人员凭实践和一定的理论知识，借助简单工具，用眼看、耳听、手摸和鼻子嗅等手段，对汽车技术状况进行定性分析、判断的一种方法。例如，车辆外部损伤，漏水、渗油、漏气，螺栓或铆钉松动、脱落，零部件的磨损、裂纹、变形等故障，用任何仪器和设备进行检测都是不尽完善的，而需要靠检测人员的技能和经验，用调查、观察、感觉、体验及简单的工具进行定性的、直观的检视。

**2. 仪器设备检测法**

直观检视法简单方便，不需要专用仪器或设备，但它不能进行定量分析。因此，对一些有明确的量的规定的检查项目，则须采用一些仪器和设备进行客观物理量的检测。

采用仪器设备检测法，可测试汽车性能和故障的参数、曲线或波形，甚至能自动分析、判断汽车的技术状况，做出定量的分析。

### 2.2.2 汽车外观检测的内容

送检机动车应停放在指定位置，发动机停转（"发动机运转状况"项目除外）。

检查时常用的设备和工具主要有轮胎气压表、轮胎花纹深度计、透光率计、长度测量工具、手锤、铁钩及照明器具。

根据国家标准 GB 7258—2017《机动车运行安全技术条件》和 GB 21861—2014《机动车安全技术检验项目和方法》的规定，车辆外观检测项目主要有以下几项。

（1）车身外观。
（2）照明和电气信号装置。

（3）发动机舱。
（4）驾驶室（区）。
（5）发动机运转状况。
（6）客车内部。
（7）底盘件。
（8）车轮。
（9）其他。

车辆外观检测项目如表 2-1 所示。

表 2-1　车辆外观检测项目

| 序号 | 检验项目 | 内容 | 项目属性 |
|---|---|---|---|
| 1 | 车身外观 | 保险杠 | 注册登记检验时为否决项 |
| | | 后视镜、下视镜、风窗玻璃 | 否决项 |
| | | 车体周正、尖锐突出物 | 否决项 |
| | | 漆面 | 建议维护项 |
| | | 货厢、安全架、车外顶行李架 | 否决项 |
| | | 外部喷涂与文字标志、标识和车身广告 | 否决项 |
| | | 自行加装装置对号牌识别的影响 | 否决项 |
| | | 号牌板（架） | 注册登记检验时为否决项 |
| | | 商标（或厂标） | 注册登记检验时为否决项 |
| 2 | 照明和电气信号装置 | 前后位灯/后牌照灯/示廓灯/挂车标志灯 | 否决项 |
| | | 转向信号灯（前、侧、后）、危险警告信号灯 | 否决项 |
| | | 前照灯（远光、近光） | 否决项 |
| | | 制动灯、后反射器、后雾灯、倒车灯 | 否决项 |
| | | 侧标志灯、侧反射器 | 否决项 |
| | | 道路运输危险货物车辆标识 | 否决项 |
| | | 特种车辆标志灯具 | 否决项 |
| | | 附加的灯具、反射器或附属装置 | 否决项 |
| | | 扬声器（功能性检查） | 否决项 |
| | | 车身反光标识 | 否决项 |
| 3 | 发动机舱 | 发动机各系统机件 | 建议维护项 |
| | | 蓄电池桩头及连线 | 建议维护项 |
| | | 电器导线、各种管路 | 否决项 |
| | | 储液器（使用液压制动的汽车） | 否决项 |
| | | 发动机标识 | 注册登记检验时为否决项 |
| 4 | 驾驶室（区） | 门锁及门铰链 | 建议维护项 |
| | | 驾驶员座椅 | 否决项 |
| | | 安全带 | 否决项 |
| | | 前风窗玻璃及其他风窗玻璃用于驾驶员视区的部位 | 否决项 |

续表

| 序号 | 检验项目 | 内 容 | 项目属性 |
|---|---|---|---|
| 4 | 驾驶室（区） | 雨刮器 | 否决项 |
| | | 洗涤器 | 建议维护项 |
| | | 汽车行驶记录仪 | 否决项 |
| | | 驾驶室固定 | 否决项 |
| | | 仪表数量类型，操纵件、指示器及信号装置图形标志 | 注册登记检验时为否决项 |
| | | 警告性文字的中文标注、车辆产品标牌 | 注册登记检验时为否决项 |
| 5 | 发动机运转状况 | 起动性能 | 否决项 |
| | | 怠速、电源充电、仪表及指示器 | 建议维护项 |
| | | 加速踏板控制 | 建议维护项 |
| | | 漏水、漏油、漏气、水温、油压 | 建议维护项 |
| | | 关电熄火/（柴油车）停机装置 | 否决项 |
| 6 | 客车内部 | 座椅/卧铺数量、座椅间距 | 否决项 |
| | | 扶手和卧铺护栏 | 建议维护项 |
| | | 车厢灯、门灯 | 建议维护项 |
| | | 客车地板、车内行李架 | 建议维护项 |
| | | 灭火器、安全出口标识、安全手锤、安全门 | 否决项 |
| | | 安全带 | 否决项 |
| | | 安全出口的数量、位置和尺寸 | 注册登记检验时为否决项 |
| | | 乘客通道、通往安全门的通道 | 注册登记检验时为否决项 |
| 7 | 底盘件 | 燃料箱、燃料箱盖 | 否决项 |
| | | 挡泥板/牵引钩、蓄电池、蓄电池架 | 建议维护项 |
| | | 储气筒排污阀 | 建议维护项 |
| | | 钢板弹簧 | 否决项 |
| | | 侧面及后下部防护装置 | 否决项 |
| | | 牵引连接装置 | 建议维护项 |
| 8 | 车轮 | 轮胎型号/规格/速度级别 | 否决项 |
| | | 轮胎胎冠花纹深度，胎面破裂/割伤、磨损/变形 | 否决项 |
| | | 轮胎螺栓、半轴螺栓 | 否决项 |
| | | 备胎标识 | 注册登记检验时为否决项 |
| 9 | 其他 | 整车3C标志 | 注册登记检验时为记录项 |
| | | 其他不符合GB 7258等机动车国家安全技术标准的情形 | 注册登记检验时为否决项 |

具体要求如下。

**1. 车身外观**

车辆外观应整洁，各零、部件应完好，连接紧固，无缺损。目视检查以下各项，必要时应用钢直尺等量具测量相关尺寸参数。

（1）保险杠、后视镜、下视镜等部件是否完好。

· 23 ·

（2）风窗玻璃是否完好及是否张贴有镜面反光遮阳膜。

（3）车体是否周正，车体外缘左右对称部位高度差（不得大于 40mm）是否符合规定，车身外部可能触及行人、骑自行车人等交通参与者的任何部件、构件是否有任何可能使人致伤的尖锐凸起物（如尖角、锐边等）。

（4）车身（车厢）及其漆面是否有明显的锈蚀、破损现象。

（5）货厢安装是否牢固，其栏板和底板是否规整及强度是否明显不足，装置的安全架是否完好无损。

（6）车长大于 7.5m 的客车是否设置有车外顶行李架，其他客车设置的车外顶行李架是否长度不超过车长的 1/3 且高度不超过 300mm。

（7）车身（或车厢）外部的图形和文字标志是否符合规定。

① 车长大于 6m 或总质量大于 4500kg 的货车、挂车，其车身（车厢）后部是否喷涂有符合规定的放大牌号。

② 气体燃料汽车、双燃料汽车等，其车身是否按照规定标注了其使用的燃料类型。

③ 消防车、救护车、工程救险车和警车的车身颜色、外观制式是否符合相关规定。

（8）喷涂、粘贴的标识或车身广告是否影响安全驾驶。

（9）乘用车自行加装的前后防撞装置及货运机动车自行加装的防风罩、水箱、工具箱、备胎架，是否影响安全和号牌识别。

（10）注册登记检验时，应记录汽车是否在前风窗玻璃右上角粘贴有符合规定的整车 3C 标志并检查以下各项。

① 机动车是否设置了能够满足号牌安装要求的号牌板（架）。

② 车身外表面易见部位是否至少装置有一个能永久保持的商标（或厂标）。

③ 汽车（三轮汽车和低速货车除外）是否设置了规定数量和类型的后视镜，其他机动车是否在左、右至少各设置有一面后视镜，车长大于 6m 的平头货车和平头客车在车前是否至少设置有一面前下视镜。

④ 乘用车和车长小于 6m 的客车的前后部是否设置了保险杠，货车（三轮汽车除外）是否设置了前保险杠。

⑤ 货车货厢（自卸车、装载质量 1000kg 以下的货车除外）前部是否安装有比驾驶室高至少 70 mm 的安全架。

### 2．照明和电气信号装置

仪表、灯光、信号标志要齐全，工作正常，目视检查以下各项。

（1）前位灯、前转向信号灯、前部危险警告信号灯、示廓灯和牵引杆挂车标志灯等前部照明和信号装置是否齐全完好，前照灯的远、近光光束变换功能，近光光形是否有明显的明暗截止线。

（2）后位灯、后转向信号灯、后部危险警告信号灯、示廓灯、制动灯、后雾灯、后牌照灯、倒车灯、后反射器是否齐全完好，制动灯的发光强度是否明显大于后位灯的发光强度。

（3）侧转向信号灯、侧标志灯和侧反射器是否齐全完好。

（4）对称设置、功能相同的灯具的光色和亮度是否有明显差异。

（5）除转向信号灯、危险警告信号及消防车、救护车、工程救险车和警车安装使用的标志灯具外，其他外部灯具是否有闪烁的情形。

（6）道路运输危险货物车辆标识是否符合相关规定，必要时应用量具测量相关尺寸参数。

（7）消防车、救护车、工程救险车和警车安装使用的标志灯具是否完好有效。

（8）附加的灯具、反射器或附属装置是否影响 GB 7258 规定安装的灯具和信号装置的性能或对其他的道路使用者造成不利影响。

（9）检查机动车设置的扬声器是否具有连续发声功能，工作是否可靠，必要时应用声级计测量其扬声器声级是否符合规定。

（10）对 2005 年 2 月 1 日起注册登记的总质量不小于 12000kg 的货车和总质量大于 3500kg 的挂车，检查其后部车身反光标识的粘贴技术规范及车身反光标识材料的式样（颜色、宽度等）是否符合相关标准的规定；对 2005 年 2 月 1 日起注册登记的车长不小于 10m 的货车和总质量大于 3500kg 的挂车，检查其侧面车身反光标识的粘贴技术规范及车身反光标识材料的式样是否符合相关规定；必要时应使用量具测量相关尺寸参数。

（11）注册登记检验时，应重点检查车辆外部照明和信号装置的数量、位置、光色是否符合相关标准的规定，必要时应用量具测量相关尺寸参数。对 2006 年 12 月 1 日起新出厂的总质量不小于 12000kg 的货车和总质量大于 3500kg 的挂车，还应检查其安装的车身反光标识材料的白色单元上是否加施有符合规定的 3C 标志。

3．发动机舱

打开发动机罩（或翻转驾驶室），检查目视可见的发动机各系统机件是否齐全有效；检查蓄电池桩头与导线连接是否牢固；检查目视可见的电器导线捆扎、固定、绝缘保护等是否完好，各种管路是否完好、固定可靠。

对于使用液压制动（含液压传动离合器）的汽车，目视检查储液器的液面高度及有无泄漏。

注册登记检验时，如气缸体上打刻（或铸出）的发动机型号和出厂编号不易见，应检查在发动机易见部位是否具有能永久保持的发动机型号和出厂编号的标识。如车辆产品标牌位于发动机舱，还应检查车辆产品标牌是否能永久保持及其内容是否规范、清晰耐久。

4．驾驶室（区）

记录里程表读数，目视检查以下各项。

（1）门锁及门铰链是否完好。

（2）驾驶员座椅固定是否可靠，汽车（三轮汽车除外）驾驶员座椅前后位置调节装置能否正常工作，安全带是否齐全、有效；2005 年 8 月 1 日起出厂的座位数不大于 5 的乘用车及 2006 年 2 月 1 日起出厂的座位数大于 5 的乘用车的所有座椅（第三排及第三排以后的可折叠座椅除外）是否均配置了有效的安全带。

（3）前风窗玻璃及风窗以外玻璃用于驾驶员视区部位的可见光透射比是否不小于 70%（必要时用透光率计检查可见光透射比）。

（4）雨刮器、洗涤器能否正常工作。

（5）2005 年 2 月 1 日起新注册登记的车长大于 9m 的长途客车和旅游客车是否安装了汽车行驶记录仪；对安装有汽车行驶记录仪的长途客车和旅游客车、道路运输危险货物车辆、半挂牵引车、总质量不小于 12000kg 的货车，其汽车行驶记录仪的固定、连接是否安全、可靠，能否正常显示。

（6）折翻式驾驶室的固定是否可靠。

注册登记检验时，还应检查以下项目。

（1）车辆是否按照规定装备了各种仪表。

（2）车辆是否设置了符合规定的操纵件、指示器及信号装置的图形标志。

（3）对乘用车和货运机动车，按照相关标准核定的乘坐人数是否与机动车注册登记证明、凭证记载的内容一致。

（4）车长大于 9m 的长途客车和旅游客车是否安装了符合规定的汽车行驶记录仪；2006年 12 月 1 日起新出厂的，安装有汽车行驶记录仪的长途客车和旅游客车、道路运输危险货物车辆、半挂牵引车、总质量不小于 12000kg 的货车，其行驶记录仪主机外壳的易见部位是否加施有符合规定的 3C 标志。

（5）机动车的警告性文字是否有中文标注，折翻式驾驶室翻转操纵机构附近易见部位是否有提醒驾驶员如何正确使用该操纵机构的文字。

（6）车辆产品标牌[如位于驾驶室（区）]是否能永久保持及其内容是否规范、清晰耐久。

### 5. 发动机运转状况

检查发动机能否正常起动；起动发动机，检查怠速运转、电源充电状况、各仪表及指示器工作是否正常；检查发动机急加速过程中及在较高转速时急松加速踏板能否回至怠速状态和有无"回火"、"放炮"等异常状况；检查有无漏水、漏油、漏气现象，以及水温、油压指示是否正常；检查点火开关关闭后发动机能否迅速熄火；对柴油车还应检查停机装置是否灵活、有效。

### 6. 客车内部

目视检查以下各项。

（1）客车座椅/卧铺的数量是否与机动车行驶证记载的内容一致，座椅间距是否符合规定，座椅扶手和卧铺护栏安装是否牢固。

（2）车厢灯、门灯能否正常工作。

（3）客车地板密封是否良好，车内行李架的安装是否牢固。

（4）客车配备的灭火器是否齐全有效、固定可靠。

（5）长途客车和旅游客车安全出口处标注的"安全出口"字样是否完好，车内是否按照规定装备了用于击碎安全出口玻璃的专用手锤，安全门是否锁止可靠及能否正常开启。

（6）卧铺客车每个铺位的安全带是否齐全有效，长途客车和旅游客车前面没有座椅的座椅、前面护栏不能起到有效防护作用的座椅及其他按照规定应安装安全带的座椅的安全带是否齐全有效。

（7）注册登记检验时，还应检查客车安全出口的数量、位置和大小，以及座椅/卧铺位的数量和布置是否符合规定，乘客通道的宽度和高度是否能保证符合规定的通道测量装置顺利通过，通向安全门的通道宽度是否符合要求。

### 7. 底盘件

目视检查以下各项。

（1）燃料箱是否固定可靠，燃料箱盖是否完好。

（2）挡泥板、牵引钩是否完好。

（3）蓄电池、蓄电池架的固定是否牢固可靠。

（4）储气筒排污阀的功能是否有效。

（5）钢板弹簧的形式、片数是否符合规定，有无裂纹和断片，安装是否紧固。

（6）2003 年 3 月 1 日起出厂的总质量大于 3500kg 的货车和挂车，其装备的侧面及后下部防护装置是否完好有效，货车列车的牵引车和挂车之间是否装备了有效的侧面防护装置。

（7）汽车列车的牵引连接装置是否连接可靠且装有防止车辆行驶中脱开的安全装置。

（8）注册登记检验时，应重点检查货车和挂车的侧面防护装置的下缘离地高度、防护范围和前缘形式及后下部防护装置的离地高度、宽度、横截面宽度是否符合相关规定（必要时应用量具测量相关尺寸参数），检查后下部防护装置的强度是否具有明显不足的情形。

8．车轮

目视检查以下各项，必要时应使用轮胎花纹深度计或量具测量。

（1）同轴两侧是否装用同一型号、规格的轮胎。

（2）轮胎的型号、速度级别及胎冠花纹深度、轮胎气压是否符合规定，乘用车轮胎的胎面磨损标志是否已可见。

（3）轮胎的胎面、胎壁有无长度超过 25mm 或深度足以暴露出轮胎帘布层的破裂和割伤，以及其他影响使用的缺损、异常磨损和变形。

（4）轮胎螺栓、半轴螺栓是否齐全、紧固。

（5）若送检机动车装用轮胎的型号、速度级别不符合规定，或所装用轮胎的胎面、胎壁和胎冠花纹深度不符合规定，此次安全技术检验终止，应要求送检人换装符合规定的轮胎复检。若送检机动车轮胎气压不符合规定，应要求送检人将轮胎气压调整到规定气压后再进行其他项目的检验。

（6）注册登记检验时，对 2004 年 10 月 1 日起出厂的使用小规格备胎的乘用车，检查在备胎附近明显位置（或其他适当位置）是否装置有能永久保持的、提醒驾驶员正确使用备胎的标识及标识的相关提示内容是否有中文。

## 任务 2.3　实训：车辆外观检测

### 2.3.1　实训目的与要求

（1）正确掌握车辆外观人工检查的方法。

（2）掌握目视检查项目和车下检查项目的具体要求。

（3）了解底盘间隙仪的构造及工作原理。

（4）车辆外观检查原因分析：汽车在使用过程中，随着行驶里程的增加，有关零件将不同程度地产生磨损、疲劳、变形、老化或意外事故等损伤，其结果是不但技术状况逐渐变坏，动力性下降，可靠性恶化，经济性变差，还会影响车容，甚至影响行车安全。为了使车辆外观符合国家有关标准，确保车辆的完好状况，外观、底盘检验员应严格按照全省统一的外观检测项目和检测要求进行认真检测。

### 2.3.2　实训设备与器材

（1）实训车辆：一辆。

（2）举升机/地沟：一台/条。

（3）轮胎充气机和气压表：各一个。

（4）底盘间隙仪：一台。

（5）检测手锤和常用工具：若干。

（6）检测程序指示器及控制器等。

### 2.3.3 判定标准

(1) GB 7258—2017《机动车运行安全技术条件》。
(2) GB/T 18344—2016《汽车维护、检测、诊断技术规范》。

### 2.3.4 外观检测方法

**1. 直观定性检视**

检查汽车行驶证和营运证与检测车辆是否相符，对汽车各部位是否存在损伤、渗漏、松动、卡滞、脱落、失效、漏装、脏污等情况做出定性判断。

**2. 仪具定量检测**

(1) 用钢卷尺测量整车外形长度尺寸应符合原厂规定。
(2) 检测车体周正度、车体外缘左右对称部位高度差<40mm。
(3) 测量左右侧轴距，其差应<10mm。
(4) 测量前后轴轮距，应符合原厂规定，并判断能否适应检测线。
(5) 测量前轮前束，应符合原厂规定。
(6) 测量制动踏板自由行程，应符合原厂规定。
(7) 测量离合器踏板自由行程，应符合原厂规定。
(8) 测量转向盘自由行程转动量，应符合原厂规定。
(9) 用深度尺、钢直尺检测轮胎的磨损、破裂和割伤，轿车胎冠花纹深度应>1.6mm，其他车辆>3.2mm。局部磨损不得暴露出帘布层。同一轴轮胎型号、花纹应相同，转向轮不得使用翻新轮胎。
(10) 顶起车轿，用百分表测量车轮的摆动量，小型汽车和摩托车车轮横向和径向摆动量均应<5mm，其他车辆应<8mm。
(11) 用轮胎气压表测量各轮胎气压，应符合原厂规定。根据用户和实际需要，采用相应手段，检测其他有关参数。
(12) 卧铺客车车顶不得设置行李架。其他客车行李架的长度不得超出车长的1/3。

### 2.3.5 实训报告：车辆外观检测

车辆外观检测报告如表 2-2 所示。

表 2-2　车辆外观检测报告

| 实训仪器型号 | | 实训日期 | |
|---|---|---|---|
| 汽车车型 | | 检测地点 | |
| 序号 | 检测名称 | 检查内容 | 合格与否 |
| 1 | 检查车辆特征 | 检查证照标记，看其是否与车辆相符<br>(VIN 码，发动机型号、号码，底盘型号、号码) | |
| | | 检查检测诊断工艺所需要的车辆特征<br>(如车型、车类、驻车制动形式、轴数、驱动形式、燃油类别、新旧程度、大灯数等) | |
| | | 检查全车清洁情况，看其是否符合受检要求 | |
| 2 | 检查车身 | 车厢与车架的连接是否可靠 | |
| | | 车厢打通的变形与损坏是否超过要求 | |
| | | 车厢的安装是否牢靠 | |

续表

| 序号 | 检测名称 | 检查内容 | 合格与否 |
|---|---|---|---|
| 2 | 检查车身 | 风窗玻璃及窗锁是否完好与可靠 | |
| | | 车内座垫、靠垫及座椅骨架是否完好与坚固 | |
| | | 客车外部的蒙皮与漆面是否完好 | |
| 3 | 检查驾驶室 | 驾驶室与车架的连接是否可靠 | |
| | | 驾驶室的变形与损坏是否过度 | |
| | | 门锁与拉手是否可靠 | |
| | | 风窗玻璃及其升降机是否良好 | |
| | | 脚踏板、翼子板是否连接可靠 | |
| | | 各部漆面有无脱落、起泡等缺陷 | |
| | | 座垫、靠垫及座椅骨架是否完好与坚固，调节是否方便 | |
| | | 油箱是否坚固、有无渗漏，不允许用户加装油箱 | |
| | | 发动机罩是否松动、是否密封 | |
| | | 百叶窗是否开闭灵活 | |
| 4 | 检查灯光仪表 | 大灯灯具是否完好、工作是否可靠 | |
| | | 转向灯具是否完好、工作是否可靠 | |
| | | 小灯、雾灯、示宽灯、后位灯、标志灯等外部灯具是否齐全完好 | |
| | | 仪表灯、顶灯、踏步灯等规定的室内灯是否齐全完好 | |
| | | 尾灯、制动灯、倒车灯等是否齐全可靠 | |
| | | 各仪表是否齐全、是否正确可靠 | |
| 5 | 检查发动机及离合器 | 支架、托架是否牢靠，零部件是否齐全 | |
| | | 起动性能是否良好 | |
| | | 发电机及调节器工作是否正常 | |
| | | 化油器、汽油泵工作是否良好 | |
| | | 发动机排气管口不得指向车身右侧 | |
| | | 各转速工况有无异常响声 | |
| | | 有无漏电、漏油、漏气、漏水现象 | |
| | | 散热器是否稳固、有无堵塞或渗漏 | |
| | | 离合器的连接是否可靠、自由行程是否符合要求 | |
| | | 离合器有无抖动、异响、打滑等现象 | |
| 6 | 检查车架及悬架挂 | 纵、横梁的连接是否可靠 | |
| | | 车架铆钉有否松动、脱落 | |
| | | 纵、横梁有无弯扭、裂纹等异常现象 | |
| | | 左右侧轴距差值是否超过规定 | |
| | | 牵引钩的安装是否可靠 | |
| | | 钢板弹簧有无松动、裂纹、缺片、断片等现象，安装弹性是否符合要求 | |
| | | 减振器工作是否可靠 | |
| | | 总质量3.5t以上的货车和挂车两侧应装有侧面防护装置 | |

· 29 ·

续表

| 序号 | 检测名称 | 检查内容 | 合格与否 |
|---|---|---|---|
| 7 | 检查前桥及转向系统 | 前桥有无弯曲、断裂等现象 | |
| | | 轴头螺母是否松旷、有无滑牙 | |
| | | 前轮距、前束值是否符合规定 | |
| | | 转向节各装置的螺栓是否坚固可靠 | |
| | | 转向盘的自由转动是否符合规定 | |
| | | 转向节、臂、横直拉杆及球销有无裂纹、弯曲和损伤现象 | |
| | | 横直拉杆是否拼焊,球销防尘毡、保险片、开口销是否齐全、有效 | |
| | | 转向助力器是否有效 | |
| | | 转向节主销是否松旷或卡滞 | |
| | | 横直拉杆是否松旷或卡滞,球销是否缺油 | |
| | | 前轮胎面及气压是否符合规定 | |
| 8 | 检查后桥及差速器 | 后桥壳有无弯扭、断裂等现象 | |
| | | 半轴螺栓是否按规定扭矩拧紧 | |
| | | 差速器有无异响及漏油等现象 | |
| | | 后轮胎表面及气压是否符合规定 | |
| 9 | 检查变速器及传动轴 | 换挡是否灵活自如 | |
| | | 有无乱挡、跳挡、异响、渗漏等现象 | |
| | | 传动轴中间支承、万向节、伸缩花键、连接螺栓是否松旷、有无裂纹 | |
| 10 | 检查制动系 | 踏板的自由行程是否符合原车规定 | |
| | | 总泵、分泵元件是否损伤,安装是否牢固、工作是否可靠 | |
| | | 调节臂及轴工况是否良好 | |
| | | 操作系统是否完好 | |
| | | 连接管路有无渗漏、堵塞现象 | |
| | | 制动软管是否老化龟裂 | |
| | | 制动软管与转向轮有否刮碰损伤 | |
| | | 储气管是否松动、有无漏气 | |
| | | 手制动是否有效 | |
| 11 | 检查拖车挂车 | 拖车车架有无松动、变形等异常现象 | |
| | | 拖车车厢是否完好 | |
| | | 拖车悬挂系统是否良好 | |
| | | 拖车与主车的连接是否可靠 | |
| | | 拖车轮胎表面的气压是否合乎要求 | |
| 12 | 检查安全防护装置 | 车外后视镜是否按要求设置 | |
| | | 车长大于6m的平头客车、平头货车应有下视镜,扬声器的安装是否坚固、声音是否悦耳 | |
| | | 前窗雨刮器、防冻除霜器是否方便有效 | |
| | | 灭火器是否完好、装挂是否合适 | |

续表

| 序号 | 检测名称 | 检查内容 | 合格与否 |
|---|---|---|---|
| 12 | 检查安全防护装置 | 油箱及底盘防护网是否符合要求 | |
| | | 特种车辆的标志灯、警报器是否按规定设置 | |
| | | 安全架、安全门、安全带、安全窗、拉地链等其他应有的安全防护装置是否齐全、完好 | |
| 成绩 | | 指导教师 | 日期 |

## 思 考 题

1. 简述车辆外观检测的重要性。
2. 如何测量、计算、判定车辆左右对称高度差及轴距差?
3. 选择题

(1) 车体外缘左右对称部位高度差(在离地 1.5m 内测量)不大于(　　)mm 为合格。

A．20　　　　B．30　　　　C．40　　　　D．50

(2) 对于营运车辆的唯一性进行确认时,(　　)可以不检查。

A．驾驶证　　B．行驶证　　C．营运证　　D．车辆外廓尺寸

4. 判断题

(1) 空载高为 3.0m 以上的车辆均应安装示廓灯。(　　)

(2) 轿车和挂车轮胎胎冠上花纹的深度不得小于 1.6mm。(　　)

(3) 卧铺客车的每个铺位均应安装两点式汽车安全带。(　　)

# 项目 3　汽车的动力性与检测

许多人在购车时，经常会考虑车辆的"力量"、开车时的"推背"感、超车能力、爬坡能力等。要比较不同的汽车在这方面的性能，就必须用汽车动力性进行评价。

汽车的动力性是指汽车在良好路面上直线行驶时由汽车受到的纵向外力决定的、所能达到的平均行驶速度。

## 任务 3.1　汽车动力性的评价

汽车的平均行驶速度是汽车动力性的总指标，从尽可能获得高的平均行驶速度的观点出发，汽车动力性的评价指标有最高车速、加速性能和爬坡能力。

### 3.1.1　汽车的最高车速

汽车的最高车速是指汽车以额定最大总质量，在风速≤3m/s 的条件下，在干燥、清洁、平直良好的路面（混凝土或沥青）上所能达到的最高稳定行驶速度，它对于长途运输车辆的平均行驶速度的影响最大。

### 3.1.2　汽车的加速性能

汽车的加速性能是指汽车在各种使用条件下迅速增加行驶速度的能力。它对于市区运输车辆的平均行驶速度有很大影响，轿车对加速能力尤其重视。加速性能在理论上用加速度 $j$ 来评定，而在实际试验中通常用汽车加速时间来评价。

加速时间是指汽车以额定最大总质量，在风速≤3m/s 的条件下，在干燥、清洁、平直良好的路面（混凝土或沥青）上由某一低速加速到某一高速所需的时间。常用原地起步加速时间和超车所需加速时间来表明汽车的加速能力。

原地起步加速时间指汽车由 1 挡或 2 挡起步，并以最大的加速强度（包括选择恰当的换挡时间）逐步换至最高挡后到某一预定的距离或车速所需的时间。图 3-1 是某些轿车的原地起步加速时间曲线。

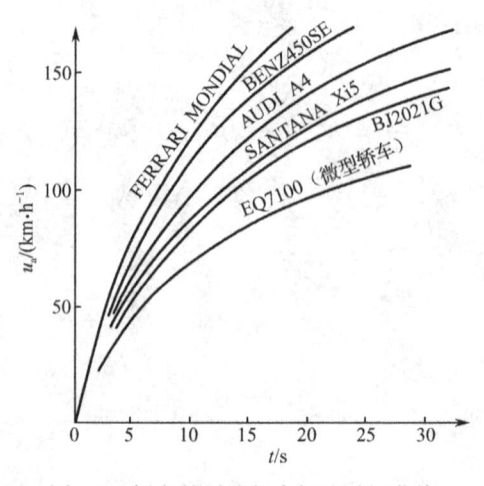

图 3-1　轿车的原地起步加速时间曲线

超车加速时间指用最高挡或次高挡由某一低速全力加速到某一高速所需的时间。因为超车时汽车与被超车辆并行，容易发生安全事故，所以超车加速能力强，并行距离短，行驶就安全。

### 3.1.3 汽车的爬坡能力

汽车的爬坡能力对于在山区行驶车辆的平均行驶速度有很大的影响，通常用最大爬坡度来表示。最大爬坡度是指汽车满载时用变速器最低挡位在风速≤3m/s的条件下，在干燥、清洁、良好的路面（混凝土或沥青）上行等速行驶所能克服的最大道路纵向坡度。在坡度不长的道路上，利用汽车加速惯性能通过的坡度称为极限坡度。在各种车辆中，越野车的最大爬坡度最大，货车次之，轿车一般不强调爬坡度。

## 任务3.2 汽车行驶的受力分析

要分析汽车的动力性能，首先必须对汽车在行驶过程中的受力情况进行分析，因为汽车沿行驶方向的各种运动情况，是其作用于汽车行驶方向的各种外力作用的结果。作用在汽车行驶方向的外力有汽车的驱动力和行驶阻力，根据这些力的平衡关系，建立汽车行驶方程式，就可以讨论汽车的动力性。

### 3.2.1 汽车的驱动力

汽车的驱动力为

$$F_\mathrm{t} = \frac{T_\mathrm{tq} i_\mathrm{g} i_0 \eta_\mathrm{T}}{r} \tag{3-1}$$

式中　$T_\mathrm{tq}$——发动机输出的有效转矩，N·m；

　　　$i_\mathrm{g}$——变速器的传动比；

　　　$i_0$——主减速器的传动比；

　　　$\eta_\mathrm{T}$——传动系的机械效率；

　　　$r$——车轮半径，m；

对于装有分动器、轮边减速器和液力传动等装置的汽车，应计入相应的传动比和机械效率。

由式（3-1）可知，汽车的驱动力$F_\mathrm{t}$与发动机的转矩、传动系的各传动比、传动系的机械效率成正比，与车轮半径成反比。下面对公式中的$T_\mathrm{tq}$、$\eta_\mathrm{T}$及$r$的取值进行讨论，最后画出驱动力图。

**1. 发动机转矩 $T_\mathrm{tq}$**

发动机的转矩可根据其使用外特性确定。使用外特性曲线是带上全部附件时的发动机在试验台架做成的。

严格地讲，台架试验是在发动机工况相对稳定，即保持水、机油温度为规定的数值，并且在各个转速不变时测得的转矩、油耗数值。在实际使用中，发动机的工况经常是不稳定的。发动机的热状况、可燃混合气的浓度与台架试验有显著差异。所以在不稳定工况下，发动机所提供的功率要比稳定工况时低5%～8%，电喷发动机要下降得少一些。但由于发动机变工况时功率不易测量，所以在进行动力性估算时，一般沿用台架试验稳定工况时所测得的使用外特性中的功率和转矩曲线。

### 2. 传动系的机械效率 $\eta_T$

发动机的有效功率为 $P_e$，经传动系在传动过程中损失的功率为 $P_T$，则驱动轮得到的功率仅为 $P_e - P_T$，那么传动系的机械效率可表示为

$$\eta_T = (P_e - P_T)/P_e = 1 - P_T/P_e \tag{3-2}$$

传动系内损失的功率 $P_T$ 是在离合器、变速器、传动轴、主减速器、驱动轮轴承等处机械损失和液力损失功率的总和，其中变速器和主减速器损失的功率所占比例最大。

机械损失是指齿轮传动副、轴承、油封等处的摩擦损失，其大小主要取决于啮合的齿轮对数、传递转矩的大小及装配加工的精度等。

液力损失是指消耗于润滑油的搅动、润滑油与旋转零件表面的摩擦等功率损失。其大小主要取决于转速、润滑油黏度、工作温度和油面的高度等。

虽然 $\eta_T$ 受到多种因素影响，但在动力性计算时，一般把它取为常数。一般轿车取 0.9~0.92，单级主传动货车取 0.85，驱动型式为 4×4 的汽车取 0.85，驱动型式为 6×6 的汽车取 0.8。

### 3. 车轮半径

充气轮胎的车轮，在不同状况下有不同的半径。

自由半径 $r_0$：处于无载状态下的车轮半径。

静力半径 $r_s$：在车重作用下，轮心到地面的距离。

滚动半径 $r_r$：在满载行驶状态，根据车轮滚过的圈数 $n$ 和汽车驶过的距离 $s$，由下式计算出来的半径。

$$r_r = \frac{s}{2\pi n} \tag{3-3}$$

显然，对汽车进行运动学分析时，应用滚动半径；而进行动力学分析时应用静力半径；进行粗略分析时，通常不计其差别，统称车轮半径 $r$，即认为

$$r_r \approx r_s \approx r \tag{3-4}$$

### 4. 汽车的驱动力图

表示汽车驱动力与车速之间函数关系的曲线，即 $F_t - u_a$ 曲线，称为汽车的驱动力图。它直观地显示了驱动力随车速变化的规律。对应于不同的挡位，有不同的驱动力曲线。

在发动机使用外特性曲线中，传动系传动比、传动系效率、车轮半径等参数已知或确定后，就可画出汽车的驱动力图，如图 3-2 所示。

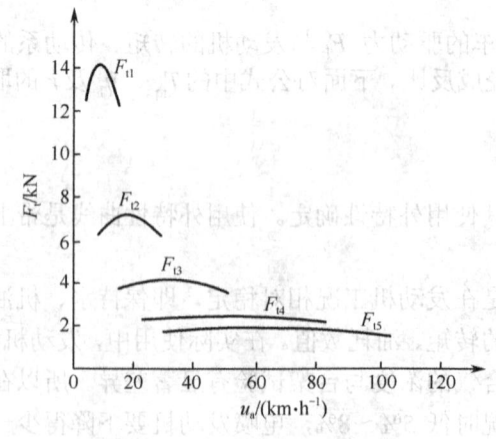

图 3-2 某汽车的驱动力图

### 3.2.2 汽车行驶过程的阻力

汽车在水平道路上等速行驶时必须克服来自地面的滚动阻力 $F_f$ 和来自空气的空气阻力 $F_w$；当汽车在坡道上上坡行驶时，还必须克服重力沿坡道的分力，称为上坡阻力 $F_i$；汽车加速行驶时还需要克服其惯性力，称为加速阻力 $F_j$。因此，汽车行驶的总阻力为

$$\sum F = F_f + F_w + F_i + F_j \tag{3-5}$$

上述诸阻力中滚动阻力和空气阻力是在任何行驶条件下均存在的，上坡阻力和加速阻力仅在一定行驶条件下存在，在水平道路上等速行驶时就没有加速阻力和上坡阻力。

**1. 滚动阻力**

（1）滚动阻力的产生。

滚动阻力是当车轮在路面上滚动时，两者之间的相互作用力，以及相应的轮胎和支承面变形所产生的能量损失的总称。它包括以下内容。

① 道路塑性变形损失。

② 轮胎弹性迟滞损失。

③ 其他损失，如轴承、油封损失、悬架零件间摩擦和减振器内损失等。

汽车在松软路面上行驶时，滚动阻力主要是由路面变形引起的；汽车在硬路面上行驶时，滚动阻力主要是由轮胎变形引起的。

（2）滚动阻力的计算。

汽车滚动阻力的构成非常复杂，难以精确计算，而且驱动轮与从动轮也不完全相同。在一般计算中，汽车滚动阻力以下式计算：

$$F_f = G \cdot f \tag{3-6}$$

式中　$F_f$——滚动阻力；

　　　$G$——汽车总重；

　　　$f$——滚动阻力系数。

滚动阻力系数表示单位车重的滚动阻力。汽车在不同路面上的滚动阻力系数值不等。

（3）影响滚动阻力系数的因素。

滚动阻力系数的数值由试验确定。其数值与轮胎（结构、材料、气压）、道路（路面的种类与状况）及使用条件（行驶速度与受力情况）有关。

① 轮胎的结构、帘线及橡胶品种对滚动阻力都有影响。在保证轮胎有足够的强度和寿命的前提下，减少帘布层数，可以使胎体减薄而减小滚动阻力系数。子午线轮胎，因帘线层数少，所以其滚动阻力系数较一般轮胎的滚动阻力系数小，而且随车速的变化小。胎面花纹磨损的轮胎，比新轮胎的滚动阻力系数小。

② 轮胎气压对滚动阻力系数影响很大。气压降低时，在硬路面上轮胎变形大，因此滚动阻力系数增大；气压过高，在软路面上行驶时，路面产生很大塑性变形，将留下轮辙，同样使滚动阻力系数增大。

③ 路面的种类和状况不同，使滚动阻力系数在很大范围内变化。坚硬、平整而干燥的路面，滚动阻力系数最小。路面不平，滚动阻力系数将成倍增长。这是因为路面不平会引起轮胎和悬挂机构的附加变形及减振器内产生的阻力要成倍地消耗能量。松软路面由于塑性变形很大，使滚动阻力系数增加很多。

车速在 50km/h 以下时，不同路面上的滚动阻力系数值如表 3-1 所示。

表3-1 滚动阻力系数值

| 路面类型 | 滚动阻力系数 | 路面类型 | 滚动阻力系数 |
| --- | --- | --- | --- |
| 良好的沥青或混凝土路面 | 0.010～0.018 | 压紧土路 | 0.050～0.150 |
| 一般的沥青或混凝土路面 | 0.018～0.020 | 泥泞土路（雨季或解冻期） | 0.100～0.250 |
| 碎石路面 | 0.020～0.025 | 干沙 | 0.100～0.300 |
| 良好的卵石路面 | 0.025～0.030 | 湿沙 | 0.060～0.150 |
| 坑洼的卵石路面 | 0.035～0.050 | 结冰路面 | 0.015～0.030 |
| 压紧土路（干燥的） | 0.025～0.035 | 压紧的雪道 | 0.030～0.050 |

④ 行车速度对滚动阻力系数的影响很大。如图3-3所示，车速在100km/h以下时，滚动阻力系数变化不大。在100km/h以上时增长较快。车速达某一高速时，如150～200 km/h，滚动阻力系数迅速增长，因为这时轮胎将发生驻波现象，即轮胎周缘不再是圆形而呈明显的波浪状，出现驻波后，滚动阻力系数显著增加。而且轮胎的温度也很快增加，胎面与轮胎帘布层会产生脱落，出现爆破形象，这对高速行驶的车辆来说很危险。

在使用中如果轮胎气压不足，前后轴的平行性差，前轮定位失准等都会使滚动阻力系数增加。当有侧向力作用时，地面对轮胎产生侧向反作用力，引起轮胎的侧向变形，滚动阻力系数将大幅度增加，如在转弯行驶时。

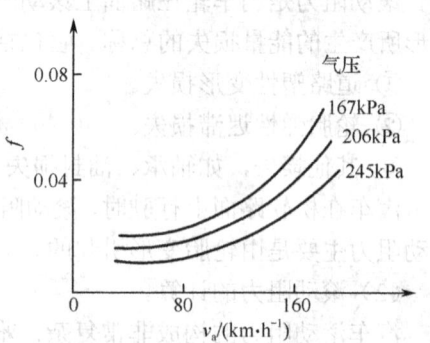

图3-3 滚动阻力系数与行车速度的关系

应用表3-1时，对于轿车，轮胎气压较低，轮胎变形较大，其滚动阻力系数值应偏向上限；对于载货汽车，轮胎气压较高，其滚动阻力系数值应偏向下限。

**2. 空气阻力**

汽车在空气介质中行驶时，受到的空气作用力在行驶方向上的分力称为空气阻力。

（1）空气阻力的组成。

空气阻力包括摩擦阻力和压力阻力两大部分。

摩擦阻力是由于空气的黏性在车身表面产生的切向力的合力在行驶方向上的分力。摩擦阻力与车身表面粗糙度及表面积有关。

压力阻力是作用在汽车外形表面上的法向压力的合力在行驶方向上的分力。它包括下列4部分。

① 形状阻力。汽车行驶时，空气流经车身，汽车前方的空气相对被压缩，压力升高，车身尾部和圆角处的空气压力较低，形成涡流，引起负压。由于汽车前后部压力差所引起的阻力称为形状阻力。形状阻力大小与车身主体形状有很大关系，如车头、车尾的形状及风窗玻璃的倾角等。

② 干扰阻力。突出于车身表面的部分所引起的空气阻力，如门把手、后视镜、翼子板、悬架导向杆、驱动轴等。

③ 诱导阻力。汽车上下部压力差（即升力）在水平方向上的分力。

④ 内循环阻力。发动机冷却系、车身内通风等需空气流经车体内部时形成的阻力。

以上阻力的合力在汽车行驶方向上的分力即为空气阻力。以轿车为例，这几部分阻力所占的比例如表3-2所示。

表3-2 空气阻力的组成

| 组成 | 摩擦阻力 | 形状阻力 | 干扰阻力 | 诱导阻力 | 内循环阻力 |
| --- | --- | --- | --- | --- | --- |
| 比例 | 8%～10% | 55%～60% | 12%～18% | 5%～8% | 10%～15% |

（2）空气阻力的计算。

在汽车行驶速度范围内，根据空气动力学原理，空气阻力的数值通常由下式确定：

$$F_w = \frac{C_D A u_a^2}{21.15} \tag{3-7}$$

式中 $C_D$——空气阻力系数，主要取决于车身形状；

$A$——汽车迎风面积，$m^2$；

$u_a$——汽车与空气的相对速度，km/h。

式（3-7）表明，空气阻力是与空气阻力系数$C_D$及汽车迎风面积$A$成正比的。为了保证必需的乘坐空间，$A$值不能过多地减小，所以从结构上降低空气阻力主要应以降低空气阻力系数$C_D$入手。

（3）空气阻力系数$C_D$。

$C_D$值的大小和汽车外形关系极大，这要求汽车外形的流线型好。$C_D$值可通过风洞试验测定。依据现代空气动力学的原理，轿车车身常采用下列方法降低$C_D$值，如图3-4所示。

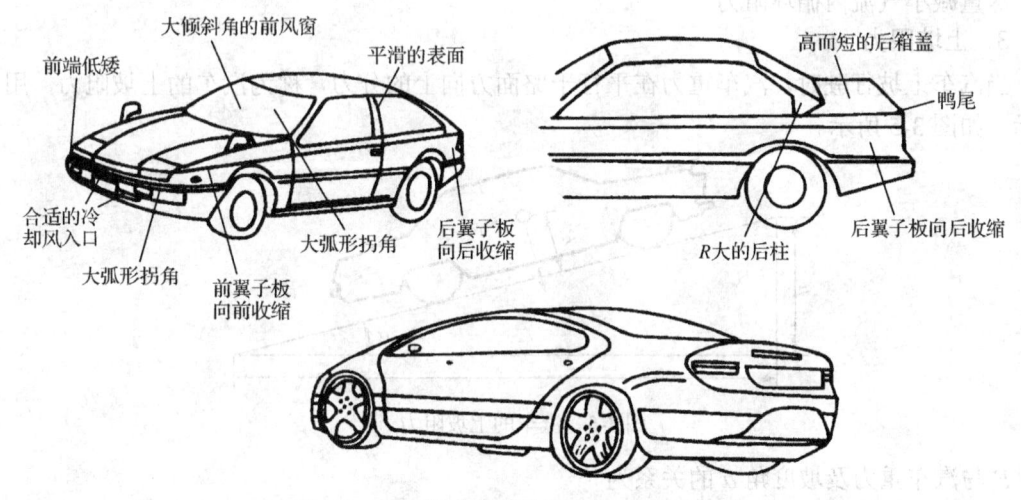

图3-4 轿车车身常采用的降低$C_D$值的方法

① 整车。

（a）在汽车侧视图上，它应前低后高，使车身呈 1°～2°的负迎角。这样可减少流入车底的空气量，使$C_D$值下降，并可减小升力。

（b）在俯视图上，车身两侧应为腰鼓形，前端呈半圆状，后端有些收缩。

② 车身前部。

（a）发动机罩向前下方倾斜，面与面的交接处为大圆弧的圆柱面。

（b）风窗玻璃为圆弧状的，尽可能躺平且与中部拱起的车顶盖圆滑过渡。前窗与水平线的夹角为30°左右时，$C_D$值最低。

(c) 前、后玻璃支柱应圆滑，窗框高出玻璃面的程度应尽可能小。

(d) 用埋入式大灯、小灯、雨刮器和门把，灯的玻璃罩与车头和车尾组成圆滑的整体。

(e) 后视镜等突出物的形状应接近流线型。

(f) 拱形保险杠与车头连成连续圆滑的整体。

(g) 在保险杠之下的车头处，安装适当长度的向前或前下方伸出的阻流板，虽然它本身产生一定的阻力，但它能抑制车头处较大涡流的产生。

③ 汽车后部。

(a) 在汽车侧视图上，后风窗玻璃与水平线呈 25°夹角以下的称为快背式车身；呈 25°～50°夹角的称为舱背式车身。最好采用快背式或舱背式车身。

(b) 在其后端装有凸起的阻流板。它具有阻滞作用，使流过车身上表面气流的速度降低，从而降低了垂直于后窗表面的负压力的绝对值，使空气阻力减小。

(c) 在外观上有行李箱的称为折背式车身，它的后风窗玻璃与水平线尽可能呈 30°角，并采用短而高的行李箱。

④ 车身底部。

(a) 所有零部件在车身下应尽量齐平，最好有平滑的底板盖住底部。

(b) 盖板从车身中部或从车轮以后上翘约 6°角，这样可顺利地引导车身下的气流流向尾部，减少在车尾后形成的涡流，使 $C_D$ 值下降。

⑤ 发动机冷却进风系统。

恰当地选择进出风口的位置、尺寸和形状，很好地设计通风道，在保证冷却效果的前提下，尽量减小气流内循环阻力。

**3．上坡阻力**

当汽车上坡行驶时，汽车重力在平行于路面方向上的分力，称为汽车的上坡阻力，用 $F_i$ 表示，如图 3-5 所示。

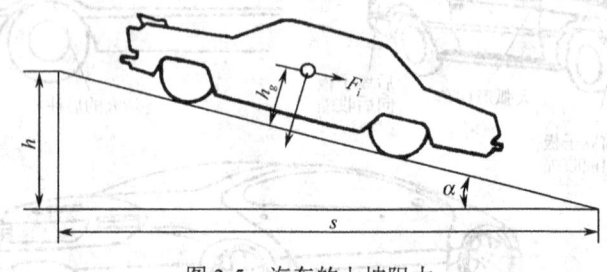

图 3-5　汽车的上坡阻力

$F_i$ 与汽车重力及坡度角 $\alpha$ 的关系为

$$F_i = G\sin\alpha \tag{3-8}$$

道路坡度常用坡高与底长之比的百分数来表示：

$$i = \frac{h}{s} \times 100\% = \tan\alpha \tag{3-9}$$

我国各级公路及高速公路允许的纵向坡度一般较小。

当 $\alpha < 10°$ 时，可认为

$$\sin\alpha \approx \tan\alpha \approx i \tag{3-10}$$

**4．加速阻力**

汽车加速行驶时，需要克服其加速运动时的惯性力，就是加速阻力 $F_j$。为便于计算，通

常把汽车的质量分为平移质量和旋转质量两部分。加速时不仅平移的质量产生惯性力，旋转的质量还要产生惯性力偶矩。为便于计算，一般把旋转质量的惯性力偶矩转化为平移质量的惯性力，并以系数$\delta$作为计入旋转质量惯性力偶矩后的汽车质量换算系数，因而汽车加速阻力$F_j$可写成

$$F_j = \delta m \frac{du}{dt} \tag{3-11}$$

式中 $\delta$——汽车旋转质量换算系数；

$m$——汽车质量；

$\dfrac{du}{dt}$——行驶加速度。

$\delta$主要与飞轮的转动惯量、车轮的转动惯量及传动系的传动比有关。

### 3.2.3 汽车不同行驶状态的条件

**1．汽车驱动力平衡方程分析**

汽车必须有一定的驱动力，以克服各种行驶阻力，才能正常行驶。表示汽车驱动力与行驶阻力之间关系的等式，称为汽车的驱动力平衡方程，即汽车的行驶方程式：

$$F_t = F_f + F_w + F_i + F_j \tag{3-12}$$

或者

$$\frac{T_{tq} i_g i_0 \eta_T}{r} = Gf + \frac{C_D A u_a^2}{21.15} + G \sin\alpha + \delta m \frac{du}{dt} \tag{3-13}$$

上式说明了汽车行驶中驱动力与各行驶阻力的平衡关系，其平衡关系不同，则汽车的运动状态不同。

**2．汽车行驶的驱动条件分析**

若$F_t > F_f + F_w + F_i$，汽车将加速行驶。

若$F_t = F_f + F_w + F_i$，汽车将等速行驶。

若$F_t < F_f + F_w + F_i$，汽车将无法起步或减速行驶直至停车。

所以汽车的驱动条件为

$$F_t \geq F_f + F_w + F_i \tag{3-14}$$

当发动机的转速特性、变速器的传动比、主减速比、传动效率、车轮半径、空气阻力系数、汽车迎风面积及汽车质量等初步确定后，便可使用此式分析在附着性能良好的典型路面（混凝土、沥青路面）上的行驶能力，即确定汽车在节气门全开时可能达到的最高车速、加速能力和爬坡能力。

**3．汽车行驶的附着条件分析**

从以上分析可知，要提高汽车的动力性，可以采用增加发动机转矩、加大传动系传动比等措施以增大汽车的驱动力来实现。但是这些措施只有在驱动轮与路面不发生滑转现象时才有效。如果驱动轮在路面滑转，则增大驱动力只会使驱动轮加速旋转，地面切向反作用力并不会增加，汽车仍不能行驶。这种现象说明地面作用在驱动轮上的切向反作用力受地面接触强度的限制，并不能随意加大，即汽车行驶除受驱动条件制约外，还受轮胎与地面附着条件的限制。

地面对轮胎切向反作用力的极限值称为附着力，记作 $F_\varphi$。在硬路面上附着力取决于轮胎与路面间的相互摩擦，它与驱动轮法向反作用力 $F_z$ 成正比，常写成

$$F_\varphi = F_z \varphi \tag{3-15}$$

$\varphi$ 称为附着系数，它是由轮胎和路面的结构特性决定的，表示轮胎与路面的接触强度。在硬路面上，附着系数 $\varphi$ 反映了轮胎与路面的摩擦作用。当轮胎与路面接触时，路面的坚硬微小凸起能嵌入变形的轮胎中，增加了轮胎与路面的接触强度，对轮胎滑转有一定的阻碍作用。

在松软路面上，附着系数不仅取决于轮胎与土壤间的摩擦作用，同时还取决于土壤的抗剪切强度。因为只有当嵌入轮胎花纹沟槽的土壤被剪切脱开基层时，轮胎在接地面积内才产生相对滑动，车轮才发生相对滑转。

易知，地面切向反作用力不能大于附着力，否则会发生驱动轮滑转，汽车将不能行驶，则汽车行驶的附着条件为

$$F_t \leqslant F_\varphi \tag{3-16}$$

将汽车的驱动条件与附着条件联写，则得

$$F_f + F_w + F_i \leqslant F_t \leqslant F_\varphi \tag{3-17}$$

这就是汽车行驶的必要与充分条件，称为汽车行驶的驱动-附着条件。

**4．附着系数的相关影响因素分析**

附着系数主要取决于路面的种类与状况、轮胎的结构与气压，以及其他一些使用因素。

（1）路面的种类与状况。

坚硬路面的附着系数较大，路面的坚硬微小凸起部分嵌入轮胎的接触面，使接触强度增大。因长期使用已经磨损和风化的路面的附着系数会降低。气温升高时，路面硬度下降，附着系数也会下降。路面被细沙、尘土、油污等覆盖时，都会使附着系数下降。

松软土壤的抗剪切强度较低，其附着系数较小。潮湿、泥泞的土路，土壤表层因吸水量多抗剪切强度更差，附着系数下降很多，是汽车越野行驶困难的原因之一。

路面的结构对排水能力也有很大影响。路面的宏观结构应具有一定的不平度且具有自动排水的能力；路面的微观结构应是粗糙且有一定尖锐棱角的，以穿透水膜直接与胎面接触。

（2）轮胎的结构与气压。

轮胎花纹对 $\varphi$ 值的影响也较大。具有细而浅花纹的轮胎在硬路面上有较好的附着能力；具有宽而深的花纹的轮胎，在软路面上的附着能力有所提高。增加胎面的纵向花纹，在干燥的硬路面上，由于接触面积减小，附着系数值有所下降；但在潮湿的路面上有利于挤出接触面中的水分，改善附着能力。

为了提高轮胎的"抓地"能力，现在的轮胎胎面上常有纵向的曲折大沟槽，胎面边缘上有横向沟槽，使轮胎在纵向、横向均有较好的"抓地"能力，又提高了在潮湿地面上的排水能力。宽断面和子午线轮胎由于与地面的接触面积增大，附着系数值较高。

轮胎的磨损会使胎面花纹深度减小，附着系数值将显著下降。

降低轮胎气压，可使硬路面的附着系数值略有增加，所以采用低压胎可获得较好的附着性能。在松软的路面上，降低轮胎气压，则轮胎与土壤的接触面积增加，胎面凸起部分嵌入土壤的数目也增多，因而附着系数显著提高。如果同时增加车轮轮辋的宽度，则效果更好。

对于潮湿的路面，适当提高轮胎气压，使轮胎与路面的接触面积减小，有助于挤出接触面间的水分，使轮胎得以与路面较坚实的部分接触，因而可提高附着系数。

（3）行车速度。

汽车行驶速度提高时，多数情况下附着系数是降低的。这对于汽车的高速制动尤为不利。在硬路面上提高行驶速度时，由于路面微观凹凸构造来不及与胎面完美地嵌合，因此附着系数有所降低。在潮湿的路面上提高行驶速度时，由于接触面间的水分来不及排出，因此附着系数显著降低。在软土壤上，由于高速车轮的动力作用容易破坏土壤的结构，因此提高行驶速度对附着系数产生极不利的影响。只有在结冰的路面上，车速高时，与轮胎接触的冰层受压时间短，因而在接触面间不容易形成水膜，故附着系数略有提高。但要特别注意，在冰路上提高行驶速度会使行驶稳定性变差。

（4）车轮相对于地面的滑转率。

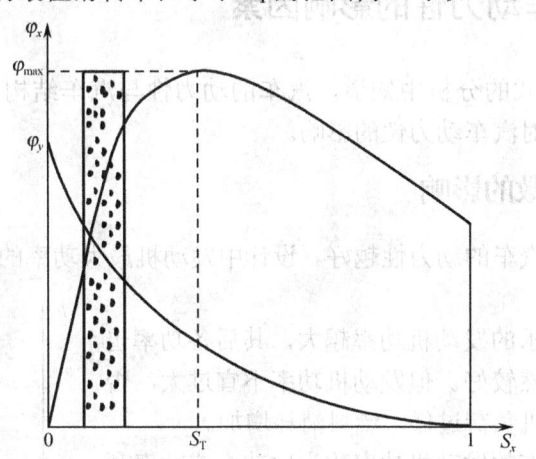

图 3-6 是驱动轮纵向附着系数和侧向附着系数与滑转率的关系图。从图中可以看到，当驱动轮滑转率 $S_x$ 从 0 开始增加时，纵向附着系数 $\varphi_x$ 也随之增加，当 $S_x$ 达到 $S_T$（一般是 0.08~0.30）时，纵向附着系数达到最大值 $\varphi_{max}$，此后，如果 $S_x$ 继续增加，纵向附着系数 $\varphi_x$ 反而随之下降，当 $S_x$ 达到 1 时，即车轮发生纯滑转时，其纵向附着系数要远远小于 $\varphi_{max}$，所以从动力性上考虑，驱动轮的滑转率最好处于 $S_T$ 附近的一个小邻域内，但同时考虑到车辆侧向附着系数随纵向滑转率的增大而急剧减小，所以从侧向附着系数上考虑，并注意到车辆的方向稳定性，一般认为驱动轮的最佳滑转率在小于 $S_T$ 的范围内，可取 0.08~0.15。

图 3-6 纵向附着系数和侧向附着系数与滑转率的关系

### 3.2.4 汽车的功率平衡

汽车在行驶中，不仅驱动力与行驶阻力互相平衡，在每一瞬时，发动机发出的功率 $P_e$ 也始终等于机械传动损失功率与全部运动阻力所消耗的功率，这就是汽车的功率平衡。汽车的功率平衡方程式为

$$P_e = \frac{1}{\eta_T}(P_f + P_w + P_i + P_j) \tag{3-18}$$

其中，滚动阻力消耗功率：

$$P_f = \frac{Gf\cos\alpha u_a}{3600}$$

上坡阻力消耗功率
$$P_i = \frac{G\sin\alpha u_a}{3600}$$

空气阻力消耗功率
$$P_w = \frac{C_D A u_a^3}{76140}$$

加速阻力消耗功率
$$P_f = \frac{\delta G u_a}{3600g}\frac{du}{dt}$$

式中　　$G$——汽车的重量；
　　　　$f$——汽车的滚动阻力系数；
　　　　$\alpha$——道路坡道角；
　　　　$u_a$——汽车的行驶速度；
　　　　$C_D$——空气阻力系数；
　　　　$A$——汽车迎风面积；
　　　　$\delta$——汽车旋转质量换算系数；
　　　　$g$——重力加速度。

## 任务 3.3　汽车动力性的影响因素

从对汽车行驶方程式的分析中知道，汽车的动力性与汽车结构参数和使用条件密切相关。下面讨论结构因素对汽车动力性的影响。

### 3.3.1　发动机参数的影响

发动机功率越大，汽车的动力性越好。设计中发动机最大功率的选择必须保证汽车预期的最高车速。

最高车速越高，要求的发动机功率越大，其后备功率也越大，加速爬坡能力必然较好。但发动机功率不宜过大，否则在常用条件下，发动机负荷过低，燃料消耗增加。

单位汽车质量所具有的发动机功率称为比功率或功率利用系数。

发动机外特性曲线形状对动力性也有较大的影响。图 3-7 为两台发动机的外特性曲线。但其最大功率与其相对应的转速相等。由图 3-7 可见，外特性曲线 1 的后备功率较大，使汽车具有较大的加速能力和上坡能力，因而动力性能较好。同时使汽车具有较低的临界车速，换挡次数可以减少，因而有利于提高汽车的平均行驶速度。

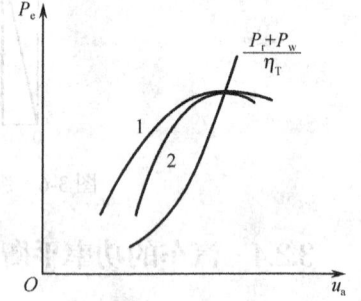

图 3-7　外特性曲线形状不同的汽车动力平衡图

### 3.3.2　传动系参数的影响

#### 1. 传动系机械效率

传动系损失功率可表示为 $P_T = P_e(1-\eta_T)$，可见传动系机械效率越高，传动损失越小，发动机有效功率更多地转变为驱动功率，汽车动力性好。目前在润滑油中加入减磨添加剂和选用黏度适当且受温度影响小的润滑油，对提高传动效率有明显效果。

2．主减速器传动比

当变速器处于直接挡时，主减速器传动比将直接影响汽车的动力性，其他条件不变，无论使主减速器传动比 $i_0$ 增大还是减小，都使汽车的最高车速降低。

3．变速器的挡数

变速器的挡数增加，发动机在接近最大功率工况下的工作机会增加，发动机的平均功率利用率高，可得到的后备功率大。

4．变速器传动比

变速器 1 挡传动比对汽车动力性的影响最大。传动比越大，汽车的最大爬坡度越大。但必须满足附着条件，当 1 挡发出最大驱动力时，驱动轮不应产生滑转。

变速器各挡的传动比应按等比级数分配，这样一来，汽车在换挡加速过程中的功率利用程度最高，加速时间最短。

另外，减小空气阻力系数，减轻汽车的质量，选用滚动阻力系数小的轮胎，将使汽车的行驶阻力减小，都可以使汽车的动力性得到改善。

## 任务 3.4　汽车动力性检测的相关标准

汽车动力性检测项目主要有汽车加速性能检测、汽车最高车速检测、汽车滑行性能检测、发动机输出功率检测、汽车底盘输出功率检测等。

发动机的动力性检测指标是指额定功率和扭矩，这些指标的确切数值只能在发动机台架试验中才能得到，在发动机不离车的情况下只能用其他方法对动力性进行间接判断。发动机的有效功率是曲轴对外输出的功率，是一个综合性评价指标。

国家标准 GB 7258—2017《机动车运行安全技术条件》和 GB/T 15746.2—1995《汽车修理质量检查评定标准·发动机大修》附录 B 规定，在用车发动机功率不得低于原标定功率的 75%，大修后发动机最大功率不得低于原设计标定值的 90%。表 3-3 所列为部分汽车发动机的动力性指标（不带风扇、空气压缩机、空气滤清器、排气消声器等附件时的功率）。

表 3-3　部分汽车发动机的动力性指标

| 汽车型号 | 系列 | 排量/L | 发动机型号 | 最大功率/kW | 最大功率对应车速/(r/min) |
| --- | --- | --- | --- | --- | --- |
| Santana | Lx | 1.8 | JV | 66 | 5200 |
| Santana 2000 | GSI | 1.781 | AJR | 74 | 5200 |
| Buick | GLX | 2.986 | 6L46 | 126 | 5200 |
| Audi | 100 | 1.8 | JW | 66 | 4800 |
| 红旗 | CA7200 | 2.21 | CA488 | 65 | 4800 |

## 任务 3.5  发动机综合性能检测

### 3.5.1  发动机综合性能检测的基本内容及特点

发动机是汽车的动力源，是汽车的心脏，汽车的一些基本技术性能都直接或间接地与发动机的相关性能相联系。所以发动机综合性能的检测对整车性能的了解至关重要。

发动机技术状况变化的主要外观症状有功率下降，燃料与润滑油消耗量增加，起动困难，漏水、漏油、漏气、漏电，以及运转中有异常响声等。

发动机综合性能检测与发动机台架试验不同，后者是发动机拆离汽车以测功机吸收发动机的输出功率对诸如功率和转矩，以及油耗和排放等最终性能指标进行定量测定；而发动机综合性能检测装置主要是在检测线上或汽车调试站内就车对发动机各系统的工作状态，如发动机功率、点火、喷油、电控系统和传感元件，以及进排气系统和机械工作状态等的静态和动态参数进行分析，为发动机技术状况判断和故障诊断提供科学依据，有专家系统的发动机综合分析仪还具有故障自动判断功能，有排气分析选件的综合分析仪还能测定汽车排放指标。发动机综合性能检测仪由于综合性强，测试项目多，微机控制，对数据和波形都能实现显示、分析、判断、存储、重现和打印，操作使用也越来越容易，而得到广泛的应用。

概括来说，发动机综合分析仪的基本功能有以下几项。

（1）无外载测功功能，即加速测功法。

（2）检测点火系统。初级与次级点火波形的采集与处理，平列波、并列波与重叠波和重叠角的处理与显示，断电器闭合角和开启角、点火提前角的测定等。

（3）机械和电控喷油过程各参数（压力、波形、喷油、脉宽、喷油提前角等）的测定。

（4）进气歧管真空度波形测定与分析。

（5）各缸工作均匀性测定。

（6）起动过程参数（电压、电流、转速）测定。

（7）各缸压缩压力判断。

（8）电控供油系统各传感器的参数测定。

（9）万用表功能。

（10）排气分析功能。

可见，发动机综合分析仪是所有汽车检测设备中功能最多，检测项目和涉及系统最广的装置，因而它的结构也较复杂，技术含量也较高。事实上，随着电子技术在汽车领域的飞速发展，原始的 EFI（汽油喷射）控制功能已延伸到汽车底盘和传动系的电子系统，成为控制面更广的电子管理系统（EMS）。现代研制的发动机综合分析仪的功能早已超出了发动机的范畴，增加了诸如 ABS（制动防抱死系统）、ASR[驱动（轮）防滑系统]等底盘系统的测试功能。因此，发动机综合分析仪的管理和操作人员在使用、维护设备方面应加倍注意。

区别于解码器和一般的发动机单项性能的检测仪，发动机综合性能检测仪具有以下特点。

（1）动态的测试功能。

它的传感系统和信号采集与记忆存储系统能迅速、准确地捕获发动机各瞬变参数的时间函数曲线，这些动态参数才是对发动机进行有效判断的科学依据。

（2）通用性。

测试过程不依据被检车辆的数据卡（即测试软件）；只针对基本结构和各系统的形式和工作原理进行测试，因此它的检测结果具有良好的普遍性，其检测方法同样也具有最广泛的通用性。

（3）主动性。

发动机综合检测仪不仅能适时采集发动机的动态参数，而且能主动地发出指令干预发动机工作，以完成某些特定的试验程序，如断缸试验等。

### 3.5.2 发动机综合性能检测装置的基本组成

目前各主要工业国家的有关厂家开发的发动机综合性能检测装置千差万别，形式各异。但就一台配置齐全、性能良好的检测仪而言，概括起来不外乎由信号提取系统、信息预处理系统、高速采集计算与显示系统三大部分组成。图 3-8 是一种发动机综合性能分析仪的外形。

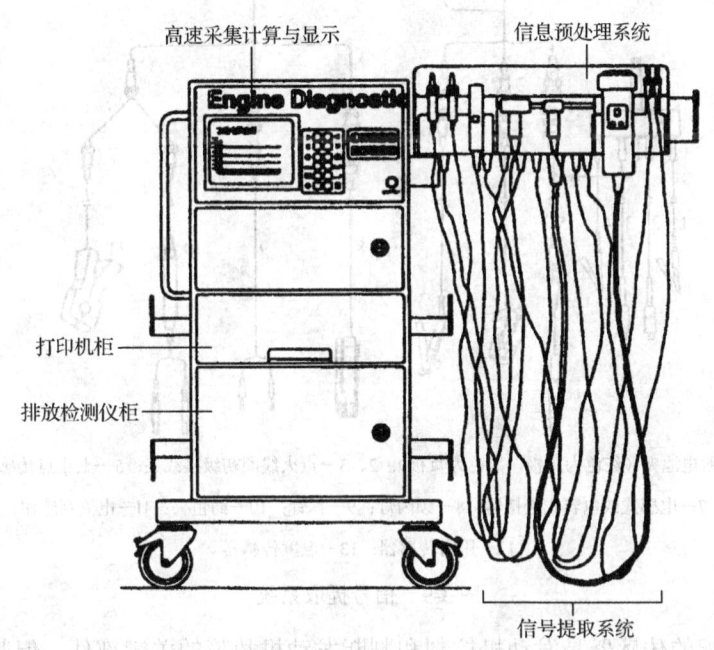

图 3-8 发动机综合性能分析仪的外形

**1．信号提取系统**

信号提取系统的任务在于提取汽车被测点的参数值，鉴于被测点的机械结构和参数性质不同，信号提取装置必须具有多种形式以适应不同的测试部位。图 3-9 为大多数发动机综合性能分析仪的信号提取系统。

**2．信号预处理系统**

信号预处理系统也称前端处理器，俗称"黑盒子"，它是电控燃油喷射系统检测的关键部件，其作用相当于多路测试系统中的多功能二次仪表的集合，如图 3-10 所示。它可将发动机的所有传感信号，经衰减、滤波、放大、整形，并将所有脉冲和数字信号直接输入 CPU 的高速输入端（HSI），也可经 F-V 转换后变为 0～5V 或 0～10V 的直流模拟信号送入高速瞬变信号采集卡。

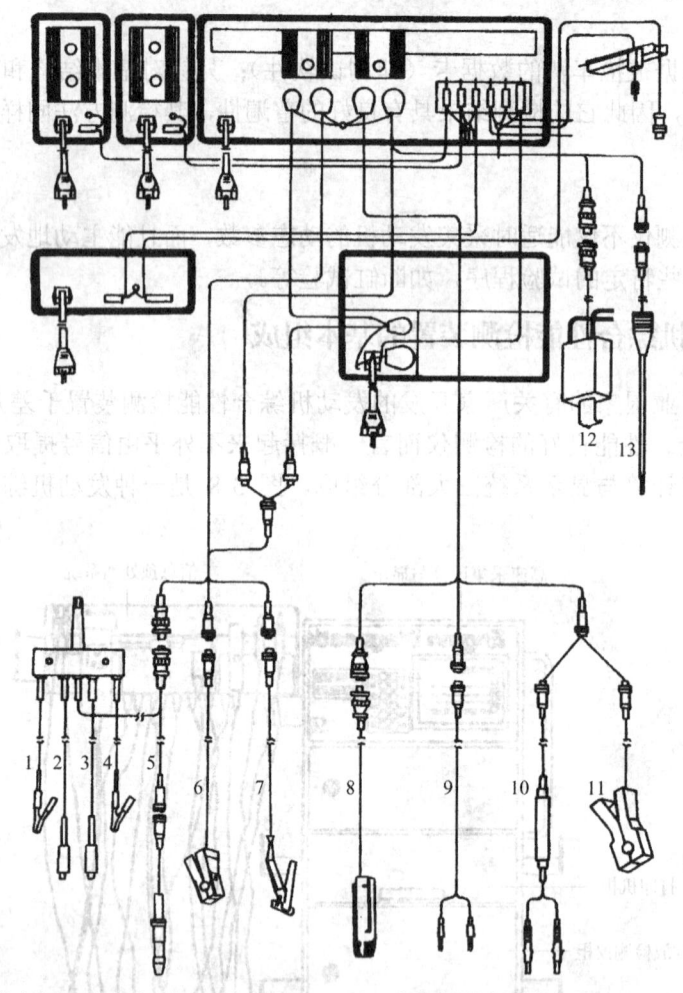

1、4—蓄电池夹（红色为正极，黑色为负极）；2、3—点火线圈初级接线夹；5—上止点传感器；
6、7—电感式或电容式夹持器；8—频闪灯；9—探针；10—鳄鱼夹；11—电流互感钳；
12—压力传感器；13—温度传感器

图 3-9 信号提取系统

发动机上装配的传感器是发动机控制和判断发动机故障的关键部件，但其输出的电信号千差万别，不能被车载计算机或发动机分析仪的中央控制器直接使用，必须经过预处理转换成标准的数字信号后送入计算机。

车载传感器的输出信号从电子学角度分，分为模拟信号和频率信号两种，应采取不同的处理方法。

对于模拟信号，如温度传感器、压力传感器、节气门位置传感器等，其幅值为 0～5V，频率变化也比较缓慢，主要的处理手段是对其进行低通滤波和信号隔离。经低通滤波后的纯净低频信号再经过隔离装置送入 A/D（模拟量/数字量）转换器，以消除模拟电路和数字电路的共地干扰。对于低频模拟信号的隔离多采用隔离放大器，即变压器隔离方式；也有先将模拟信号进行 V-F 转换，然后由光电隔离器进行 F-V 转换的，但后一种方法多用于需要远距离传输信号的场合。模拟信号中有一些幅值较小，如氧传感器为 0～1V，废气分析仪的电气接

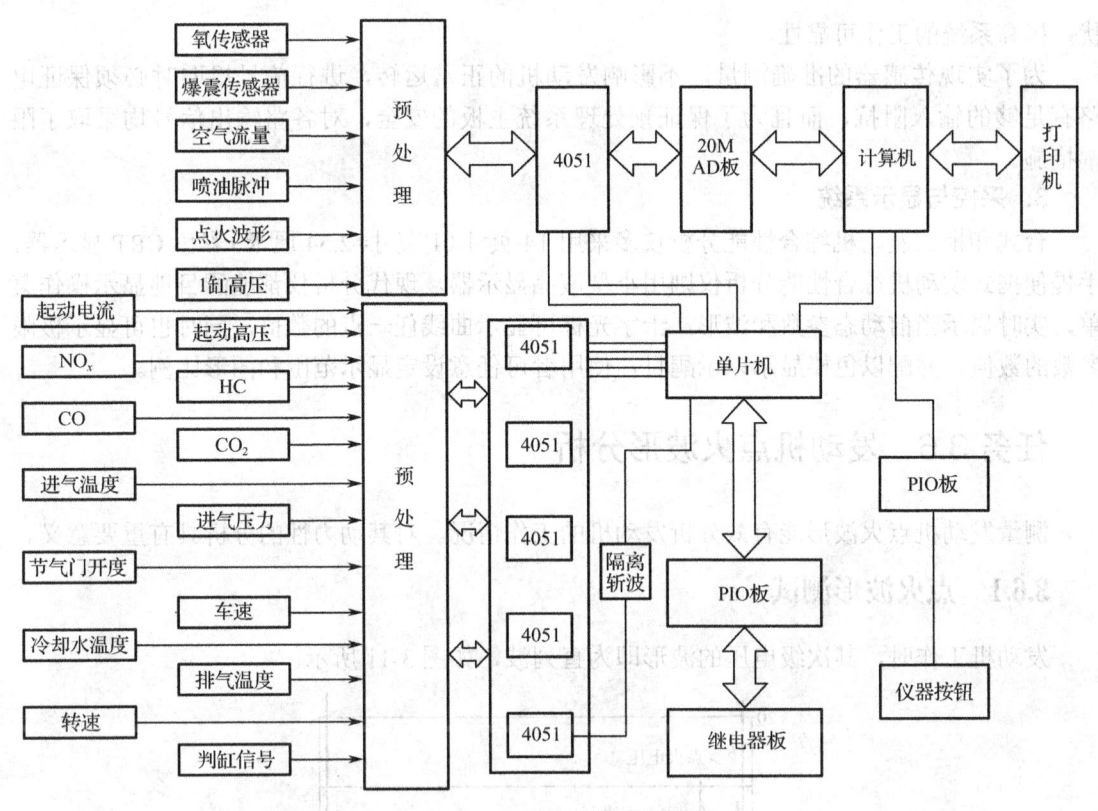

图 3-10 信号预处理系统

口输出信号多为 0~50mV，这些信号若直接送入 A/D 转换器，由于不能充分利用 A/D 转换器的精度，转换精度很低，故需对其做放大处理。由于信号幅值的差异，故采用程控放大器，对不同的传感器输出信号由软件控制分配，以不同的放大倍数使输出信号幅值达到 A/D 转换器的全量程范围，以提高 A/D 转换器的精度。当然，这些信号经程控放大器放大以后，仍须经过低通滤波和信号隔离才能进行 A/D 转换，模拟信号中也有一些大幅值信号，如起动电压，对此须经过衰减以后再由低通滤波和隔离后方能进行 A/D 转换。模拟信号中也有一些信号，如初、次级点火信号，爆震信号，喷油脉冲，起动电流等，或具有较高的频率，或具有较高的电压、电流幅值。这些信号须特殊处理，如初、次级点火信号由于线圈的自感和互感作用，其电压幅值可达 300V 或 30kV，甚至更高，故须利用电压衰减器进行衰减后再进行后续处理，由于其频率很高（可达 1MHz 以上），故须使用高速 A/D 转换器，才能保证转换后的信号不失真（即经数学处理后，准确复原信号）。对于起动电流，其峰值可达 200A 以上，无法直接测量，须利用电流互感器转换成 0~5V 的电压信号再进行测量。车用爆震传感器和柴油机喷油压力传感器多用压电晶体作为敏感元件，其输出信号为电荷量，故须采用电荷放大器作为前级放大，且要从频率非常丰富的振动信号中准确提取有效信号，因而必须对其进行带通滤波。喷油脉冲在喷油器的电磁线圈断电瞬间也会由于自感作用而产生 40V 左右的振荡，对此可利用电阻分压器分压后再进行后续处理。

对于频率信号，如发动机的转速、判缸信号、车速信号等，由于多选用电磁式、霍尔效应式和光电式传感器，其输出信号本身即为数字脉冲。但由于传输过程中的衰减、交变电磁波辐射等原因，也易形成一定程度的失真，故需对其进行整形，这多用电压比较器或施密特触发器实现。整形后输出的标准数字脉冲，再经高速光电隔离器送入后续电路，以消除其干扰，提高系统的工作可靠性。

为了实现传感器的准确测量，不影响发动机的正常运转，进行信号提取时必须保证电路有足够的输入阻抗，而且为了保证预处理系统主板的安全，对各路输出信号均采取了限幅措施。

### 3. 采控与显示系统

台式和柜式发动机综合性能分析仪多采用 14 英寸（1 英寸=2.54 厘米）彩色 CRT 显示器，手提便携式发动机综合性能分析仪则用小型液晶显示器，现代分析仪都能醒目地显示操作菜单，实时显示当前动态参数和波形，十字光标可显示曲线任一点的数值，同时也可显示极限参数的数值，并配以色棒显示以示醒目，使用者可任意设定显示范围和图形比例。

## 任务 3.6 发动机点火波形分析

测量发动机点火波形能有效分析发动机的工作情况，对其动力性的分析具有重要意义。

### 3.6.1 点火波形测试

发动机工作时，其次级电压的波形即为直列波，如图 3-11 所示。

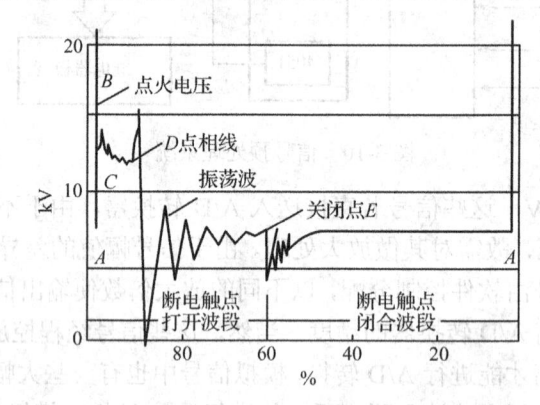

图 3-11 单缸直列波

#### 1. 直列波

*EA* 段：为断电器触点闭合、初级电流增长的阶段。*E* 点为触点闭合的瞬间，因触点闭合时初级电流的突然增加，在次级绕组中会出现一个小而向下的振荡波形（第二次振荡），随着初级电流变化率的减小，次级电压即成为一条水平线。

*AB* 段：为触点断开、次级电压上升的阶段。*A* 点为触点断开的瞬间，*AB* 垂线表示点火线圈所产生的击穿电压。

*BC* 段：为电容放电阶段的电压。

*CD* 段：为电感放电阶段的电压。在电感放电的同时，伴随有高频振荡波的发射。

*DE* 段：为火花消失后剩余能量所维持的低频振荡波（第一次振荡）。

如果示波器显示的波形与标准波形不同，则说明点火系统中出现了故障，常见故障波形如图 3-12 所示。

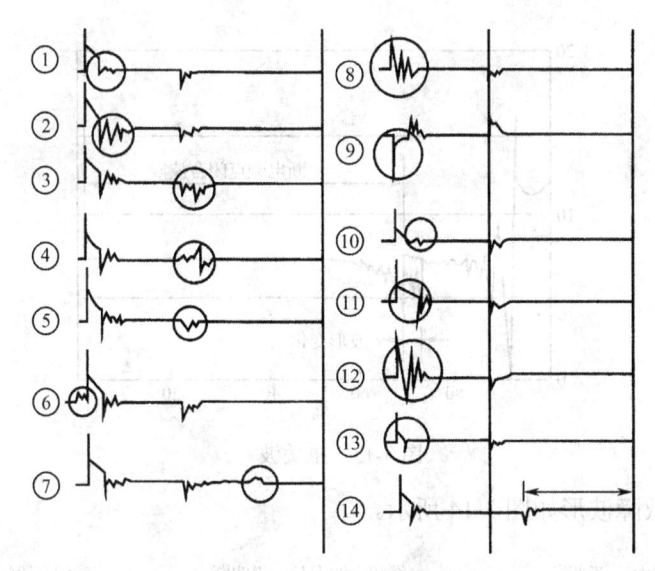

图 3-12 单缸直列波常见故障波形

① 第一次振荡波少，说明初级电路中的电阻过大。
② 第一次振荡波多，说明初级电路的电容量过大或点火系统次级电路阻抗大。
③ 第二次振荡波前出现小的多余波形，说明初级电路在接通瞬间，导通状况不够好，故出现小的多余波形。
④ 第二次振荡波呈上下振荡形式，说明初级电路在接通瞬间有时断时通的情况，从而引起电压波动。
⑤ 第二次振荡波小而少，说明点火线圈的阻抗过大，将这部分振荡波吸收。
⑥ 初级电路在切断之前有小的多余波形，说明初级电路中有接触不良的部位，在初级电路切断之前，出现瞬间的接触不良，引起电压波动，出现多余波形。
⑦ 初级电路导通阶段出现多余波形，说明初级电路中有接触不良的部位，在初级电路导通的时间内，由于接触不良引起电压波动而出现多余波形。
⑧ 无点火线，说明高压线接触不良。
⑨ 波形上下颠倒，说明点火线圈的初级绕组的两个接线柱的导线接反。
⑩ 火花电压过低而且第一次振荡波基本消失，说明火花塞短路或漏电。
⑪ 点火线变长，说明火花塞间隙过大。
⑫ 点火线与第一次振荡波的界限分不清，说明火花塞的间隙无法被击穿。
⑬ 点火线变短，说明初级电流小，点火能量小。
⑭ 闭合时间短，说明初级电路的闭合角小。

**2．重叠波**

重叠波是将多缸发动机次级电压的波形重叠在一起，利用重叠波可以检查初级电路的闭合角，以及各缸工作的均匀情况等。

检查时在上述单缸直列波的基础上调出各缸的直列波，并使发动机的转速保持在1000r/min 左右，按下示波器的重叠键，调整各旋钮，使波形位于坐标刻度内，如图 3-13 所示。

图 3-13 重叠波

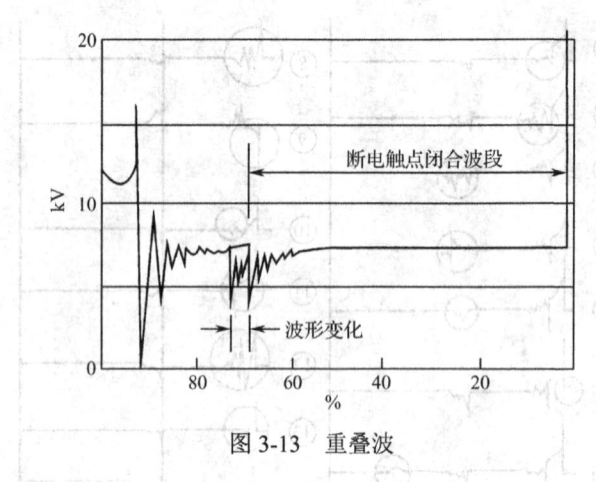

重叠波常见的故障波形如图 3-14 所示。

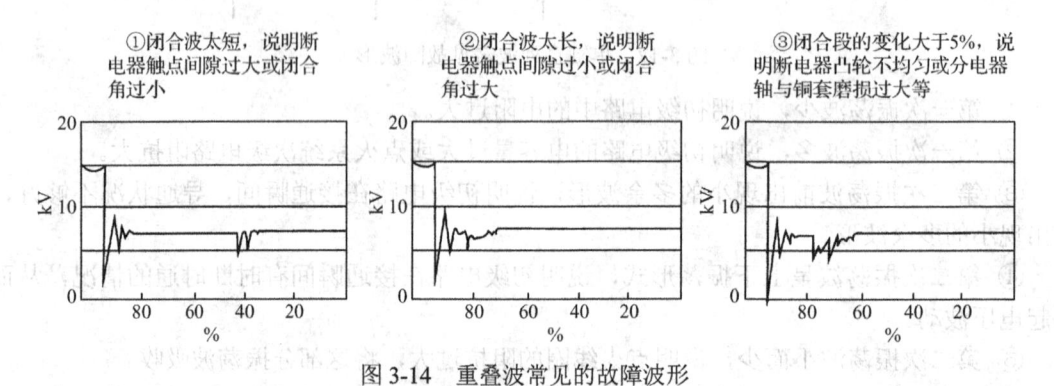

①闭合波太短，说明断电器触点间隙过大或闭合角过小

②闭合波太长，说明断电器触点间隙过小或闭合角过大

③闭合段的变化大于5%，说明断电器凸轮不均匀或分电器轴与铜套磨损过大等

图 3-14 重叠波常见的故障波形

## 3. 高压波

多缸发动机各缸的次级点火电压同时显示于屏幕，即为高压波，一般用于诊断次级电路故障。检查时，先将各缸直列波调出，发动机转速保持在 1500r/min，将各缸波形调整到屏幕的坐标刻度上，高压波形底端与横坐标重合，如图 3-15 所示。

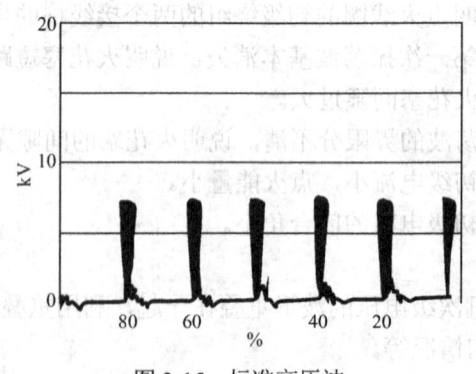

图 3-15 标准高压波

常见的高压故障波形如图 3-16 所示。

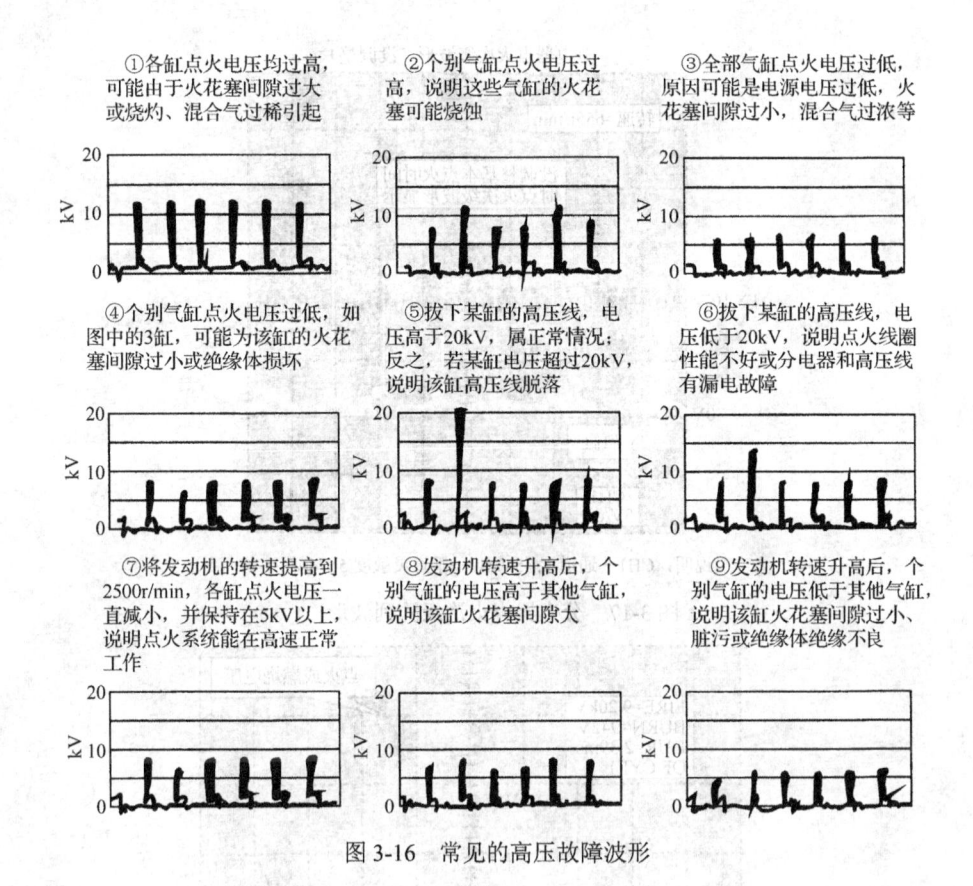

①各缸点火电压均过高，可能由于火花塞间隙过大或烧灼、混合气过稀引起

②个别气缸点火电压过高，说明这些气缸的火花塞可能烧蚀

③全部气缸点火电压过低，原因可能是电源电压过低，火花塞间隙过小，混合气过浓等

④个别气缸点火电压过低，如图中的3缸，可能为该缸的火花塞间隙过小或绝缘体损坏

⑤拔下某缸的高压线，电压高于20kV，属正常情况；反之，若某缸电压超过20kV，说明该缸高压线脱落

⑥拔下某缸的高压线，电压低于20kV，说明点火线圈性能不好或分电器和高压线有漏电故障

⑦将发动机的转速提高到2500r/min，各缸点火电压一直减小，并保持在5kV以上，说明点火系统能在高速正常工作

⑧发动机转速升高后，个别气缸的电压高于其他气缸，说明该缸火花塞间隙大

⑨发动机转速升高后，个别气缸的电压低于其他气缸，说明该缸火花塞间隙过小、脏污或绝缘体绝缘不良

图 3-16 常见的高压故障波形

## 3.6.2 点火次级波形分析

**1. 分电器点火次级阵列波形**

通过测试点火次级阵列波形，可以有效地检查车辆发动机的运行性能。

该波形主要用来检查短路或开路的火花塞高压线，以及由于积碳而引起的点火不良的火花塞。

由于点火次级波形明显地受到各种不同发动机、燃油系统和点火条件的影响，所以它能够有效地检测出发动机机械部件和燃油系统部件及点火系统部件的故障。并且，一个波形的不同部分还分别能够指明在发动机所有气缸中的哪个部件或哪个系统存在故障。

分电器点火次级阵列波形如图 3-17 所示，第一缸的点火峰值显示在最左边，其余的点火波形显示按照发动机点火顺序依次从左到右排列。

**2. 分电器点火次级单缸波形**

分电器点火次级单缸波形如图 3-18 所示，其测试用途如下。

（1）分析单个气缸的点火闭合角（点火线圈充电时间）。

（2）分析点火线圈和次级高压电路性能（从点火线至点火电压线）。

（3）查出单缸不适当的混合气空燃比（从燃烧线）。

（4）分析电容性能（白金或点火系统）。

（5）查出造成气缸失火的火花塞（从燃烧线）。

图 3-17 分电器点火次级阵列波形

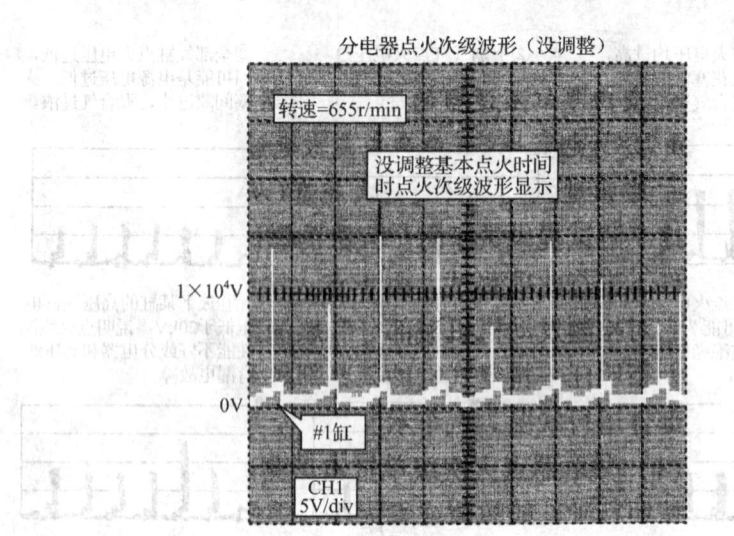

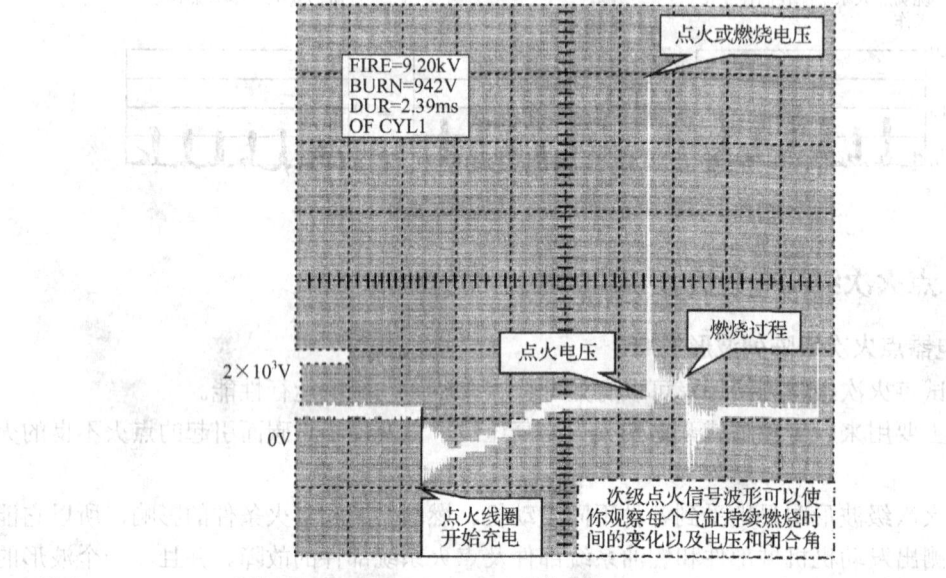

说明：CH1—通道 1；5V/div—垂直灵敏度 5V/div

说明：FIRE=9.20kV—击穿电压=9.20kV；BURN=942V—燃烧电压=942V；
　　　DUR=2.39ms—闭合时间=2.39ms；OF CYL1——缸

图 3-18 分电器点火次级单缸波形

## 3．电子点火（EI）次级单缸波形

电子点火（EI）次级单缸波形如图 3-19 所示，其测试用途如下。
（1）分析单个气缸的点火闭合角（点火线圈充电时间）。
（2）分析点火线圈和次级高压电路的性能（从点火线至点火电压线）。
（3）查出单缸不适当的混合气空燃比（从燃烧线）。
（4）分析电容性能（白金或点火系统）。
（5）查出造成气缸失火的原因（污浊或破裂的火花塞，从燃烧线）。

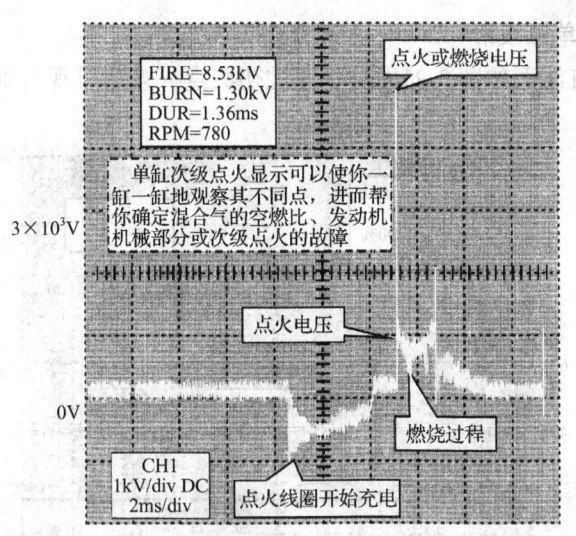

说明：FIRE=8.53kV—击穿电压=8.53kV；BURN=1.30kV—燃烧电压=1.30kV；DUR=1.36ms—闭合时间=1.36ms；RPM=780—转速=780r/min；CH1—通道1；1kV/div DC—垂直灵敏度1kV/div 直流；2ms/div—扫描速度2ms

图3-19 电子点火（EI）次级单缸波形

## 3.6.3 点火初级波形分析

### 1. 分电器初级点火单缸波形

点火初级单缸波形测试一直是行驶性能检查的有效手段，由于点火次级燃烧的过程可以通过初级和次级点火线圈的互感返回到初级电路，因此点火初级波形是非常有用的。

分电器初级点火单缸波形如图3-20所示，该波形提供了完整的初级点火波形，可观察气缸燃烧时间、点火线圈的状况及点火闭合角。

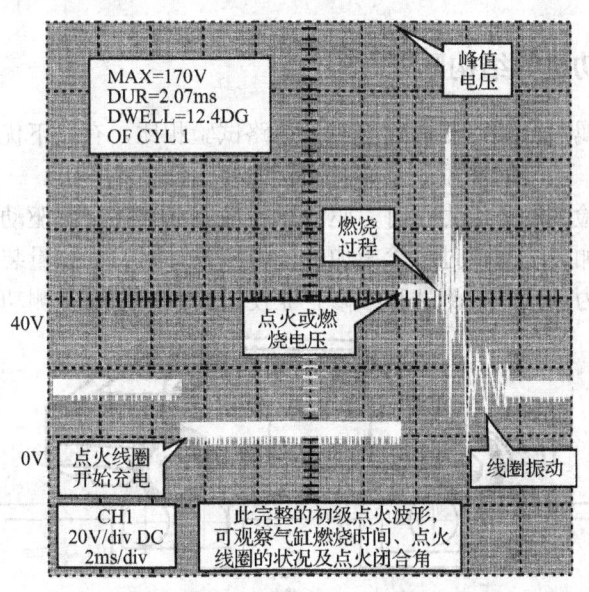

说明：MAX=170V—最大电压=170V；DUR=2.07ms—闭合时间=2.07ms；DWELL=12.4DG—闭合角=12.4°；CH1—通道1；20V/div DC—垂直灵敏度20V/div 直流；2ms/div—扫描速度2ms

图3-20 分电器初级点火单缸波形

· 53 ·

## 2. 电子点火初级单缸波形

电子点火初级单缸波形如图 3-21 所示,通过初级点火波形可观察到在气缸点火时点火线圈产生的峰值电压等。

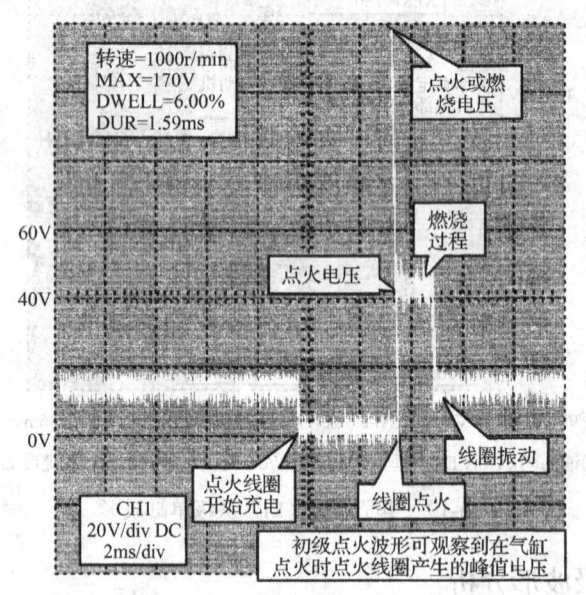

说明:MAX=170V—最大电压=170V;DWELL=6.00%—闭合时间=6.00%;DUR=1.59ms—闭合时间=1.59ms;CH1—通道1;20V/div DC—垂直灵敏度20V/div 直流;2ms/div—扫描速度2ms

图 3-21　电子点火初级单缸波形

# 任务 3.7　汽车底盘输出功率的检测

## 3.7.1　底盘测功机的结构原理

底盘测功机检测属于台架检测,其与实车道路试验相比,有以下优点:不受外界试验条件与环境条件的影响;试验周期短;节省财力及人力;精度高等。

在底盘测功机上检测汽车动力性时,驱动车轮放置在滚筒表面驱动滚筒旋转。测功机以滚筒表面模拟路面;加载装置通过给滚筒加载,模拟各种阻力;测量装置可以测出驱动车轮上的输出功率或驱动力。汽车检测站和维修企业使用的双滚筒底盘测功机如图 3-22 所示。

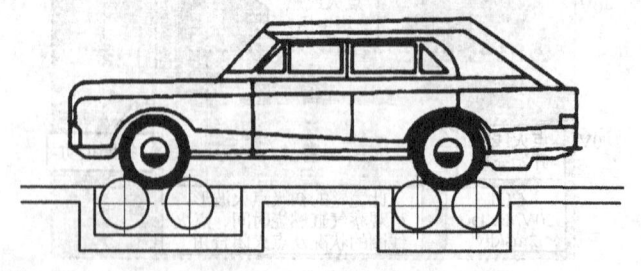

图 3-22　双滚筒底盘测功机

底盘测功机主要由滚筒装置、加载装置、飞轮装置、测量装置、控制与指示装置和辅助装置等部分组成,各部分支撑在型钢焊接成的框架上。图 3-23 为某型底盘测功机机械部分结构示意图。

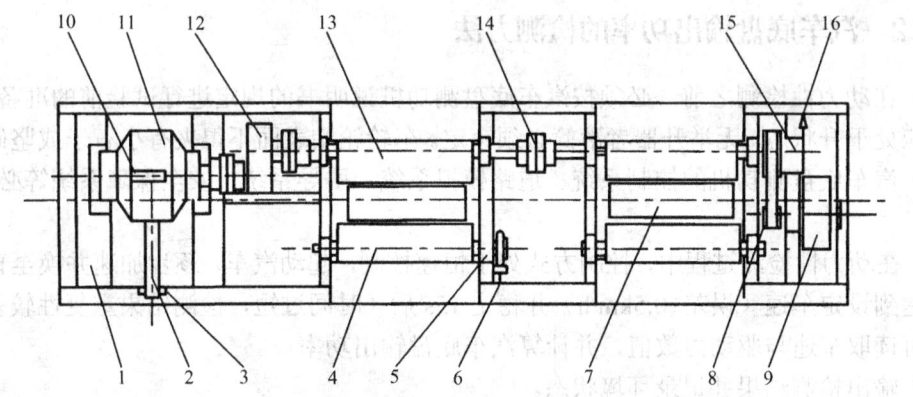

1—框架；2—测力杠杆；3—压力传感器；4—副滚筒；5—轴承座；6—速度传感器；7—举升装置；8—传动带轮；
9—飞轮；10—冷却水入口；11—电涡轮测功机；12—齿轮箱；13—主滚筒；14—联轴器；15—转鼓；16—电刷

图 3-23 底盘测功机机械部分结构示意图

**1. 滚筒及飞轮装置**

底盘测功机的滚筒相当于一个连续移动的路面，被测汽车的车轮放置在两滚筒之间驱动滚筒旋转。在进行汽车加速性能、滑行性能检测时，为了模拟汽车行驶的惯性，在滚筒的一端安装有飞轮组。检测时根据汽车质量的不同，挂接不同大小的飞轮。飞轮与滚筒的挂接由电磁操纵离合器或气压传动离合器控制。

**2. 加载装置**

底盘测功机的加载装置用于吸收和测量驱动车轮上的功率和驱动力。加载装置就是测功器，有水力式、电力式、电涡流式等。电涡流式测功器使用较多。

电涡流测功器主要由定子和转子两部分组成。在定子四周装有励磁线圈，转子与测功机主动滚筒相连，在定子中间转动。当励磁线圈通以直流电时，在线圈周围的定子、转子之间产生磁场。转子的外圆周上加工或镶有齿环，其齿顶与定子励磁线圈之间有很小的空气间隙。主动滚筒带动转子在磁场中转动时，转子边缘的齿环上会产生涡电流，该涡电流存在于定子磁场中，使转子产生一个与其转动方向相反的转矩。由于转子与滚筒相连，相当于给滚筒施加了一个转动阻力，这样就模拟了汽车在道路上行驶的阻力。调节定子励磁电流的大小，可改变磁场强度，因而可以方便地调节测功器的制动力矩。

**3. 测量装置**

驱动车轮的输出功率是根据测出的转速和转矩或车速和驱动力计算得出的。测量装置包括测力装置、测速及测距装置。

**4. 控制与指示装置**

控制与指示装置以微机为核心，对各传感器输送过来的电信号进行运算、处理，指示出检测结果。同时，根据试验要求，对加载负荷、试验车速等进行控制调节。

**5. 辅助装置**

辅助装置包括举升装置、冷风装置和纵向约束装置等。举升装置是为方便汽车驶入、驶出而在两滚筒之间设立的举升器和托板，举升器主要有气压式（气缸式或气囊式）、液压式（液压油缸）和机械式（机械千斤顶）等；冷风装置是可移动的风扇或冷风机，由于汽车在底盘测功机上试验时没有迎风面，采用冷风装置可以加强发动机及驱动车轮轮胎的散热；纵向约束装置是在汽车前后设置的钢索或三角木，防止试验时驱动车轮驶出测功机。

### 3.7.2 汽车底盘输出功率的检测方法

（1）在动力性检测之前，必须按汽车底盘测功机说明书的规定进行试验前的准备。台架举升器应处于升状态。无举升器者滚筒必须锁定。车轮轮胎表面不得夹有小石子或坚硬之物。

（2）汽车底盘测功机的控制系统、道路模拟系统、引导系统、安全保障系统等必须工作正常。

（3）在动力性检测过程中，控制方式处于恒速控制，起动汽车，逐步加速并换至直接挡，当车速达到设定车速（误差±0.5km/h）并稳定15s后（时间过短，检测结果重复性较差），计算机方可读取车速与驱动力数值，并计算汽车底盘输出功率。

（4）输出检测结果并记录环境状态。

### 3.7.3 检测结果分析

当被测车辆的检测结果低于标准值时，说明驱动轮输出功率不足。其原因主要有两个方面：一是发动机技术状况不良，本身输出功率低；二是传动系的功率损失大。发动机的功率可用无负载测功方法来检查，传动系的功率损失可能在离合器、变速器（分动器）、中央制动器、万向传动机构、主减速器、差速器和轮毂等处。如果是滑行距离不足，说明底盘技术状况不良。

汽车使用中，机械效率随着传动系技术状况的变化而变化。新车的机械效率并不是最高的，只有传动系完全走合后，各部调整最佳时，才使机械效率达到最大值，滑行距离最长。随着车辆的继续使用，磨损逐渐扩大、润滑条件变差，配合情况逐渐恶化，摩擦损失也逐渐增加，机械效率也就逐渐降低。所以，底盘测功能为评价底盘总的技术状况提供重要的参考数据。

## 任务 3.8　实训：汽车底盘输出功率检测

### 3.8.1 实训目的与要求

（1）了解汽车底盘测功的目的和意义检测标准。
（2）掌握底盘功机的基本结构和工作原理。
（3）熟悉汽车驱动轮的输出功率，以及滑行、加速等性能检测方法。

### 3.8.2 实训设备与器材

（1）汽车底盘测功机 DM-1000A（T）型：一台。
（2）被检测汽车：一辆。
（3）空气压缩机：一台。
（4）轮胎气压表：一个。
（5）环境温度计：一支。
（6）调试专用工具：一套。

### 3.8.3 检测前的准备工作

**1．试验台的准备工作**

（1）为保证测试精度，使用前底盘测功机应预热5分钟（可用汽车带动滚筒组空转）。

（2）除按厂家规定的项目及期限对试验台进行检查、调整、润滑外，在使用过程中，还要注意仪表显示器、举升器工作和导线的接触情况，发现故障应及时排除。

**2．被检汽车的准备工作**

（1）被测试车辆应运行走热全车，水温70℃以上及油温40℃以上，应达到规定值。

（2）仔细调整发动机供油及点火系至最佳工作状态。

（3）检查、调整、坚固和润滑底盘有关部位。

（4）轮胎沾有水、油等或轮胎花纹沟槽内嵌有小石子时，一定要清除干净，轮胎气压应符合标准。

### 3.8.4 检测方法

（1）接通试验台电源，计算机自动启动系统进入主菜单。

（2）开始登录、汽车号码录入、汽车型号的选择及所属系列的确认，主要是为了得到汽车的质量和特征参数。

（3）输入车主单位，请按实际环境参数录入环境温度、湿度及大气压力参数，用于系统自动计算汽车底盘输出功率的修正系数，以使得到校正功率。

（4）检测项目选择，当光标位于被选项，可输入相关参数，如测功点、滑行点等。

① 底盘输出功率的选择。应选择车速间隔，如5km/h、10km/h，根据车型的不同的选择合适的起始速度和截止速度。建议：直接挡的起始速度不小于40km/h，截止速度不大于90km/h；3挡的起始速度不小于40km/h，截止速度不大于65km/h。起动汽车，置变速杆于直接挡（3挡），加速踏板踩到底，测试自动进行。

② 加速检验区间的选择：参数选择为20～40km/h，驾驶员将车速提高到显示器或显示屏显示的速度值接近20km/h时，全力加速，当车速超过40km/h后，显示器或显示屏显示加速时间。

③ 滑行检验区间的选择：一般选择滑行的初速度为30km/h，末速度为零。驾驶员将车速提高到校验点速度后，根据显示器或显示屏的提示，切断动力，滑行到车轮停转。

④ 车速检验点的选择：一般选择40 km/h，驾驶员将车速提高到校验车速时，按扬声器，操作员采样。

⑤ 里程表检验点的选择：参数选择为2 km/h，启动汽车，汽车里程表达到2 km/h时，驾驶员应按扬声器，操作员采样。计算机自动计算里程表误差。

（5）项目测试，完成系统录入和测试项目选择后，系统将根据选择的测试项目自动依次进入测试。引车员按照显示屏的提示命令依次进行操作配合。

（6）根据显示屏的提示，将车辆驶入底盘测功试验台上，使被检车辆的驱动轮停放在试验台滚筒间的举升器托板上，并尽可能与滚筒成垂直状态。

（7）放下举升装置，直到轮胎与举升器托板完全脱离为止。

（8）挂入低速挡，缓慢抬离合器，使驱动轮带动滚筒平稳运转数圈后再制动，使滚筒停止运转（车辆自动停垂直）。然后用挡块挡在车轮下。汽车的前后均严禁站人或通行，以防意外事故发生。

（9）驾驶员根据显示器或显示屏的提示进行操作。

（10）打印所选项目，测试完毕后，按打印键，即可打印相应的数据和曲线。

（11）若只进行功率测试，则在测功完毕后，让本机空载旋转 1min 以上，确保测功器散热。

（12）全部检测结束，待驱动轮停止转动后，去掉车轮前的三角挡块，升起举升器的托板，将被检汽车驶离试验台。

（13）测试结束后，应切断总电源。

（14）滑行性能要求：用底盘测功机检测时，测得的初速度为 30km/h 的滑行距离，应符合表 3-4 的规定。

### 3.8.5 检测限值

汽车驱动轮输出功率的限值如表 3-4 所示。

表 3-4 汽车驱动轮输出功率的限值

| 汽车类别 | 汽车型号 | | 额定扭矩工况 | | | 额定功率工况 | | |
|---|---|---|---|---|---|---|---|---|
| | | | 直接挡检测速度 $V_M$/(km/h) | 校正驱动轮输出功率/额定扭矩功率 $\eta_{VM}$/% | | 直接挡检测速度 $V_p$/(km/h) | 校正驱动轮输出功率/额定扭矩功率 $\eta_{VP}$/% | |
| | | | | 额定值 $\eta_{Mr}$ | 允许值 $\eta_{Ma}$ | | 额定值 $\eta_{Pr}$ | 允许值 $\eta_{Pa}$ |
| 载货汽车 | 1010 系列、1020 系列 | 汽油车 | 60 | 75 | 50 | 90 | 65 | 40 |
| | 1030 系列 | 汽油车 | 60 | 75 | 50 | 90 | 65 | 40 |
| | 1040 系列 | 柴油车 | 55 | 75 | 50 | 90 | 70 | 45 |
| | 1050 系列 | 汽油车 | 60 | 75 | 50 | 90 | 65 | 40 |
| | 1060 系列 | 柴油车 | 50 | 75 | 50 | 80 | 70 | 45 |
| | 1080 系列 | 柴油车 | 50 | 75 | 50 | 80 | 70 | 45 |
| | 1090 系列 | 汽油车 | 40 | 75 | 50 | 80 | 70 | 45 |
| | | 柴油车 | 55 | 75 | 50 | 80 | 70 | 45 |
| | 1100，1110 系列 1120，1130 系列 | 柴油车 | 50 | 70 | 45 | 80 | 65 | 40 |
| | 1140 系列、1150 系列 1160 系列 | 柴油车 | 50 | 75 | 50 | 80 | 65 | 40 |
| | 1170 系列、1190 系列 | 柴油车 | 55 | 75 | 50 | 80 | 65 | 40 |
| 半挂列车① | 10t 半挂列车系列 | 汽油车 | 40 | 75 | 50 | 80 | 70 | 45 |
| | | 柴油车 | 50 | 75 | 50 | 80 | 70 | 45 |
| | 15t、20t 半挂列车系列 | 柴油车 | 45 | 70 | 45 | 70 | 65 | 40 |
| | 25t 半挂列车系列 | 柴油车 | 45 | 75 | 50 | 75 | 65 | 40 |

续表

| 汽车类别 | 汽车型号 | | 额定扭矩工况 | | | 额定功率工况 | | |
|---|---|---|---|---|---|---|---|---|
| | | | 直接挡检测速度 $V_M$/(km/h) | 校正驱动轮输出功率/额定扭矩功率 $\eta_{VM}$/% | | 直接挡检测速度 $V_P$/(km/h) | 校正驱动轮输出功率/额定扭矩功率 $\eta_{VP}$/% | |
| | | | | 额定值 $\eta_{Mr}$ | 允许值 $\eta_{Ma}$ | | 额定值 $\eta_{Pr}$ | 允许值 $\eta_{Pa}$ |
| 客车 | 6600 系列 | 汽油车 | 60 | 70 | 45 | 85 | 60 | 35 |
| | | 柴油车 | 45 | 75 | 50 | 75 | 65 | 40 |
| | 6700 系列 | 汽油车 | 50 | 65 | 40 | 80 | 60 | 35 |
| | | 柴油车 | 55 | 70 | 45 | 75 | 60 | 35 |
| | 6800 系列 | 汽油车 | 40 | 65 | 40 | 85 | 60 | 35 |
| | | 柴油车 | 45 | 70 | 45 | 75 | 60 | 35 |
| | 6900 系列 | 汽油车 | 40 | 65 | 40 | 85 | 60 | 35 |
| | | 柴油车 | 60 | 70 | 45 | 85 | 60 | 35 |
| | 6100 系列 | 汽油车 | 40 | 65 | 40 | 85 | 60 | 35 |
| | | 柴油车 | 40 | 70 | 45 | 85 | 60 | 35 |
| | 6110 系列 | 汽油车 | 40 | 65 | 40 | 85 | 60 | 35 |
| | | 柴油车 | 55 | 70 | 45 | 80 | 60 | 35 |
| | 6120 系列 | 柴油车 | 60 | 65 | 40 | 90 | 60 | 35 |
| 轿车 | 夏利、富康 | | 95/65[②] | 65/60[②] | 40/35[②] | | | |
| | 桑塔纳 | | 95/65[②] | 70/65[②] | 45/40[②] | | | |

注：5010～5040 系列厢式货车和罐式货车驱动轮输出功率的允许值按同系列普通货车的允许值下调 2%，其他系列厢式货车驱动轮输出功率的允许值按同系列普通货车的允许值下调 4%。

① 半挂列车是按载质量分类的。

② 为汽车变速器使用 3 挡时的参数值。

车辆滑行距离要求如表 3-5 所示。

表 3-5 车辆滑行距离要求

| 汽车整备质量 $M$/kg | 双轴驱动车辆滑行距离/m | 单轴驱动车辆滑行距离/m |
|---|---|---|
| $M \leqslant 1000$ | ≥104 | ≥130 |
| $1000 < M \leqslant 4000$ | ≥120 | ≥160 |
| $4000 < M \leqslant 5000$ | ≥144 | ≥180 |
| $5000 < M \leqslant 8000$ | ≥184 | ≥230 |
| $8000 < M \leqslant 11000$ | ≥200 | ≥250 |
| $M > 11000$ | ≥214 | ≥270 |

将试验车辆驱动轮置于底盘测功机滚筒上，起动汽车，按引导系统提示加速至高于规定车速 30km/h 后，置变速器空挡，利用车-台系统储藏的功能，使其运转直到车轮停止转动。然后记录汽车从速度为 30km/h 开始的滑行距离。

### 3.8.6 实训报告：汽车底盘输出功率检测

汽车底盘输出功率检测报告如表 3-6 所示。

表 3-6 汽车底盘输出功率检测报告

| 实训仪器及设备 | | | | 实训日期 | |
|---|---|---|---|---|---|
| 车型 | | | | 检测地点 | |
| 一、汽车驱动轮输出功率记录表 ||||||
| 设定速度/（km/h） | 速度/（km/h） | 驱动力/daN | 功率/kW | 校正功率 | 结果功 |
| | | | | | |
| | | | | | |
| | | | | | |
| | | | | | |
| | | | | | |
| | | | | | |
| 分析和判断 | |||||
| 二、加速测试记录表 ||||||
| 序号 | 加速区段/（km/h） |||  加速时间/s ||
| 1 | | | | | |
| 2 | | | | | |
| 3 | | | | | |
| 分析和判断 | |||||
| 三、滑行测试记录表 ||||||
| 序号 | 滑行区段/（km/h） || 滑行时间/s || 滑行距离/m |
| 1 | | | | | |
| 2 | | | | | |
| 3 | | | | | |
| 分析和判断 | |||||
| 四、其他记录 ||||||
| 序号 | 参数名称 ||| 参数值 ||
| 1 | | | | | |
| 2 | | | | | |
| 3 | | | | | |
| 成绩 | | 指导教师 | | 日期 | |

注：1daN（达牛）=10N（牛）。

· 60 ·

## 任务 3.9　实训：汽车发动机点火波形仪器检测

### 3.9.1　实训目的与要求

（1）熟悉点火系的线路连接，以及点火系正常的初级和次级点火波形。
（2）掌握发动机综合性能测试仪测试前的线路连接及测试操作方法。
（3）初步学会根据所检测的初级和次级点火波形分析点火系的性能。

### 3.9.2　实训设备与器材

（1）发动机综合性能测试仪或汽车专用示波器：一台。
（2）运转正常的汽油发动机：两台。
（3）常用工具及点火系部件：若干。

### 3.9.3　实训方法与步骤

（1）起动发动机，运转至正常工作温度后熄火，然后连接好发动机综合性能测试仪或汽车专用示波器的线路，开机预热并进行仪器校正。
（2）指导教师演示点火系的正常波形并进行必要的分析说明。
（3）学生离开现场，指导教师对点火系设置故障，然后指导学生操作，测试点火波形并进行分析，直至排除故障。
（4）条件许可时应在几种不同类型的点火系上分别进行实验。

### 3.9.4　实训报告：汽车发动机点火波形仪器检测

汽车发动机点火波形仪器检测报告如表 3-7 所示。

表 3-7　汽车发动机点火波形仪器检测报告

| 实训仪器型号 | | 实训日期 | |
|---|---|---|---|
| 发动机型号 | | 实训地点 | |
| 故障波形一： | | 故障波形二： | |

| 一、针对故障波形一进行以下分析 |
|---|
| 发生以上故障可能会产生的现象是什么？ |
| 测得以上波形可能的故障原因是什么？ |
| 二、针对故障波形二进行以下分析 |
| 1. 发生以上故障可能会产生的现象是什么？ |
| 2. 测得以上波形可能的故障原因是什么？ |

| 成绩 | | 指导教师 | | 日期 | |
|---|---|---|---|---|---|

## 思 考 题

1. 汽车动力性的评价指标是什么？
2. 汽车行驶时有哪些行驶阻力？
3. 试说明轮胎滚动阻力的定义、产生机理和作用形式。
4. 滚动阻力系数与哪些因素有关？
5. 空气阻力由哪几部分组成？降低空气阻力系数的结构措施有哪些？
6. 什么是汽车的附着力？影响附着系数的因素是什么？
7. 试分析影响汽车动力性的因素。
8. 汽车的驱动与附着条件是什么？写出其表达式。
9. 什么是传动系的机械效率？它与哪些因素有关？
10. 根据汽车的驱动力-行驶阻力图分析汽车的动力性。
11. 根据汽车的动力特性图分析汽车的动力性。
12. 超车时是否该换入低一挡的排挡？
13. 空车、满载时汽车动力性有无变化？为什么？
14. 试述动力性道路试验的方法。
15. 汽车底盘测功机有哪几种类型？简述其基本组成。
16. 汽车发动机功率、扭矩和转速的关系是什么？

# 项目 4　汽车的燃油经济性与检测

随着世界石油储量的快速下降，价格不断提升，用车者不得不考虑使用车辆过程中的燃油消费，也就是汽车燃油经济性的问题。

在保证动力性的条件下，汽车以尽量少的燃油消耗量经济行驶的能力，称为汽车的燃油经济性。

## 任务 4.1　汽车燃油经济性的评价

评价汽车燃油经济性的指标很多，不同的国家所采用的评价参量是不同的，大致有以下几种。

### 1. 比油耗 $g_e$（燃料消耗率）

比油耗表示发动机的单位有效功率在单位时间内所消耗的燃油质量。在国际单位制中，它的单位为 g/（kW·h）（克/千瓦时）。

### 2. 每小时耗油量 $G_t$

每小时耗油量表示发动机每小时所消耗的燃料质量，常用的单位为 kg/h（千克/时）。

### 3. 每公里耗油量 $G_m$

每公里耗油量表示汽车每行驶一公里所消耗的燃油数量（常以体积计算），常用单位是 L/km（升/千米）。

### 4. 每升燃油行驶里程

每升燃油行驶里程表示汽车消耗 1 升燃油可行驶的里程数，常用单位是 km/L（千米/升）。

### 5. 百公里油耗量 Q

百公里油耗量表示汽车每行驶 100 公里所消耗的平均燃油量（以体积计算），常用单位为 L/100km（升/百千米）。

### 6. 百吨公里油耗量 $Q_t$

百吨公里油耗量表示汽车运行过程中，每完成 100 吨公里运输量所消耗的燃油量（以体积计算），常用单位为 L/100t·km（升/百吨公里）。

在我国及欧洲，燃油经济性指标的单位为 L/100km，其数值越大，汽车的燃油经济性就越差。美国为 MPG（Miles Per Gallon），指每加仑燃油能行驶的英里数，其数值越大，汽车的燃油经济性就越好。

等速行驶百公里的燃油消耗量是常用的一种评价指标，指汽车在一定载荷下，以最高挡在水平良好路面上等速行驶 100km 的燃油消耗量。但是，等速行驶工况并不能全面反映汽车的实际运行情况，特别是在市区行驶中频繁出现的加速、减速、急速停车等行驶工况。因此，在对实际行驶车辆进行跟踪测试统计的基础上，各国都制定了一些典型的循环行驶试验工况来模拟汽车实际运行工况，并以其百公里的燃油消耗量（或 MPG）来评定相应工况的燃油经济性。

## 任务4.2 汽车燃油经济性的影响因素

汽车的燃油经济性主要取决于发动机的有效燃油消耗率和汽车行驶阻力及传动系效率。一切有利于发动机的有效燃料消耗率降低、汽车行驶阻力降低及传动系效率提高的措施都可以使汽车的燃油经济性提高。

### 4.2.1 发动机

发动机对汽车油耗的影响主要有以下几个方面。

**1. 发动机的结构**

发动机的油耗对汽车的油耗有决定性的影响,而发动机的油耗取决于发动机的结构。优化发动机结构,如提高压缩比,采用直喷式发动机和稀薄混合气的分层燃烧,广泛采用电控燃油喷射技术,强制怠速断油装置,闭缸技术,都可以提高发动机的燃油经济性。

**2. 发动机的种类**

柴油机由于压缩比比汽油机要高得多,因此柴油机比汽油机的油耗要低得多。试验和实践都证明,一般装备柴油发动机的轿车比装备汽油发动机的轿车节油18%左右,柴油发动机载货汽车比汽油发动机载货汽车节油30%左右。目前世界各国正在积极推行轻型货车和轿车的柴油化进程,在总质量为2~5t的载货汽车中,德国有95%左右已用柴油机,日本约为90%。

**3. 发动机的负荷率**

发动机的负荷率通常是指发动机阻力矩的大小,发动机克服阻力矩必须消耗燃油。增加负荷率就意味着增加发动机每工作循环的供油量。汽油机通过节气门的位置来控制,柴油机通过喷油泵每一循环的供油量来控制。因此,把汽油机节气门全开或柴油机喷油泵供油在柴油机标定功率位置时称为发动机的全负荷;汽油机节气门不是全开或柴油机喷油泵供油位置小于标定功率位置时称为部分负荷。反映到汽车上,当加速踏板踩到底时,发动机为全负荷;加速踏板部分踩下时,发动机为部分负荷。发动机的比油耗随发动机负荷率的变化而变化,在负荷率为80%~90%时比油耗最低,低负荷和全负荷时比油耗都将增加。目前的汽车在平路上以常用速度行驶时,发动机的负荷率约为20%,发动机在比油耗较高的范围内工作。因此,为了节约燃油,在行驶条件许可的情况下,不必追求汽车装备大功率的发动机以增加负荷率。

### 4.2.2 整车结构

**1. 传动系**

汽车传动系的效率越高,传递动力过程中的能量损失越小,汽车的油耗就越低。目前机械齿轮变速器比液力自动变速器的传动效率高,因此自动变速器的汽车虽然驾驶方便,但汽车油耗要高。这是机械齿轮变速器没有被自动变速器完全取代的主要原因。机械齿轮变速器的挡位设置增多,能增加发动机处于经济工况下工作的机会,有利于提高汽车的燃油经济性。因为无级变速器在任何工作条件下都提供了使发动机处于最经济工况下工作的可能性,所以无级变速器能始终维持较高的机械效率,使汽车的燃料经济性显著提高。汽车一般用高挡位行驶比用低挡位行驶省油。

### 2. 汽车总质量

汽车总质量影响到汽车的滚动阻力、上坡阻力和加速阻力，对汽车的燃油经济性影响很大。美国于 1978 年进行的统计表明，整备质量为 1360kg 的汽车，当汽车总质量减少 10%时，油耗降低 8.8%。因此，采用轻质材料，减轻汽车自重，是提高汽车燃料经济性的一个方向。

减轻汽车整备质量的主要途径有：进行计算机优化设计，充分利用材料的强度和刚度；采用高强度低合金钢、铝合金、塑料、陶瓷和各种纤维强化材料来制造某些零部件；改进汽车结构，简化汽车传动系，如采用 FF 布置（发动机前置前驱动）、不用装备胎的高可靠性轮胎、单片弹簧悬架、承载式车身及空冷发动机等；减小车身尺寸，在用车不随意增加附加载荷等。

### 3. 汽车的外形

为克服空气阻力而消耗的发动机功率与汽车行驶速度的 3 次方成正比。汽车行驶速度不高时，空气阻力对汽车的燃料消耗影响不大，但当车速超过 50km/h 时，空气阻力对汽车燃料经济性的影响逐步加大。减少空气阻力主要是通过降低汽车的空气阻力系数来实现的。汽车制造厂通过整车的风洞试验研究使汽车外形接近最优化。作为汽车使用者，不在车顶安装行李架，货车装载品用篷布盖好，高速行驶时不打开车窗等措施都能降低空气阻力系数。

### 4. 轮胎

轮胎结构对滚动阻力的影响很大，改善轮胎的结构，可以减少汽车的油耗。目前降低滚动阻力的最好办法是使用子午线轮胎。子午线轮胎与普通斜交轮胎相比，滚动阻力一般要下降 20%～30%。另外，轮胎的花纹及气压对汽车的油耗都有较大的影响。图 4-1 为东风 5t 载货汽车 EQ140 装用不同轮胎时的等速百公里燃油消耗量曲线。

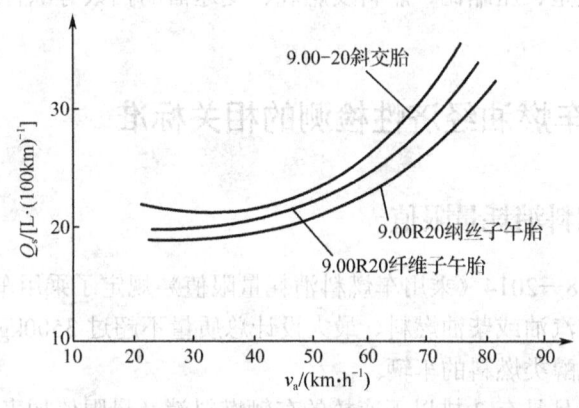

图 4-1 EQ140 装用不同轮胎时的等速百公里燃油消耗量曲线

## 4.2.3 汽车的技术状况

汽车随着使用时间的增长，其性能也在逐步发生变化。当感觉车辆有异样时，应立即对车辆进行检查。车辆的技术状况差、故障多，对汽车的行驶油耗影响很大。研究表明，汽车发动机技术故障对汽车油耗的影响如表 4-1 所示。

除汽车发动机故障外，汽车底盘部分的技术状况，如变速器、制动器、轴承、前束调整不当，轮胎气压不足等等，也会导致汽车油耗大幅度增加。汽车行驶中，发动机冷却系统温度过高或过低，也可使汽车油耗上升 12%～15%。

表4-1 汽车发动机技术故障对汽车油耗的影响

| 汽车技术故障名称 | 故障造成的油耗增加率/% |
|---|---|
| 空气滤清器和进气管堵塞 | 4.5 |
| 因气缸活塞组和气门密封不严,活塞环烧蚀,气缸垫损坏造成气缸漏气 | 4 |
| 火花塞电极烧蚀 | 8 |
| 8缸发动机1个火花塞失灵 | 15 |
| 8缸发动机2个火花塞失灵 | 40 |
| 6缸发动机1个火花塞失灵 | 25 |
| 6缸发动机2个火花塞失灵 | 60 |

综上所述,为了减少汽车燃料消耗量和降低运输成本,企业要选购技术经济性指标先进、载重质量大、自重轻、经济车速高、燃料特性曲线平缓的汽车。注意汽车的选型和动力合理配套。扩大柴油汽车的比例。

在使用技术方面:要维护发动机和底盘的良好技术状况;提高管理水平,合理调度和采用拖挂运输;要大力推广子午线轮胎。

在驾驶技术方面:尽可能增加高挡使用时间,做到高挡小节气门开度,提高发动机的负荷率;也可采用加速滑行法提高发动机的负荷率,降低有效燃料消耗率;避免急加速、急减速;在保证安全的前提下,适当提高平均车速和尽量采用预见性制动,做到"脚轻手快,换挡敏捷,缓慢加速,合理制动"十六字操作要领。

此外,发动机的类型、压缩比、燃料及燃烧、变速器的挡数等综合因素也都影响汽车的燃油经济性。

# 任务4.3 汽车燃油经济性检测的相关标准

## 4.3.1 乘用车燃料消耗量限值

国家标准GB 19578—2014《乘用车燃料消耗量限值》规定了乘用车燃料消耗量的限值,此标准适用于能够燃用汽油或柴油燃料、最大设计总质量不超过3500kg的$M_1$类车辆,不适用于仅燃用气体燃料或醇类燃料的车辆。

装有手动挡变速器且具有3排以下座椅的车辆燃料消耗量限值如表4-2所示,其他车辆的燃料消耗量限值如表4-3所示。

表4-2 车型燃料消耗量限值1

| 整车整备质量CM/kg | 车型燃料消耗量限值/(L/100km) |
|---|---|
| CM≤750 | 5.2 |
| 750<CM≤865 | 5.5 |
| 865<CM≤980 | 5.8 |
| 980<CM≤1090 | 6.1 |
| 1090<CM≤1205 | 6.5 |
| 1205<CM≤1320 | 6.9 |

续表

| 整车整备质量 CM/kg | 车型燃料消耗量限值/（L/100km） |
|---|---|
| 1320<CM≤1430 | 7.3 |
| 1430<CM≤1540 | 7.7 |
| 1540<CM≤1660 | 8.1 |
| 1660<CM≤1770 | 8.5 |
| 1770<CM≤1880 | 8.9 |
| 1880<CM≤2000 | 9.3 |
| 2000<CM≤2110 | 9.7 |
| 2110<CM≤2280 | 10.1 |
| 2280<CM≤2510 | 10.8 |
| 2510<CM | 11.5 |

表 4-3　车型燃料消耗量限值 2

| 整车整备质量 CM/kg | 车型燃料消耗量限值/（L/100km） |
|---|---|
| CM≤750 | 5.6 |
| 750<CM≤865 | 5.9 |
| 865<CM≤980 | 6.2 |
| 980<CM≤1090 | 6.5 |
| 1090<CM≤1205 | 6.8 |
| 1205<CM≤1320 | 7.2 |
| 1320<CM≤1430 | 7.6 |
| 1430<CM≤1540 | 8.0 |
| 1540<CM≤1660 | 8.4 |
| 1660<CM≤1770 | 8.8 |
| 1770<CM≤1880 | 9.2 |
| 1880<CM≤2000 | 9.6 |
| 2000<CM≤2110 | 10.1 |
| 2110<CM≤2280 | 10.6 |
| 2280<CM≤2510 | 11.2 |
| 2510<CM | 11.9 |

### 4.3.2　营运客车燃料消耗量限值

营运客车燃料消耗量限值在我国交通运输行业标准 JT/T 711—2016《营运客车燃料消耗量限值及测量方法》中进行了规定。营运柴油客车燃料消耗量限值如表 4-4 所示。汽油客车燃料消耗量限值为相应车长柴油客车限值的 1.15 倍（取值按四舍五入圆整至小数点后一位）。

表 4-4 营运柴油客车燃料消耗量限值　　　　　　　　　单位：L/100km

| 车型 | 车长 L/m | 第三阶段 高级车 | 第三阶段 中级及普通级车 | 第四阶段 高级车 | 第四阶段 中级及普通级车 |
|---|---|---|---|---|---|
| 特大型 | L>12 | 31.0 | 29.0 | 28.8 | 27.0 |
| 大型 | 11<L≤12 | 28.4 | 26.5 | 26.4 | 24.6 |
| 大型 | 10<L≤11 | 26.0 | 24.3 | 24.2 | 22.6 |
| 大型 | 9<L≤10 | 24.5 | 20.9 | 22.8 | 19.4 |
| 中型 | 8<L≤9 | 21.3 | 18.4 | 19.8 | 17.1 |
| 中型 | 7<L≤8 | 19.0 | 16.4 | 17.7 | 15.3 |
| 中型 | 6<L≤7 | 16.1 | 15.1 | 15.0 | 14.0 |
| 小型 | L≤6 | 15.3 | 13.9 | 14.2 | 12.9 |

注：对于新申请车型配置，自标准发布之日起 6 个月后开始实施第三阶段限值，18 个月后开始实施第四阶段限值。

### 4.3.3 营运货车燃料消耗量限值

营运货车燃料消耗量限值用综合燃料消耗量指标表示。依据我国交通运输行业标准 JT/T 719—2016《营运货车燃料消耗量限值及测量方法》，柴油货运汽车（单车）、自卸汽车（单车）及半挂汽车列车的燃料消耗量限值如表 4-5～表 4-7 所示。汽油货车燃料消耗量限值为相应总质量柴油货车限值的 1.15 倍（取值按四舍五入圆整至小数点后一位）。

表 4-5 营运柴油汽车（单车）燃料消耗量限值

| 车辆总质量 T/kg | 第三阶段限值/（L/100km） | 第四阶段限值（L/100km） |
|---|---|---|
| 3500<T≤4500 | 14.2 | 13.2 |
| 4500<T≤7000 | 16.3 | 15.2 |
| 7000<T≤9000 | 19.4 | 18.0 |
| 9000<T≤12000 | 22.6 | 21.0 |
| 12000<T≤18000 | 26.1 | 24.3 |
| 18000<T≤20000 | 29.8 | 27.7 |
| 20000<T≤25000 | 33.2 | 30.9 |
| 25000<T≤31000 | 36.1 | 33.6 |

表 4-6 营运柴油自卸汽车（单车）燃料消耗量限值

| 车辆总质量 T/kg | 第三阶段限值/（L/100km） | 第四阶段限值/（L/100km） |
|---|---|---|
| 3500<T≤4500 | 15.2 | 14.1 |
| 4500<T≤7000 | 17.8 | 16.6 |
| 7000<T≤9000 | 21.1 | 19.6 |
| 9000<T≤12000 | 24.4 | 22.7 |
| 12000<T≤18000 | 27.0 | 25.1 |

续表

| 车辆总质量 $T$/kg | 第三阶段限值/(L/100km) | 第四阶段限值/(L/100km) |
|---|---|---|
| 18000<$T$≤20000 | 32.5 | 30.2 |
| 20000<$T$≤25000 | 35.9 | 33.4 |
| 25000<$T$≤31000 | 38.9 | 36.2 |

表4-7 营运柴油半挂汽车列车燃料消耗量限值

| 列车总质量 $T$/kg | 第三阶段限值/(L/100km) | 第四阶段限值（L/100km） |
|---|---|---|
| $T$≤27000 | 37.5 | 34.9 |
| 29000<$T$≤36000 | 40.1 | 37.3 |
| 36000<$T$≤43000 | 43.4 | 40.4 |
| 43000<$T$≤49000 | 46.3 | 43.1 |

### 4.3.4 轻型商用车辆燃料消耗量限值

国家标准GB 20997—2015《轻型商用车辆燃料消耗量限值》对轻型商用车燃料消耗量限值进行了规定。本标准适用于以点燃式发动机或压燃式发动机为动力，最大设计车速≥50km/h的$N_1$类和最大设计总质量不超过3500kg的$M_2$类车辆。本标准不适用于不能燃用汽油或柴油的车辆，以及带有专用作业装置的车辆（如扫路车、洒水车、防弹运钞车等）和消防车、警车、工程抢险车、救护车等特种车辆。

轻型商用车燃料消耗量的限值如表4-8～表4-9所示。如果具有以下一种或多种特征，其限值是表4-8～表4-9中的限值乘以1.05，求得的数值圆整（四舍五入）至小数点后一位。

（1）$N_1$类全封闭厢式车辆。
（2）$N_1$类罐式车辆。
（3）全轮驱动的车辆。

表4-8 $N_1$类车辆燃料消耗量限值

| 整车整备质量（CM）<br>kg | 汽油车型燃料消耗量限值<br>L/100km | 柴油车型燃料消耗量限值<br>L/100km |
|---|---|---|
| CM≤750 | 5.5 | 5.0 |
| 750<CM≤865 | 5.8 | 5.2 |
| 865<CM≤980 | 6.1 | 5.5 |
| 980<CM≤1090 | 6.4 | 5.8 |
| 1090<CM≤1205 | 6.7 | 6.1 |
| 1205<CM≤1320 | 7.1 | 6.4 |
| 1320<CM≤1430 | 7.5 | 6.7 |
| 1430<CM≤1540 | 7.9 | 7.0 |
| 1540<CM≤1660 | 8.3 | 7.3 |
| 1660<CM≤1770 | 8.7 | 7.6 |
| 1770<CM≤1880 | 9.1 | 7.9 |

续表

| 整车整备质量（CM）kg | 汽油车型燃料消耗量限值 L/100km | 柴油车型燃料消耗量限值 L/100km |
|---|---|---|
| 1880<CM≤2000 | 9.6 | 8.3 |
| 2000<CM≤2110 | 10.1 | 8.7 |
| 2110<CM≤2280 | 10.6 | 9.1 |
| 2280<CM≤2510 | 11.1 | 9.5 |
| 2510<CM | 11.7 | 10.0 |

表 4-9 最大设计总质量不大于 3500kg 的 $M_2$ 类车辆燃料消耗量限值

| 整车整备质量（CM）kg | 汽油车型燃料消耗量限值 L/100km | 柴油车型燃料消耗量限值 L/100km |
|---|---|---|
| CM≤750 | 5.0 | 4.7 |
| 750<CM≤865 | 5.4 | 5.0 |
| 865<CM≤980 | 5.8 | 5.3 |
| 980<CM≤1090 | 6.2 | 5.6 |
| 1090<CM≤1205 | 6.6 | 5.9 |
| 1205<CM≤1320 | 7.0 | 6.2 |
| 1320<CM≤1430 | 7.4 | 6.5 |
| 1430<CM≤1540 | 7.8 | 6.8 |
| 1540<CM≤1660 | 8.2 | 7.1 |
| 1660<CM≤1770 | 8.6 | 7.4 |
| 1770<CM≤1880 | 9.0 | 7.7 |
| 1880<CM≤2000 | 9.5 | 8.0 |
| 2000<CM≤2110 | 10.0 | 8.4 |
| 2110<CM≤2280 | 10.5 | 8.8 |
| 2280<CM≤2510 | 11.0 | 9.2 |
| 2510<CM | 11.5 | 9.6 |

对新认证车，执行日期为 2018 年 1 月 1 日；对在生产车，执行日期为 2020 年 1 月 1 日。

## 任务 4.4 汽车燃油经济性道路试验和台架试验

### 4.4.1 汽车燃油经济性的道路试验标准

依据国家标准 GB/T 18566—2011《道路运输车辆燃料消耗量检测评价方法》、GB/T 12545.1—2008《汽车燃料消耗量试验方法 第 1 部分：乘用车燃料消耗量试验方法》测试。

### 4.4.2 汽车燃油经济性的道路试验方法

采用等速行驶燃料消耗量试验方法测试。

### 4.4.3 汽车燃油经济性的台架试验标准

道路试验方法是经济性检测的一种方法，结果比较贴近实际，但受场地条件的限制，在实验条件下一般经常采用另一种试验方法——台架试验。参照我国交通运输行业标准 JT/T 198—2016《道路运输车辆技术等级划分和评定要求》、国家标准 GB 18565—2016《道路运输车辆综合性能要求和检验方法》和 GB/T 18566—2011《道路运输车辆燃料消耗量检测评价方法》操作。

### 4.4.4 汽车燃油经济性的台架试验方法

在底盘测功机上模拟受检汽车的道路行驶工况进行检测。

## 思 考 题

1. 用高挡行驶为什么会省油？
2. 变速器设置超速挡有何作用？
3. 分析汽车拖挂省油的原因。
4. 汽车燃油经济性的评价指标有几种？各有何优缺点？
5. 什么是等速百公里燃油消耗量？
6. 汽车燃料消耗量试验有哪些主要内容？如何进行试验？
7. 依据有关标准阐述汽车燃油经济性台架试验方法。

# 项目5  汽车的制动性与检测

客户到 4S 店进行车辆维修，原因是最近发现车子的制动不好，这次前保险杠的损坏就是由于制动不灵引起的追尾，希望 4S 店在维修好保险杠的同时，将制动不好的问题也予以解决。

要完成这个工作任务，首先应熟悉汽车制动的制动原理和制动性能的评价标准，熟悉汽车制动性能检测设备的结构和工作原理，并能够使用检测设备对制动性能进行检测。

汽车行驶时能在短距离内停车且维持行驶方向稳定性和在下长坡时能维持一定车速的能力，称为汽车的制动性。还包括在一定坡道上能长时间停车不动的驻车制动性能。

## 任务 5.1  汽车制动性的评价

制动器中的摩擦片和行驶系中的轮胎属于正常损耗件，它会随着汽车运行里程的不断增长而不断地磨损、老化、变形，从而不可避免地会导致制动性逐渐衰退，制动效果逐渐恶化、变差。因此，了解、掌握汽车制动性的衰退程度，就成为保障车辆安全运行的重要技术措施。

### 5.1.1  制动印痕分析

判断客户汽车追尾的原因，首先应分析汽车的制动印痕，通过制动印痕的分析可以判断汽车制动时的车轮运动状态。制动时车轮的运动状态有纯滚动、纯滑动和边滚边滑 3 种。图 5-1 为汽车制动过程中逐渐增大踏板力时轮胎留在地面上的印痕。

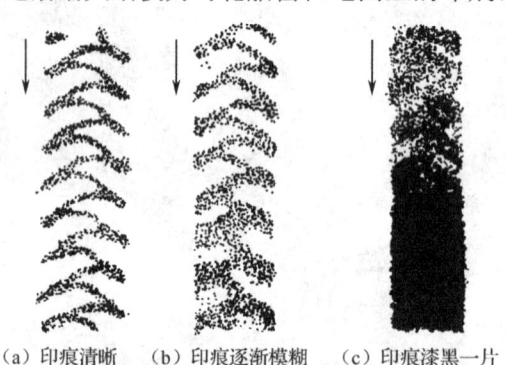

(a) 印痕清晰　　(b) 印痕逐渐模糊　　(c) 印痕漆黑一片

图 5-1  制动时轮胎在地面上的印痕

整个印痕大体上可分为 3 段：印痕清晰[图 5-1（a）]、印痕逐渐模糊[图 5-1（b）]、印痕漆黑一片[图 5-1（c）]。

第一段内印痕清晰，印痕的形状与轮胎胎面花纹基本上一致，车轮还接近于单纯的滚动，可以认为：

$$u_w \approx r_{r0} \omega_w \tag{5-1}$$

式中，$u_w$——车轮中心的速度；

$r_{r0}$——没有地面制动力时的车轮滚动半径；

$\omega_w$——车轮的角速度。

第二阶段印痕逐渐模糊：车轮边滚边滑。轮胎花纹的印痕可以辨认出来，但花纹逐渐模

糊，轮胎不只是单纯的滚动，胎面与地面发生一定程度的相对边滑，此时

$$u_w > r_{r0}\omega_w \tag{5-2}$$

第三阶段漆黑一片：纯滑动。车轮被制动器抱住，在路面上进行完全的拖滑运动，此时

$$\omega = 0 \tag{5-3}$$

从这3个阶段的变化情况可以看出，随着制动强度的增加，车轮滚动的成分越来越少，而滑动成分越来越多。一般用滑移率 $s$ 来说明这个过程中滑动成分的多少。

滑移率的定义为

$$s = \frac{u_w - r_{r0}\omega_w}{u_w} \times 100\% \tag{5-4}$$

在纯滚动时，$u_w = r_{r0}\omega_w$，滑移率 $s=0$；在纯拖滑时，$\omega_w = 0$，$s=100\%$；边滚边滑时，$0<s<100\%$。所以，滑移率的数值说明了车轮运动中滑动成分所占的比例，滑移率越大，滑动成分越多。

### 5.1.2 制动过程车轮的受力分析

制动印痕与汽车制动过程中车轮的受力有关。汽车制动时的制动力包括空气阻力、地面制动力、制动器制动力与地面附着力，单纯依靠空气阻力是不能在指定的时间和距离内达到降低车速或停车的目的的，主要是受到地面制动力、制动器制动力与地面附着力的影响。

**1. 地面制动力**

汽车在制动过程中人为地使汽车受到一个与其行驶方向相反的外力，汽车在这一外力作用下迅速地降低车速以至停车，这个外力称为汽车的制动力。一般汽车多用车轮制动器来产生汽车的制动力，这一制动力最终以在汽车车轮上产生一个与汽车行驶方向相反的地面切向反作用力的方式表现出来，因而此时的汽车制动力又被称为地面制动力。

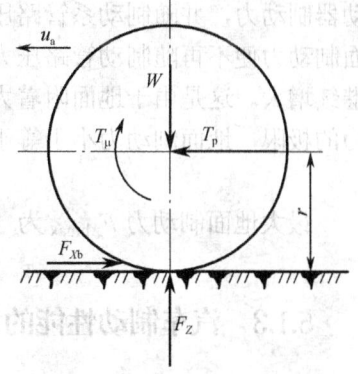

地面制动力用 $F_{Xb}$ 表示，如图5-2所示。图中 $u_a$ 为汽车的速度，$W$ 为车轮垂直载荷，$T_p$ 为车轴对车轮的推力，$F_z$ 为地面对车轮的法向反作用力。

图 5-2 制动时的车轮受力分析

由力矩平衡可知：

$$F_{Xb} = \frac{T_\mu}{r} \tag{5-5}$$

式中，$T_\mu$ ——车轮制动器中摩擦片与制动鼓或盘相对滑转时的摩擦力矩；
$r$ ——车轮半径。

**2. 制动器制动力**

制动器制动力是为克服制动器的摩擦力矩而在车轮周缘所需施加的切向力，以符号 $F_\mu$ 来表示。它相当于把汽车架离地面，踩住制动踏板后，在车轮周缘扳动车轮直至它能转动所施加的切向力。

$$F_\mu = \frac{T_\mu}{r} \tag{5-6}$$

式中，$T_\mu$ ——制动器的摩擦力矩；
$r$ ——车轮半径。

### 3. 制动过程各种作用力之间的关系

汽车的地面制动力首先取决于制动器制动力，同时又受地面附着条件的限制，只有制动器制动力足够，同时地面附着力较高时，才能获得较高的地面制动力。这样，地面制动力既取决于制动器制动力，又受地面附着力的制约，它们的关系如图 5-3 所示。

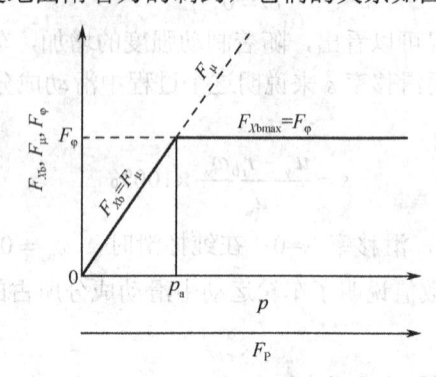

图 5-3 汽车制动时地面制动力、制动器制动力和地面附着力之间的关系

由图 5-3 可知，当制动系管路压力或制动踏板力较小，未达到某一极限时，制动器摩擦力矩不大，地面制动力足以克服制动器摩擦力矩推动车轮滚动。此时，地面制动力就等于制动器制动力，并随制动系管路压力（制动器制动力）的增长成正比增大，直至某一限值，地面制动力便不再随制动管路压力继续增加，而达到最大值，制动器制动力却随制动管路压力继续增大。这是由于地面附着力制约了地面制动力的继续增大，地面附着力便成了地面制动力的极限，地面制动力小于等于地面附着力，即

$$F_{Xb} \leq F_\varphi = F_z \phi \tag{5-7}$$

最大地面制动力 $F_{Xbmax}$ 为

$$F_{Xbmax} = F_z \phi \tag{5-8}$$

## 5.1.3 汽车制动性能的评价指标

汽车制动性的评价指标有以下 3 个。

### 1. 汽车的制动效能

汽车制动效能是指汽车迅速减速直至停车的能力。它又可用以下 3 个指标进行评价：在良好路面上，汽车以一定的初速度制动到停车的制动距离、制动时的减速度和制动力。它是制动性能最基本的评价指标。

### 2. 制动效能的恒定性

制动效能的恒定性是指车辆抵抗制动效能的热衰退和水衰退的能力，即汽车在高速行驶或下长坡及涉水连续制动时制动效能的稳定程度。汽车的制动过程实际上是把汽车行驶的动能通过制动器吸收转换为热能的过程。制动器自身温度升高以后，制动力下降，制动减速度减小，制动距离增大，称为制动器的热衰退。

### 3. 制动时汽车的方向稳定性

制动时的方向稳定性是指制动时汽车按照驾驶员给定方向行驶的能力，即是否会发生制动跑偏（制动时汽车偏驶，但后轮沿前轮的轨迹运动）、侧滑（制动时汽车一轴或双轴发生横向滑动，前、后轮轨迹不重合）或失去转向能力（如前轮抱死拖滑，汽车将失去转向能力）。

## 任务 5.2 汽车制动性分析

### 5.2.1 汽车制动效能分析

制动效能由制动力、制动减速度和制动距离等参数来评定。驾驶员在接受了紧急制动信号后，制动踏板力、汽车制动减速度与制动时间的关系曲线如图 5-4 所示。

驾驶员接到紧急停车信号时，并没有立即行动，如图 5-4 中的 a 点，而是经过 $\tau_1'$ 后才意识到应进行紧急制动，并移动右脚，再经过 $\tau_1''$ 后才踩到制动踏板。从 a 点到 b 点所经过的时间 $\tau_1 = \tau_1' + \tau_1''$ 称为驾驶员反应时间，这段时间一般为 0.3~1.0s。在 b 点后，随着驾驶员踩踏板的动作，踏板力迅速增大，至 d 点时达到最大值，不过由于制动蹄是由回位弹簧拉着，蹄片与制动鼓间存在间隙，所以要经过 $\tau_2'$，即至 c 点地面制动力才起作用，使汽车开始产生减速度。由 c 点到 e 点是制动器制动力增长过程所需的时间 $\tau_2''$。$\tau_2 = \tau_2' + \tau_2''$ 总称为制动器的作用时间。制动器的作用时间不仅取决于驾驶员踩踏板的速度，更重要的是受制动系结构形式的影响。$\tau_2$ 一般在 0.2~0.9s。由 e 到 f 为持续制动时间 $\tau_3$，其减速度基本不变。到 f 点时驾驶员松开踏板，但制动力的消除还需要一段时间，$\tau_4$ 一般在 0.2~1.0s。这段时间过长会耽误随后起步行驶的时间。另外，若因车轮抱死而使汽车失去控制，驾驶员采取措施放松制动踏板时，又会使制动力不能立即释放。

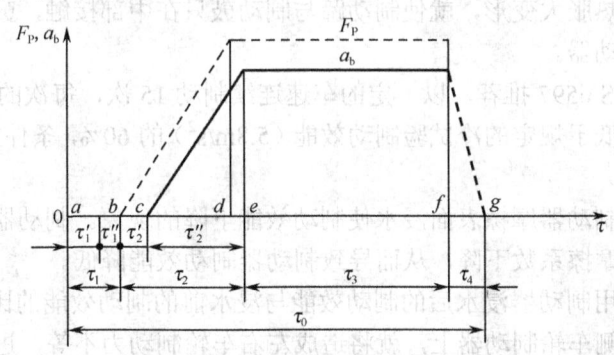

图 5-4 制动踏板力、汽车制动减速度与制动时间的关系曲线

汽车在制动阶段内驶过的距离即制动距离：

$$s = \frac{1}{3.6}\left(\tau_2' + \frac{\tau_2'}{2}\right)u_{a0} + \frac{u_{a0}^2}{25.92 a_{b\max}} \tag{5-9}$$

### 5.2.2 汽车制动效能恒定性分析

汽车制动效能恒定性可由制动器的抗热衰退性能和水衰退性能来衡量。

**1. 抗热衰退性能**

热衰退是指由于摩擦热的影响使制动器摩擦材料的摩擦系数下降，导致制动效能暂时降低的现象。热衰退是目前制动器不可避免的现象，只有程度的差别。制动器热衰退程度用热衰退率评价。在产生相同制动力的条件下，制动器冷状态下所需的操纵力（制动系统压力）与热状态下所需的操纵力之比称为热衰退率。

从能量观点看，汽车的制动过程是将汽车的机械能（动能和势能）的一部分或全部，通过制动器的摩擦转化为热能，并向大气耗散的过程。能量的这种转换和耗散就使制动器摩擦副发热、温度升高、摩擦系数下降，并产生磨损，从而影响汽车制动性能和制动器的寿命。汽车在高速下紧急制动，制动时间短，汽车全部动能的转换和耗散任务几乎全部由制动器承担；而在短时间内连续制动，尤其是下长坡连续和缓制动、重复制动，制动时所产生的热量，难以及时散出，就将使制动器温度迅速升高超出正常范围，导致制动效能明显下降。制动时制动器所达到的温度取决于制动产生热量的条件（如制动初速、终速、制动减速度、制动频繁程度、汽车总质量等）和散热条件（如大气温度、行驶速度、制动器通风环境、制动器受热零件的热容量、散热面积等）。汽车行驶的环境条件和行驶工况是随机的，因此制动器的热衰退程度主要还是取决于制动器摩擦副材料和制动器结构。

在制动过程中制动器摩擦衬片表面的温度经常可达到 300～400℃。摩擦衬片一般用石棉摩擦材料制造，石棉摩擦材料在温度升高到一定程度时，摩擦系数将显著下降。当温度升到 300°C 以上时，石棉分解出焦油状物，在摩擦表面上起到润滑作用，使摩擦系数下降；而在温度达到 800°C 时，石棉就会完全脱去结晶水而分解，助长了热衰退现象。为提高制动器的热稳定性，除改进石棉摩擦材料的组成成分和压制工艺外，最好采用热稳定性好的、无石棉摩擦材料作为摩擦衬片，如金属摩擦材料。

此外，制动器结构也对抗热衰退产生影响。盘式制动器的热稳定性优于鼓式制动器，这是由于盘式制动器的散热效果好。采用非金属材料摩擦衬片的制动器，由于非金属材料摩擦衬片的绝热性能其所能吸收的热量很少，绝大部分由制动鼓（制动盘）吸收。鼓式制动器散热条件差，制动鼓受热胀大变形，就使制动蹄与制动鼓只在中部接触，鼓式制动器的热稳定性也因此不如盘式制动器。

国际标准 ISO/DIS 6597 推荐，以一定的车速连续制动 15 次，每次的制动强度为 $3m/s^2$，最后的制动效能应不低于规定的冷试验制动效能（$5.8m/s^2$）的 60%，条件是制动踏板力不变。

**2．水衰退性能**

水衰退性能是指制动器摩擦表面浸水使制动效能下降的现象。制动器摩擦表面浸水后，由于水的润滑作用使摩擦系数下降，从而导致制动器制动效能降低。

水衰退的程度可用制动器浸水后的制动效能与浸水前的制动效能的比值（%）表征。若水衰退发生在汽车一侧车轮制动器上，就将造成左右车轮制动力不等，进而恶化汽车制动时的方向稳定性。

汽车制动时产生的热量可使制动器摩擦衬片干燥。因此，为了保证安全，汽车涉水后应踩几脚制动踏板，制动蹄与制动鼓发生摩擦产生热量，可使制动器迅速干燥，恢复正常，这种现象称为水恢复。

实验研究表明，盘式制动器的水衰退影响比鼓式制动器要小，水恢复也较鼓式制动器快。这是由于盘式制动器的效能因数（在制动盘或制动鼓的作用半径上所得到的摩擦力与输入力之比）受摩擦系数下降的影响较小，而且制动器中的水分会被旋转的制动盘甩出，同时制动器摩擦块的压力较高，也易于将摩擦衬片上的水分挤出和擦干。鼓式制动器的排水干燥就较为困难，需经较多次数的制动才能恢复原有制动性能。盘式制动器的抗水衰退性和水恢复性就明显优于鼓式制动器。

### 5.2.3 汽车制动时的方向稳定性分析

汽车制动时的方向稳定性是指在制动过程中，汽车按驾驶员给定的轨迹行驶的能力，即不发生跑偏和侧滑,而维持直线行驶或按预定弯道行驶的能力。调查表明,发生人身伤亡的交通事故中,与侧滑有关的比例在潮湿路面上约为30%,在冰雪路面上为70%~80%。而侧滑的产生有50%是由制动引起的。紧急制动时的危险情况主要有以下几种。

### 1. 制动跑偏

制动跑偏是指汽车直线行驶制动时,在转向盘固定不动的条件下,汽车自动向左侧或右侧偏驶的现象。制动跑偏主要是由于汽车左、右车轮,特别是转向轴左、右车轮制动力不相等;制动时,汽车悬架导向杆系与转向系拉杆在运动学上不协调,发生杆系间的运动干涉等造成的。

汽车转向轴左、右轮制动力 $F_{X1l}$、$F_{X1r}$ 不等引起的汽车制动跑偏的受力分析如图5-5所示。图中左轮制动力大于右轮制动力($F_{X1l}>F_{X1r}$),它们对各自主销形成的力矩便不相等,且方向相反,并使转向轮向左偏转一个角度(向力矩大的方向偏转)。尽管转向盘不动,由于转向杆系中存在间隙及杆件弹性的影响,转向轮左、右轮制动力不等所形成的力矩仍会引起转向轮跑偏。左、右轮制动力不相等,还会对汽车质心形成一个不平衡力矩,为平衡左、右轮制动力不等所产生的绕质心的力矩,必然会在前、后轴地面引起侧向作用力 $F_{Y1}$、$F_{Y2}$。当转向轮主销有后倾时,这个侧向力 $F_{Y1}$ 也会对转向轮产生一偏转力矩,从而加大了车轮的偏转,使汽车跑偏增强。

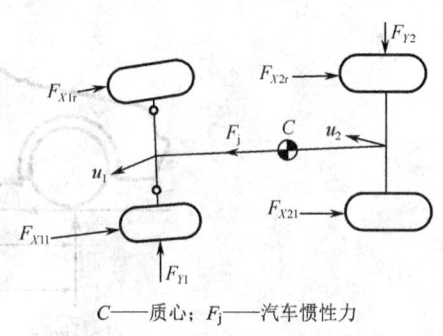

$C$——质心;$F_j$——汽车惯性力

图 5-5 制动跑偏时的受力分析

转向轴左、右轮制动力不等是难以避免的,因为各轮制动器摩擦副表面状况、轮胎状况、制动器的调整状况,以及左、右轮与路面的接触状况不可能完全一致。问题是左、右轮制动力不相等到什么程度才会造成汽车不容许的跑偏。

国外相关研究实验证明,制动跑偏随转向轴左、右轮制动力不等度的增加而增大;同一左、右轮制动力不等度的制动跑偏随制动过程延续时间的延长而增大。在其他条件一定时,制动过程延续时间的长短就取决于制动初速度,制动初速度越高,制动过程的延续时间就越长,同一制动力不等度的制动跑偏也就越严重;在左、右轮制动力不等度相同的条件下,锁住转向盘的制动跑偏比松开转向盘时小;制动跑偏的程度还受后轮抱死与否的影响。左、右轮制动力不等度相同,后轮抱死时的制动跑偏的程度明显大于后轮未抱死时的跑偏;后轮未抱死时,一般允许转向轴左、右轮制动力相差10%~30%,若差值太大肯定会引起明显的制动跑偏。

杆系运动干涉引起的制动跑偏方向是固定的,因此是系统性的,通过正确的设计就可避免。定型汽车使用过程中,因转向杆系间的运动干涉所导致的制动跑偏,是转向轴变形、杆系变形、调整不当等汽车使用因素造成的,只要正确、合理使用汽车,基本上可以避免。

### 2. 制动侧滑

汽车若受外界侧向力或因左、右轮制动力不等所引起的侧向力作用,易使车轮丧失横向附着能力,车轴沿横向滑动,即产生侧滑。制动时发生侧滑,特别是后轴侧滑,将引起汽车剧烈的回转运动,严重时可使汽车调头。制动时若后轴比前轴车轮先抱死拖滑,就可能发生后轴侧滑。

### 3. 转向能力的丧失

当前轮抱死或先于后轮抱死，前轮的横向附着系数为零，尽管操纵转向盘使前轮偏转，路面却产生不了对前轮的侧向力，汽车因而丧失了转向能力。

### 5.2.4 前后车轮制动器制动力的比例关系分析

#### 1. 制动时汽车受力图及地面法向反作用力

前、后制动器制动力分配的比例将影响汽车制动时的方向稳定性和附着条件的利用程度。

在分析前、后制动器制动力分配比例以前，必须先了解在制动时地面作用于前、后车轮的法向反作用力。图 5-6 是汽车制动时的受力情况。

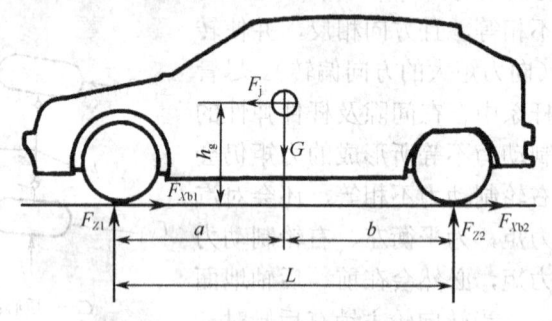

图 5-6 汽车制动时的受力情况

图中忽略了滚动阻力偶矩、空气阻力及旋转质量惯性力偶矩。若忽略制动时车轮边滚边滑的过程，并对后轮接地点取力矩，则得：

$$F_{Z1}L = Gb + m\frac{du}{dt}h_g \tag{5-10}$$

式中，$F_{Z1}$——地面对前轮的法向作用力；
　　　$G$——汽车重力；
　　　$b$——汽车质心至后轴中心线的距离；
　　　$m$——汽车质量；
　　　$h_g$——汽车质心高度；
　　　$du/dt$——汽车减速度。

对前轮接地点取力矩，则得：

$$F_{Z2}L = Ga - m\frac{du}{dt}h_g \tag{5-11}$$

式中，$F_{Z2}$——地面对后轮的法向反作用力；
　　　$a$——质心至前轴中心线的距离。

所以

$$\left.\begin{array}{l}F_{Z1} = \dfrac{G}{L}\left(b + \dfrac{h_g}{g}\dfrac{du}{dt}\right)\\[2mm] F_{Z2} = \dfrac{G}{L}\left(a - \dfrac{h_g}{g}\dfrac{du}{dt}\right)\end{array}\right\} \tag{5-12}$$

若在不同附着系数的路上制动，前、后轮都抱死（不论次序如何），则 $F_{Xb}=F\varphi=G\varphi$，此

时有

$$\left.\begin{array}{l}F_{Z1} = \dfrac{G}{L}(b+\varphi h_g) \\ F_{Z2} = \dfrac{G}{L}(a-\varphi h_g)\end{array}\right\} \quad (5\text{-}13)$$

说明随着附着系数的变化，前、后轮的法向反作用力变化很大。

### 2. 理想的前、后轮制动器制动力分配

理论上看，制动时前、后轮同时抱死拖滑，是制动的理想状态，制动效果最佳。在任意附着系数为 $\varphi$ 的路面上，均能保证前、后轮同时抱死拖滑的前、后轮制动器制动力分配，称为理想分配。

在任何附着系数的路面上，前、后车轮同时抱死的条件为前、后轮制动器制动力之和等于附着力，并且前、后轮制动器制动力分别等于各自的附着力。前、后轮制动器制动力 $F_{\mu 1}$、$F_{\mu 2}$ 的关系为

$$F_{\mu 2} = I(F_{\mu 1}) = \frac{1}{2}\left[\frac{G}{h_g}\sqrt{b^2 + \frac{4h_g L}{G}F_{\mu 1}} - \left(\frac{Gb}{h_g} + 2F_{\mu 1}\right)\right] \quad (5\text{-}14)$$

由式（5-14）画成的曲线即为理想的前、后轮制动器制动力分配曲线，简称 $I$ 曲线，如图 5-7 所示。

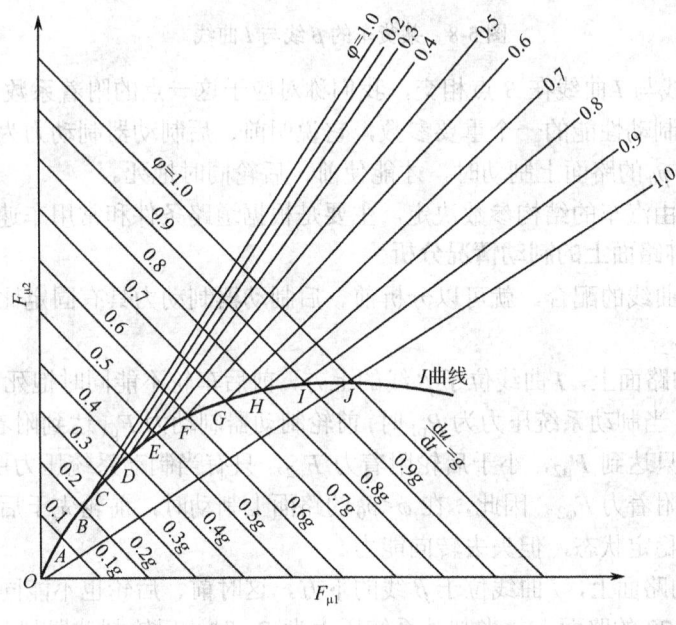

图 5-7 理想的前、后制动器制动力分配曲线

### 3. 实际的前、后制动器制动力分配

不少两轴汽车的前、后制动器制动力之比为一定值。常用前制动器制动力与汽车总制动器制动力之比来表明分配的比例，称为制动器制动力分配系数，并以符号 $\beta$ 表示，即

$$\beta = \frac{F_{\mu 1}}{F_\mu} \quad (5\text{-}15)$$

式中，$F_\mu$——汽车总制动器制动力。

故
$$\frac{F_{\mu 1}}{F_{\mu 2}} = \frac{\beta}{1-\beta} \tag{5-16}$$

若用 $F_{\mu 2}=B(F_{\mu 1})$ 表示，则 $F_{\mu 2}=B(F_{\mu 1})$ 为一直线，此直线通过坐标原点，且其斜率为
$$\tan\theta = \frac{1-\beta}{\beta} \tag{5-17}$$

这条直线称为实际前、后制动器制动力分配线，简称 $\beta$ 线。图 5-8 给出了某一货车的 $\beta$ 线，同时还给出了该货车空载和满载时的 $I$ 曲线。

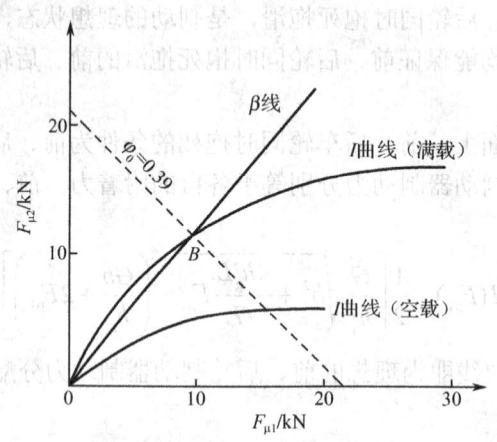

图 5-8 某货车的 $\beta$ 线与 $I$ 曲线

可以看出，$\beta$ 线与 $I$ 曲线在 $B$ 点相交，我们称对应于这一点的附着系数 $\varphi_0$ 为同步附着系数。它是反映汽车制动性能的一个重要参数，它说明前、后制动器制动力为固定比值的汽车只有在附着系数为 $\varphi_0$ 的路面上制动时，才能使前、后轮同时抱死。

同步附着系数由汽车的结构参数决定，主要是根据道路条件和常用车速来选择。

**4．汽车在各种路面上的制动情况分析**

利用 $\beta$ 线与 $I$ 曲线的配合，就可以分析前、后制动器制动力具有固定比值的汽车在各种路面上的制动情况。

（1）在 $\varphi<\varphi_0$ 的路面上，$I$ 曲线位于 $\beta$ 线的上方，前后车轮不能同时抱死。设 $\varphi_0=0.55$，如在 $\varphi=0.3$ 的路面上，当制动系统压力为 $P_{p1}$ 时，前轮制动器制动力 $F_{\mu 1}$ 达到附着极限，等于 $F_{\varphi 1}$，后轮制动器制动力只达到 $F_{\mu 2}$，小于后轮附着力 $F_{\varphi 2}$，只有当制动系统压力由 $P_{p1}$ 增加到 $P_{p2}$ 时，后轮才能达到附着力 $F_{\varphi 2}$。因此，在 $\varphi<\varphi_0$ 的路面上制动时，前轮先于后轮抱死拖滑。

此时汽车处于稳定状态，但失去转向能力。

（2）在 $\varphi>\varphi_0$ 的路面上，$I$ 曲线位于 $\beta$ 线的下方，这时前、后轮也不能同时抱死拖滑。设 $\varphi_0=0.55$，如在 $\varphi=0.70$ 的路面上，当制动系统压力为 $P_{p1}$ 时，后轮制动器制动力 $F_{\mu 2}$ 达到附着极限，等于 $F_{\varphi 2}$，前轮制动器制动力只达到 $F_{\mu 1}$，小于前轮附着力 $F_{\varphi 1}$，只有当制动系统压力由 $P_{p1}$ 增加到 $P_{p2}$ 时，前轮才能达到附着力 $F_{\varphi 1}$。因此，在 $\varphi>\varphi_0$ 的路面上制动时，后轮先于前轮抱死拖滑。

此时汽车处于不稳定状态，易发生后轴侧滑甚至甩尾现象，造成交通事故。

（3）在 $\varphi=\varphi_0$ 的路面上，不言而喻，在制动时汽车的前、后轮将同时抱死，此时的减速度为 $g_{\varphi 0}$，即 $0.55g$，也是一种稳定工况，但也失去转向能力。

（4）由此可见，当 $\beta$ 线位于 $I$ 曲线下方，制动时总是前轮先抱死，此时汽车丧失转向能

力；当 $\beta$ 线位于 $I$ 曲线上方，制动时总是后轮先抱死，因而容易发生后轴侧滑使汽车失去方向稳定性。前、后轮同时抱死时，制动效果最好，附着条件利用也最好，但汽车也会失去转向能力。

## 任务 5.3 汽车制动性能的影响因素

### 5.3.1 道路条件的影响

道路的附着系数 $\varphi$ 限制了最大制动力，故它对汽车的制动性有很大的影响。当制动的初速度相同时，随着 $\varphi$ 值的减小，制动距离随之增加。由于冰雪路面上的附着系数特别小，因此制动距离增大。特别要注意冰雪坡道上的车辆，应充分利用发动机制动。有计算表明，在冰雪路面上，利用发动机制动的辅助作用可使制动距离缩短20%～30%。在冰雪路面上制动时方向稳定性变坏，当车轮被制动到抱死时侧滑的危险程度将更大。汽车在冰雪路面上行驶时，最好应加装防滑链。

### 5.3.2 车轮制动器的影响

车轮制动器的摩擦副、制动鼓的构造和材料，对于制动器的摩擦力矩和制动效能的热衰退都有很大影响。在设计制造中应选用好的结构型式及材料，在使用维修中也应注意摩擦片的选用。

制动器的结构型式不同，其制动器效率也不同。制动器效能因数大，则在制动鼓半径和制动器张力相同的条件下，制动器所能产生的制动力矩也大。但当制动器摩擦副的摩擦系数下降时，其制动力矩将显著下降，制动性能的稳定性较差。

制动器的技术状况不仅和设计制造有关，而且和使用维修情况有密切关系。制动摩擦片与制动鼓的接触面积不足或接触不均匀，都将降低制动摩擦力矩。而且局部接触的面积和部位不同，也将引起制动性能的差异。

制动摩擦片的表面不清洁，如沾有油、水或污泥，则摩擦系数将减小，制动力矩即随之降低。例如，汽车涉水之后水渗入制动器，其摩擦系数将急剧下降20%～30%。

### 5.3.3 制动初速度的影响

制动初速度高时，需要通过制动消耗的运动能量也大，故制动距离会延长。制动初速度越高，通过制动器转化产生的热量也越多，制动器的温度上升也越大。制动蹄片的摩擦性能会随温度的升高而降低，导致制动力衰减，制动距离增长。

### 5.3.4 汽车载质量的影响

对于载质量较大的汽车，因前、后轮的制动器设计一般不能保证在任何道路条件下都使其制动力同时达到附着极限，所以汽车的制动距离就会由于载质量的不同而发生差异。实践证明，对于载质量为3t以上的汽车，大约载质量每增加1t，其制动距离平均要增加1.0m。即使是同一辆汽车，在装载质量和方式不同时，由于重心位置变动，也会影响汽车的制动距离。

### 5.3.5 轴间负荷分配的影响

汽车的制动性与汽车的结构及其使用条件有关。汽车轴间负荷的分配、载质量、制动系的结构、利用发动机制动的情况、行驶速度、道路情况、驾驶方法等，均对制动过程有很大影响。

汽车制动时，前轴负荷增加，后轴负荷减小。如果前、后轮制动器制动力根据轴间负荷的变化分配，符合理想分配的条件，则前、后轮同时抱死。如果前、后轮制动器制动力的比例为定值，则只有在具有同步附着系数的路面上，前、后轮才能同时抱死。当 $\varphi>\varphi_0$ 时，后轮先抱死，当 $\varphi<\varphi_0$ 时，前轮先抱死。空载时总是后轮先抱死。

### 5.3.6 驾驶技术的影响

驾驶技术对汽车制动性有很大影响。制动时，如能保持车轮接近抱死而未抱死的状态，便可获得最佳的制动效果。经验证明，在制动时，如迅速交替地踩下和放松制动踏板，即可提高其制动效果。因为此时车轮边滚边滑，轮胎着地部分不断变换，故可避免由于轮胎局部剧烈发热胎面温度上升而降低制动效果。在紧急制动时，驾驶员如能急速踩下制动踏板，则制动系的协调时间将缩短，从而缩短制动距离。在光滑路面上不可猛烈踩制动踏板，以免因制动力过大而超过附着极限，导致汽车侧滑。

为了驾驶的安全，人们应该掌握汽车制动系统的性能状态，这就必须通过科学的检测来实现。

## 任务 5.4　汽车制动性检测

### 5.4.1　汽车制动性检测的相关标准

根据国家标准 GB 7258—2017《机动车运行安全技术条件》和 GB/T 18344—2016《汽车维护、检测、诊断技术规范》执行汽车制动性检测。

（1）制动力要求：汽车、汽车列车在制动检验台上测出的制动力应符合表 5-1 的要求。对空载检验制动力有质疑时，可用表 5-1 规定的满载检验制动力要求进行检验。

表 5-1　台试检验要求

| 机动车类型 | 制动力总和与整车重量的百分比/% | | 轴制动力与轴荷[①]的百分比/% | |
|---|---|---|---|---|
| | 空载 | 满载 | 前轴 | 后轴 |
| 三轮汽车 | — | — | — | ≥60[②] |
| 乘用车、总质量不大于 3500kg 的货车 | ≥60 | ≥50 | ≥60[②] | ≥20[②] |
| 其他汽车 | ≥60 | ≥50 | ≥60[②] | 50 |

①：用平板制动检验台检验乘用车时应按动态轴荷计算。　②：空载和满载状态下测试均应满足此要求。

（2）制动力平衡要求：在制动力增长全过程中同时测得的左、右轮制动力差的最大值，与全过程中测得的该轴左、右轮最大制动力中大者（当后轴及其他轴，制动力小于该轴轴荷的 60%时为该轴轴荷）之比，对新注册车和在用车分别符合表 5-2 的要求。

表 5-2 台式检验制动力平衡要求

| | 前轴 | 后轴（及其他轴） | |
|---|---|---|---|
| | | 轴制动力≥该轴轴荷 60%时 | 制动力<该轴轴荷 60%时 |
| 新注册车 | ≤20% | ≤24% | ≤8% |
| 在用车 | ≤24% | ≤30% | ≤10% |

（3）汽车的制动协调时间，液压制动的汽车不应大于 0.35s，气压制动的汽车应≤0.60s；汽车列车和铰接客车、铰接式无轨电车的制动协调时间应≤0.80s。

（4）汽车车轮阻滞力要求：进行制动力检验时，汽车、汽车列车各车轮的阻滞力均应≤轴荷的 10%。

（5）驻车制动性能检验。当采用制动检验台检验汽车和正三轮摩托车驻车制动装置的制动力时，机动车空载，乘坐一名驾驶员，使用驻车制动装置，驻车制动力的总和不应小于该车在测试状态下整车重量的 20%（对总质量为整备质量 1.2 倍以下的机动车应≥15%）。

（6）当机动车经台架检验后对其制动性能有质疑时，可用规定的路试检验进行复检，并以满载路试的检验结果为准。

（7）汽车制动完全释放时间（从松开制动踏板到制动力消除所需要的时间）不应大于 0.80s。

（8）空载检验时对气压制动系而言，气压表的指示气压≤600kPa；对液压制动系而言，踏板力，乘用车≤400N；其他机动车≤450N。

### 5.4.2 制动性能检测项目

**1．路试检测项目**

制动性能路试检测的项目主要有以下几项。

（1）制动距离。

（2）充分发出的平均减速度。

（3）制动稳定性。

（4）制动协调时间。

（5）驻车制动坡度。

**2．台试检测项目**

制动性能台试检验是在室内制动试验台上进行的，其主要检测项目如下。

（1）制动力。

（2）制动力平衡要求。

（3）车轮阻滞力。

（4）制动协调时间。

### 5.4.3 制动性能检测设备

**1．路试制动性能检测设备——第五轮仪**

在路试中检测车辆的整车性能时，经常要使用第五轮仪，它可以测出车辆行驶的距离、时间和速度。当第五轮仪用于检测车辆的制动性能时，能测出制动距离、制动时间和制动初速度。

结构原理：在进行车辆道路试验时，为了测量车辆的行程和速度，虽然可以利用汽车的里程表和速度表，但这种方法不够准确。因为车辆驱动轮的滚动半径直接受驱动力矩、地面对轮胎的切向反作用力、车轴载荷、轮胎气压及磨损程度等因素的影响。此外，车用里程表和速度表本身的精度也较低。为了消除这些因素对测量精度的影响，在车辆旁边附加一个测量用的轮子，称为第五轮仪。第五轮仪一般由传感器部分和记录仪部分组成，并附带一个脚踏开关。传感器部分与记录仪部分由导线（信号线）连接。脚踏开关带有触点的一端套在制动踏板上，另一端接在记录仪上。

（1）传感器部分。

传感器部分的作用是把汽车行驶的距离变成电信号。它一般由充气车轮、传感器、支架、减振器和连接装置等组成，如图 5-9 所示。充气车轮为轮胎式，安装在支架上，支架通过连接装置固定在汽车的侧面或尾部的车身上。在减振器压簧的作用下，充气车轮紧贴地面，并随汽车的行驶而滚动。对于四轮汽车来说，安装上去的充气车轮就像汽车的第五轮一样，故称第五轮仪。当充气车轮在路面上滚动一周时，汽车行驶了充气车轮周长的距离。在充气车轮中心处安装有传感器，可以把轮子在路面上滚动的距离变成电信号。

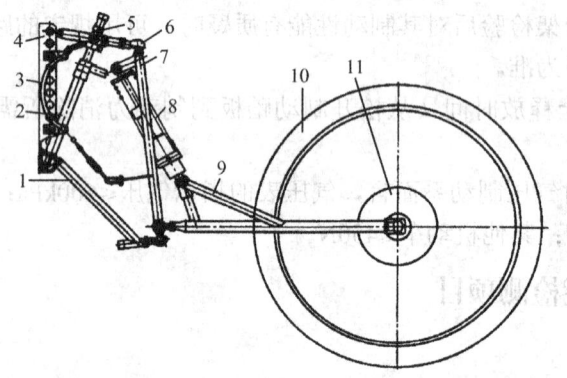

1—下臂；2—调节机构；3—固定板；4—上臂；5—手把；6—活节头；7—立架；
8—减振器；9—支架；10—充气车轮；11—传感器

图 5-9　第五轮仪的传感器部分

常用的传感器有光电式和磁电式两种类型。

光电式传感器是在轮子的中心一侧固定有圆形的光孔板，其上沿圆周均布有若干小孔，在小孔的两侧分别装有光源和光敏管。光源和光敏管固定在支架上。当轮子转动时，光孔板随之转动。每转过一个小孔，光源的光线穿过小孔照射光敏管一次，光敏管就产生一个电脉冲信号，并通过导线送入记录仪。国产 F15-3 型五轮仪使用的光孔板加工有 155 个小孔，轮子旋转一周传感器发出 155 个电信号。

磁电式传感器也安装在轮子的中心，由永磁环、线圈、内齿环、外齿盘和车轴等组成，并形成闭合磁回路。内齿环沿圆周加工有内齿，与充气车轮固装在一起。外齿盘沿圆周加工有外齿，与车轴固装在一起，车轴固装在支架上，工作中不转动。当轮子旋转时，内齿环围绕外齿盘转动，二者之间的间隙发生变化，于是闭合磁路的磁阻发生变化，通过线圈的磁通量发生变化，线圈两端则输出类似正弦波的电信号。国产 WLY-5 型微机五轮仪使用的外齿盘上加工有 176 个齿，当轮子旋转一周时，传感器发出 176 个电信号。轮子周长为 1760nm，随轮胎充气压力的变化而变化。

（2）记录仪部分。

记录仪部分的作用是把传感器送来的电信号和内部产生的时间信号，进行控制、计数并计算出车速，然后指示出来。电子式记录仪，如 PT5-3 型五轮仪的记录仪，是由测距、测时、测速、音响和稳压等部分组成的，整机各元件均安装在一个金属盒子内，从传感器送来的电信号，经整形电路整形成矩形脉冲后通过控制器。其中一路送入测距电路进行测距计数，再经数据选择器及译码器由荧光数码管直接显示汽车的行驶距离；另一路送入车速计数电路，通过时标电路以 0.36s 瞬时车速值通过寄存器、译码器，由另一组数码管直接显示汽车的行驶速度。测时则是把从石英谐振器经分频电路取出的 1kHz 频率，通过控制器送入测时计数器进行以 ms 为单位的测时计数，并通过数据选择器、译码器由荧光数码管直接显示汽车的行驶时间。制动系反应时间的检测是通过一个传感器——附有磁钢的摆锤完成的。当车辆制动时，从驾驶员的脚踩上制动踏板（脚踏开关的触点闭合）时开始时间计数，到车辆刚出现减速度，摆锤因惯性作用向前摆动时，干簧管受摆锤磁钢影响闭合后送出闭合信号，数码管立即停止时间显示，因而测出了制动系的反应时间。

  套在制动踏板上的脚踏开关，当驾驶员踩制动踏板时闭合，通过导线输入记录仪作为测量制动距离、制动系反应时间和制动全过程时间等的开始信号。

### 2. 反力式滚筒制动检测台

  反力式滚筒制动检验台的结构简图如图 5-10 所示。它由结构完全相同的左、右两套对称的车轮制动力测试单元和一套指示、控制装置组成。每一套车轮制动力测试单元由框架（多数试验台将左、右测试单元的框架制成一体）、驱动装置、滚筒组、举升装置、测量装置等构成。

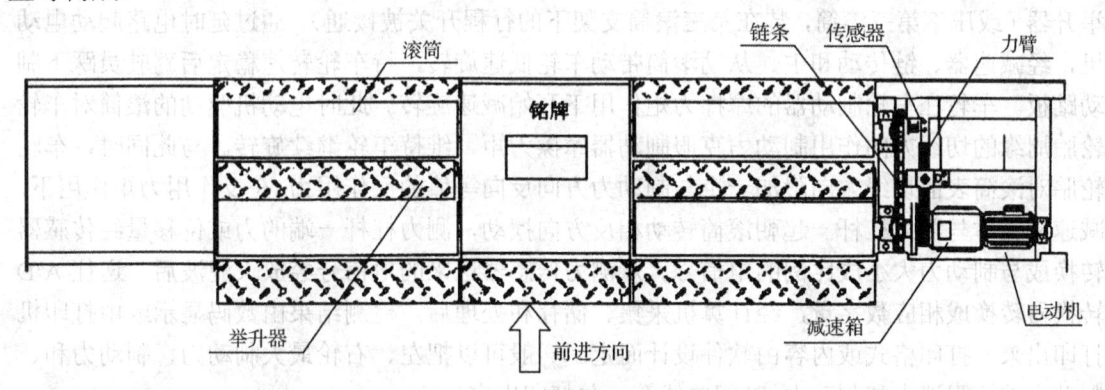

图 5-10 反力式滚筒制动检验台的结构简图

  驱动装置由电动机、减速器和链传动组成。电动机经过减速器减速后驱动主动滚筒，主动滚筒通过链传动带动从动滚筒旋转。减速器输出轴与主动滚筒同轴连接或通过链条、皮带连接，减速器壳体为浮动连接（可绕主动滚筒轴自由摆动）。减速器的作用是减速增扭，其减速比根据电动机的转速和滚筒测试转速确定。由于测试车速低，滚筒转速也较低，一般在 40～100r/min。因此，要求减速器减速比较大，一般采用两级齿轮减速或一级蜗轮蜗杆减速与一级齿轮减速。

  每一车轮制动力测试单元设置一对主、从动滚筒。每个滚筒的两端分别用滚筒轴承与轴承座支承在框架上，且保持两滚筒轴线平行。滚筒相当于一个活动的路面，用来支承被检车辆的车轮，并承受和传递制动力。汽车轮胎与滚筒间的附着系数将直接影响制动检验台所能测得的制动力大小。为了增大滚筒与轮胎间的附着系数，滚筒表面都进行了相应加工与处理，目前采用较多的有开有纵向浅槽的金属滚筒，表面粘有熔烧铝矾土砂粒的金属滚筒，表面具有嵌砂喷焊层的金属滚筒、喷焊层材料选用 NiCrBSi 自熔性合金粉末及钢砂、高硅合金铸铁的滚筒，表面带有特殊水泥覆盖层的滚筒。

滚筒直径与两滚筒间中心距的大小，对检验台的性能有较大影响。滚筒直径增大有利于改善与车轮之间的附着情况，增加测试车速，使检测过程更接近实际制动状况。但必须相应增加驱动电机的功率。而且随着滚筒直径增大，两滚筒间中心距也需相应增大，才能保证合适的安置角。这样使检验台的结构尺寸相应增大，制造要求提高。依据实际检测的需要，推荐使用直径为 245mm 左右的制动台。

制动力测试装置主要由测力杠杆和传感器组成。测力杠杆一端与传感器连接，另一端与减速器壳体连接，被测车轮制动时测力杠杆与减速器壳体将一起绕主动滚筒（或绕减速器输出轴、电动机枢轴）轴线摆动。传感器将测力杠杆传来的、与制动力成比例的力（或位移）转变成电信号输送到指示、控制装置。传感器有应变测力式、自整角电机式、电位计式、差动变压器式等多种类型。早期的日式制动试验台多采用自整角电机式测量装置，而欧式以及近期国产制动检验台多用应变测力式传感器。

为了便于汽车出入制动检验台，在主、从动两滚筒之间设置有举升装置。该装置通常由举升器、举升平板和控制开关等组成。举升器常用的有气压式、电动螺旋式、液压式 3 种类型。目前制动试验台控制装置大多数采用电子式。为提高自动化与智能化程度，有的控制装置中配置计算机。指示装置有指针式和数字显示式两种。带计算机的控制装置多配置数字显示器，但也有配置指针式指示仪表的。

进行车轮制动力检测时，被检汽车驶上制动试验台，车轮置于主、从动滚筒之间，放下举升器（或压下第三滚筒，装在第三滚筒支架下的行程开关被接通）。通过延时电路起动电动机，经减速器、链传动和主、从动滚筒带动车轮低速旋转，待车轮转速稳定后驾驶员踩下制动踏板。车轮在车轮制动器的摩擦力矩作用下开始减速旋转。此时电动机驱动的滚筒对车轮轮胎周缘的切线方向作用制动力克服制动器摩擦力矩，维持车轮继续旋转。与此同时，车轮轮胎对滚筒表面切线方向附加一个与制动力方向反向等值的反作用力，在反作用力矩作用下，减速机壳体与测力杠杆一起朝滚筒转动相反方向摆动，测力杠杆一端的力或位移量经传感器转换成与制动力大小成比例的电信号。从测力传感器送来的电信号经放大滤波后，送往 A/D 转换器转换成相应数字量，经计算机采集、储存和处理后，检测结果由数码显示或由打印机打印出来。打印格式或内容由软件设计而定。一般可以把左、右轮最大制动力、制动力和、制动力差、阻滞力和制动力-时间曲线等一并打印出来。

由于制动力检测技术条件要求是以轴制动力占轴荷的百分比来评判的，对总质量不同的汽车来说是比较客观的标准。因此，除了设置制动检验台外，还必须配置轴重计或轮重仪，有些复合式滚筒制动试验台装有轴重测量装置。

GB 7528—2017《机动车安全运行技术条件》中定义制动协调时间以驾驶员踩下制动踏板的瞬间作为起始计时点，因此，在制动测试过程中必须由驾驶员通过套装在汽车制动踏板上的脚踏开关向试验台指示、控制装置发出一个"开关"信号，开始时间计数，直至制动力与轴荷之比达到标准规定值的 75%时瞬间为止。这段时间历程即为制动协调时间，通常可以通过检验台的计算机执行相应程序来实现。

目前，采用的反力式滚筒制动检验台对具有防抱死（ABS）系统的汽车制动系的制动性能还无法进行准确的测试。主要原因是这些试验台的测试车速较低，一般不超过 5km/h，而现代防抱死系统均在车速 20km/h 以上才起作用，所以在上述试验台上检测车轮制动力时，车辆的防抱死系统不起作用，只能相当于对普通的液压制动系统的检测过程。

### 5.4.4 制动性能检测方法

**1. 路试制动性能检测方法**

路试制动性能检测应在符合道路试验条件的道路上进行。试验路面应为平坦（坡度不超过1%）、干燥和清洁的水泥或沥青路面。轮胎与路面之间的附着系数不小于0.7，风速不大于5m/s。

在试验路面上应画出与标准中规定的制动稳定性要求相应宽度试车道的边线。被测车辆沿着试验车道的中线行驶至高于规定的初速度后，置变速器于空挡。当滑行到规定的初速度时，急踩制动踏板，使车辆停住。

用速度计、第五轮仪或用其他测试方法测量车辆的制动距离。

用速度计、制动减速度仪或用其他测试方法测量车辆充分发出的平均减速度（MFDD）与制动协调时间。充分发出的平均减速度可以在测得相关参数后用以下公式进行计算：

$$\text{MFDD} = \frac{u_b^2 - u_e^2}{25.92(S_e - S_b)} \tag{5-18}$$

式中，MFDD——充分发出的平均减速度，单位为 $m/s^2$；

$u_b$ ——$0.8u_0$，试验车速，km/h；

$u_e$ ——$0.1u_0$，试验车速，km/h；

$S_b$ ——试验车速从 $u_0$ 到 $u_b$ 之间车辆行驶的距离，m；

$S_e$ ——试验车速从 $u_0$ 到 $u_e$ 之间车辆行驶的距离，m。

**2. 台试制动性能检测方法**

台试法检测制动性能不受外界条件的限制，重复性较好，能定量测得各轮的制动全过程，有利于分析前、后轴制动力的分配及每轴制动力的平衡状态、制动协调时间等参数，给故障诊断提供可靠依据。所以台试法已成为汽车诊断与检验的发展方向，在国内外获得了广泛应用，但台试法需要大型设备与厂房，需要检测车辆各轮的制动力，每轴左、右轮在制动力增长全过程中的制动力差，制动协调时间，车轮阻滞力和驻车制动力等参数值，并记录车轮是否抱死。

下面以反力式滚筒制动试验台为例说明台式制动性能检测方法。

（1）检验前仪器及车辆准备：检验台滚筒表面清洁，无异物及油污，仪表清零；车辆轮胎气压、花纹深度符合标准规定，胎面清洁；将踏板力计装到制动踏板上。

（2）检验程序：车辆正直居中驶入，将被测轮停放在制动台前后滚筒间，变速器置于空挡；降下举升器、起动电动机2s后，保持一定采样时间（5s），测得阻滞力；检验员在显示屏提示踩制动踏板后，缓踩制动踏板到底后松开，测得左、右轮制动增长全过程数值；若检验驻车制动，则拉紧驻车制动操纵装置，测得驻车制动力数值；电动机停转，举升器升起，被测轮驶离。按以上程序依此测试其他车轴；卸下踏板力计，车辆驶离。

（3）注意事项：车辆进入检验台时，轮胎不得夹有泥、砂等杂物，除驾驶员外不得有其他乘员；测制动时不得转动转向盘；在制动检验时，车轮如在滚筒上抱死，制动力未达到要求时，可换用路试或其他方法检验。

## 任务 5.5　实训：汽车制动力的检测

### 5.5.1　实训目的与要求

（1）熟悉汽车制动力的检测方法。
（2）了解反力式制动试验台的结构和工作原理。
（3）能定量检测各车轮的制动力，根据国家标准来评价其制动效能。

### 5.5.2　实训设备与器材

（1）被测试车辆：一辆。
（2）反力式制动试验台（FZ-10B）：一台。
（3）轴重仪：一台。
（4）空气压缩机：一台。
（5）轮胎气压表：一个。

### 5.5.3　检测前的准备

**1．对车辆的准备**

（1）检查轮胎气压，使之符合厂家规定值。
（2）轮胎沾有油污、水渍或轮胎花纹沟槽内嵌有小石子时，要清除干净。
（3）汽车轴荷（10t 以上）不允许超过试验台允许载荷。

**2．对试验台的准备**

（1）打开电源开关预热至规定时间（15 分钟以上）。
（2）检查显示装置，使之复位在零点上。
（3）检查滚筒上是否沾有油泥、石子等各种杂物。若有，清除干净。
（4）检查举升器的举升运动是否自如，有无漏气现象。若有，应修理。

### 5.5.4　测量方法

（1）将举升器升起。
（2）将汽车垂直驶上轴重台，将前轮放置在轴重仪上称出前轴轴重，并记录下来。
（3）然后驶上试验台，两轮分别停放在举升板上，待汽车停稳后，将变速杆置于空挡，行车和驻车制动器完全放松。
（4）降下举升器，使车轮与两滚筒完全接触，与举升平板完全脱离。
（5）起动电动机，使滚筒带动车轮转动。先测量制动器拖滞力，并将记录下来。
（6）踩下制动踏板，测出前轴两车轮制动力，并记录下来。
（7）这样重复测试，先测前轴制动器，再测后轴制动器，最后测驻车制动器，并要分别记录下来。
（8）测量完毕后，升起举升器，汽车驶出制动试验台。

### 5.5.5 检测结果及计算判断是否合格

**1．制动力和**

$$整车制动力=制动力总和/整车质量×100\%$$
$$前轴制动力=前轮（左+右）制动力和/前轴质量×100\%$$
$$后轴制动力=后轮（左+右）制动力和/后轴质量×100\%$$

**2．制动力差**

（1）当后轮制动力大于60%时：

$$前轴制动力差=前轮制动力（大者-小者）/前轮制动力大者×100\%$$
$$后轴制动力差=后轮制动力（大者-小者）/后轮制动力大者×100\%$$

（2）当后轮制动力小于60%时：

$$后轴制动力差=后轮制动力（大者-小者）/后轴质量×100\%$$

**3．驻车制动力**

$$驻车制动力=驻车制动力和/整车质量×100\%$$

**4．车轮拖滞（阻滞）力**

$$拖滞力=（左轮或右轮）拖滞（阻滞）力/轴荷×100\%$$

### 5.5.6 实训报告：汽车制动力的检测

汽车制动力的检测报告如表 5-3 所示。

表 5-3 汽车制动力的检测报告

| 实训仪器及设备 | | | | | | | |
|---|---|---|---|---|---|---|---|
| 检测日期 | | | 检测地点 | | | 检测类别 | |
| VIN 码 | | | | | | 牌照号 | |
| 发动机号 | | | 车类 | | | 送检单位 | |
| 底盘号 | | | 车型 | | | 驻车方式 | |
| 检测项目 | | | | 检测数据 | | | |
| 制动 | 轴荷/kg | 左/daN | 右/daN | 和/% | 差/% | 左轮阻滞力/daN % | 右轮阻滞力/daN % |
| 前制动 | | | | | | % | % |
| 后制动 | | | | | | % | % |
| 驻车制动 | | | | | | | |
| 结论 | | | | | | | |
| 成绩 | | | 指导教师 | | | 日期 | |

注：1daN（达牛）=10N（牛）。

## 思 考 题

1. 如何评价汽车的制动性？
2. 哪些因素会影响汽车的制动距离？
3. 对常见家庭用轿车的制动性能有哪些要求？
4. 有哪几种制动试验台？各有什么特点？
5. 试述汽车制动性能检测的步骤。
6. 制动性能台试检测项目有哪些？
7. 分析第五轮仪的作用。

# 项目6 汽车的操纵稳定性与检测

某客户到 4S 店进行车辆维修，并描述他的轿车行驶中容易跑偏，尤其是下雨天，有时需要紧握方向盘才能控制方向，要求给予维修。

要完成这个工作任务，首先要熟悉汽车转向系统的结构及工作原理，并知道汽车的转向特性，能对汽车的转向性能进行检测并对其特性进行评价。

汽车的操纵稳定性是指在驾驶者不感到过分紧张、疲劳的条件下，汽车能遵循驾驶者通过转向系及转向车轮给定的方向行驶，且当遭遇外界干扰时，汽车能抵抗干扰而保持稳定行驶的能力。

## 任务 6.1 汽车转向特性的评价

### 6.1.1 汽车的转向特性

汽车的等速圆周行驶，即汽车转向盘角阶跃输入下进入的稳态响应，是表征汽车操纵稳定性的一个重要的时域响应，一般也称它为汽车的稳态转向特性。汽车的稳态转向特性分为 3 种类型：不足转向、中性转向和过多转向，如图 6-1 所示。

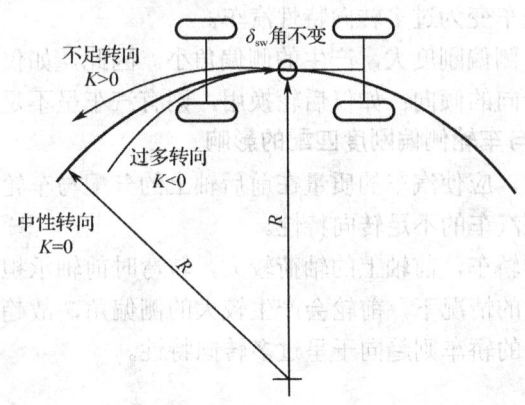

图 6-1 汽车的 3 种稳态转向特性

**1．不足转向**

在转向盘保持一固定转角 $\delta_{sw}$ 下，缓慢加速或以不同车速等速行驶时，随着车速的增加，不足转向汽车的转向半径 $R$ 增大。

**2．中性转向**

中性转向汽车的转向半径在车速增加过程中维持不变。

**3．过多转向**

过多转向汽车的转向半径随着车速的增加将越来越小。

操纵稳定性良好的汽车应具有适度的不足转向特性，特别是营运客车，依据我国交通运输行业标准 JT/T 1094—2016《营运客车安全技术条件》的规定，必须具有不足转向特性。一般汽车不应具有过多转向特性，也不应具有中性转向特性，因为中性转向特性汽车在使用条件变动时，有可能转变为过多转向特性。

### 6.1.2 汽车转向特性的影响因素

汽车只有具有适度的不足转向特性时才具有良好的操纵稳定性，影响汽车的转向特性就会使汽车失去良好的稳定性，其影响因素有以下几项。

#### 1．轮胎气压的影响

前轮气压低于规定值，会使汽车不足转向性增大，转向灵敏度即横摆角速度增益下降；而后轮气压过低，会使后轮的侧偏角加大，甚至使原来是不足转向性的汽车变为过多转向性汽车，对操纵稳定性造成严重不良影响。

#### 2．驱动形式的影响

转向时施加于轮胎上的切向力增加，轮胎的侧偏刚度将会下降，使产生的侧偏角增加。因此，后轮驱动的车辆，转向时施加驱动力，会使后轮侧偏角增加，有减少不足转向性向过多转向性转化的倾向；前轮驱动的汽车，转向时施加驱动力，会使前轮侧偏角增加，有增加不足转向性的作用。

#### 3．轮胎结构的影响

不同结构（帘布层数、扁平率等）、不同型式（子午线轮胎、普通斜交轮胎）的轮胎，侧偏刚度不同，可能使汽车具有过多转向特性。

子午线轮胎和普通斜交帘线轮胎在车上混合装用对汽车的操纵性有严重影响。子午线轮胎侧偏刚度大，若仅前轮改用子午线轮胎，可使前轮侧偏角减少，如果小于后轮侧偏角，可使原为不足转向特性的汽车变为过多转向特性汽车。

扁平率小的宽轮胎，侧偏刚度大，产生的侧偏角小。因此，如仅前轮换用扁平率小的轮胎，有使汽车产生过多转向的倾向；如仅后轮换用，则有汽车呈不足转向的倾向。

#### 4．汽车的质量分配与车轮侧偏刚度匹配的影响

在汽车设计及改装中，应使汽车的质量在前后轴上的分配与车轮的侧偏刚度相适应，使稳定性因数 $K>0$，以保证汽车的不足转向特性。

前置发动机前驱动的轿车，前轴上的轴荷较大，转弯时前轴承担的离心惯性力较大，在前、后车轮侧偏刚度相同的情况下，前轮会产生较大的侧偏角，故趋向于呈不足转向特性。反之，后置发动机后驱动的轿车则趋向于呈过多转向特性。

## 任务 6.2　汽车转向盘自由转动量和转向力的检测

转向盘自由转动量是指汽车转向轮保持直线行驶位置静止不动时，左右轻轻晃动转向盘测得的游动角度。转向盘的转向力是指在一定行驶条件下，作用在转向盘外缘的圆周力。这两个诊断参数主要用来诊断转向轴和转向系中各零件的配合状况。该配合状况直接影响到汽车的操纵稳定性和行车安全性，因此，对于在用车辆应对上述两项参数进行检测。

### 6.2.1　转向参数测量仪的结构和工作原理

转向参数测量仪是用于检测转向盘自由转动量和转向力的仪器。图6-2是国产 ZC-2 型的转向参数测量仪，该测量仪是以微机为核心的智能仪器，该仪器由操纵盘、主机箱、连接叉

和定位杆四部分组成。

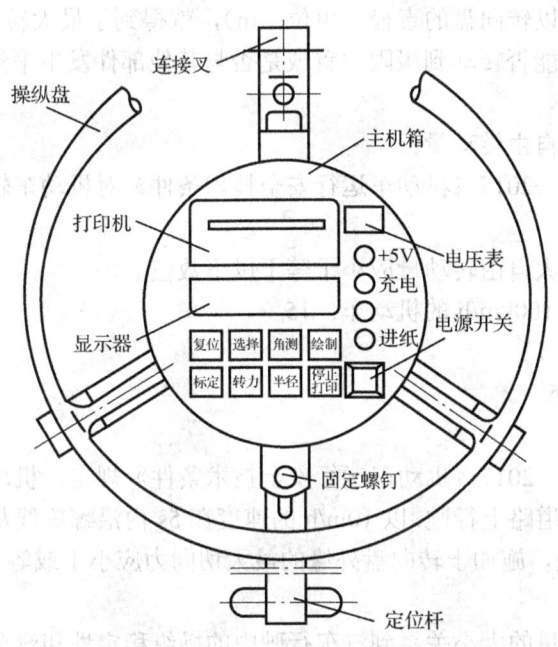

图 6-2 国产 ZC-2 型的转向参数测量仪

操纵盘由螺钉固定在三爪底板上，底板经力矩传感器与 3 个连接叉相连，每个连接叉上都有一只可伸缩长度的活动卡爪，以便与被测转向盘相连接。主机箱为一圆形结构，固定在底板中央，其内装有接口板、微机板、转角编码器、打印机、力矩传感器和电池等。定位杆从底板下伸出，经磁力座吸附在驾驶室内的仪表盘上。定位杆的内端连接有光电装置，光电装置装在主机箱内的下部。

测量时，把转向参数测量仪对准被测转向盘中心，调整好 3 个连接叉上伸缩卡爪的长度，与转向盘连接并固定好。转动操纵盘，转向力通过底板、力矩传感器、连接叉传递到被测转向盘上，使转向盘转动以实现汽车转向。此时，力矩传感器将转向力矩转变成电信号，而定位杆内端连接的光电装置则将转角的变化转变成电信号。这两种电信号由微机自动完成数据采集、转角编码、运算、分析、存储、显示和打印。因此，使用该测量仪既可测得转向盘的转向力，又可测得转向盘的自由转动量。

### 6.2.2 转向参数测量仪的使用方法

**1. 转向盘自由转动量的检测方法**

（1）测量时，应使汽车的两转向轮处于回正状态将车停稳，固定转向参数测量仪。
（2）调整转向参数测量仪的角度和扭矩的零点。
（3）轻轻向左（或向右）转动转向参数测量仪的操纵盘至某一侧的极限位置（刚克服完自由间隙时的位置），记录角度值，再旋转至另一侧的极限位置，记录角度值，两个角度值的绝对值之和就是转向盘的自由转动量。

**2. 转向力的检测方法**

（1）将汽车转向轮置于转角盘上，安装、固定好转向参数测量仪。
（2）调整转向参数测量仪的角度和转矩的零点。

（3）转动转向参数测量仪的操纵盘使转向轮达到原厂规定的最大转角，记录全过程中转向力矩的最大值，再除以转向盘的直径（单位：m），就得到了最大转向力。

检测时，注意车轮能否转动到极限位置或是否与其他部件发生干涉现象。

3．检测标准

（1）转向盘的最大自由转动量。

国家标准 GB 7258—2017《机动车运行安全技术条件》对机动车转向盘的最大自由转动量的规定如下。

机动车转向盘的最大自由转动量应小于等于以下数值。

① 最大设计车速≥100km/h 的机动车：15°。

② 三轮汽车：35°。

③ 其他机动车：25°。

（2）转向力。

国家标准 GB 7258—2017《机动车运行安全技术条件》规定：机动车在平坦、硬实、干燥和清洁的水泥或沥青道路上行驶，以 10m/h 的速度在 5s 内沿螺旋线从直线行驶过渡到外圆直径为 25m 的圆周行驶，施加于转向盘外缘的最大切向力应小于或等于 245N。

4．检测结果分析

转向盘的自由转动量的大小关系到汽车行驶中的操纵稳定性和汽车的安全性，同时也影响驾驶员的劳动强度。自由行程过大，造成行驶中操纵动力性下降，驾驶员劳动强度加大，紧急情况下汽车安全性明显下降；自由行程过小，行驶中驾驶员必须高度集中注意力，容易造成驾驶员疲劳，同时也会造成过小转向特性，形成"激转"，影响汽车的安全性。

转向盘自由转动量超标主要有以下几个方面的原因：转向盘与转向轴的连接松旷；转向器内主、从动啮合部位松旷或主、从动部分的轴承松旷；纵、横转向拉杆的球头连接松旷；纵、横转向拉杆臂与转向节的连接松旷；转向节与主销配合松旷。

转向盘的转动阻力是评价转向盘转动是否灵活、轻便的量化指标。转动阻力大，会增加驾驶员的劳动强度和影响行车安全。汽车在行驶中驾驶员向左（右）转动转向盘时，就会感到沉重费力无回正感；汽车低速转弯或掉头时，转动转向盘就更加费力。

转向盘转动阻力超标主要有以下几个方面的原因：轮胎气压不足；转向器主动部分轴承预紧力太大或从动部分与衬套配合太紧；转向器主、从动部分啮合调整太紧；转向器无油或缺油；转向节与主销配合太紧或缺油；纵、横转向拉杆的球头连接调整太紧或缺油；与转向盘连接的转向轴弯曲或其套管凹瘪，造成刮碰。

汽车的行驶跑偏与汽车的四轮定位有很大关系，在实际中，常常用侧滑检测来检测汽车前轮的有关定位参数。

## 任务 6.3　汽车侧滑检测

### 6.3.1　汽车侧滑的产生及其影响

侧滑一般是指车轮在前进过程中的横向滑移现象。造成侧滑的原因，既可能是车轮定位（车轮各个角度参数）不合适，也可能是紧急制动时车轮"抱死"。这里仅讨论由于前轮定位不当导致的侧滑问题。

一般前轮是汽车的转向轮,为了保证汽车具有良好的操纵稳定性,前轮所在平面及主销轴线总是设计成与汽车的纵向或横向铅垂面成一定角度。这些角度参数包括主销内倾角、主销后倾角、前轮外倾角和前轮前束,合称前轮定位参数。

前轮外倾角如图6-3所示。其作用一方面是为了避免汽车承重后,前梁变形引起前轮出现内倾,从而加速轮胎的磨损和加大轮毂外侧轴承负荷。同时,有了外倾角也可以适应拱形路面。

车轮有了外倾角以后,在滚动时,就会类似于圆锥的滚动,出现两个车轮企图向各自的外侧滚开的趋势。由于受到横直拉杆和车桥的约束不可能向外滚开,于是车轮将在地面上出现边滚边滑(向内)的现象,从而增加了轮胎磨损。

为了消除前轮外倾带来的不良后果,在安装前轮时,人为地使两轮中心平面不平行。在沿前进方向上,两轮前端距离小于后端距离。如图6-4所示,$A$与$B$之差就称为前束值。

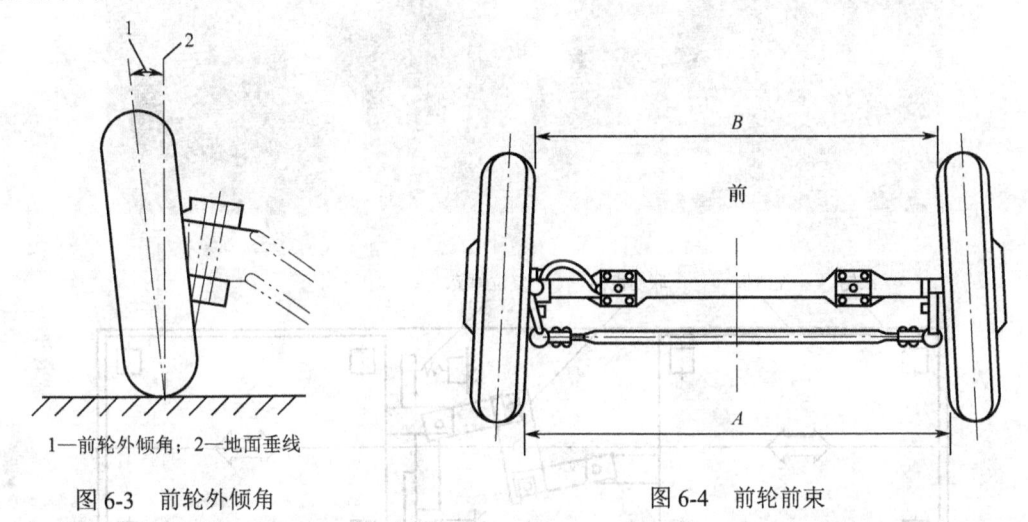

1—前轮外倾角;2—地面垂线

图6-3 前轮外倾角

图6-4 前轮前束

由于前束的作用,车轮在前进时,两轮力图向内侧滚动。同样,由于机械上的约束,车轮不可能向内侧滚动,这就又出现了车轮边滚动边向外滑的现象(或存在这种倾向)。

为保证汽车转向轮无横向滑移的直线滚动,要求车轮外倾角和车轮前束有适当配合。当车轮前束值与车轮外倾角匹配不当时,车轮就可能在直线行驶过程中不做纯滚动,产生侧向滑移现象。当侧滑量太大时,会引起汽车行驶方向不稳、转向沉重、增加轮胎磨损、加大燃油消耗,甚至会导致交通事故。因此,在对汽车的定期检验中,侧滑检测是必不可少的检验项目之一。

### 6.3.2 双板联动式侧滑检验台的结构

侧滑检验台是使汽车在滑动板上驶过时,用测量滑动板左右移动量的方法来测量前轮侧滑量的大小和方向,并判断是否合格的一种检测设备。目前,国内侧滑检验台有单板侧滑检验台和双板联动式侧滑检验台,这里以双板联动式侧滑检验台为例进行介绍。

侧滑检验台主要包括机械和电气两大部分。机械部分主要有滑板、联动机构,以及滚轮、弹簧等,电气部分主要有传感器、信号放大处理电路及指示仪表等。侧滑检验台的种类较多,不过其机械部分大同小异,主要差别在于电气仪表部分。

1. 机械部分

机械部分的结构原理如图 6-5 所示。两块滑板分别支承在各自的 4 个滚轮上,每块滑板通过与其连接的导向轴承(图中未画出)在导轨内滚动,保证了滑板能够沿左右方向滑动而限制了其纵向的运动。左右滑板通过中间的三连杆机构连接起来,从而保证两块滑板作同时向内或同时向外的运动。相应的位移量通过位移传感器转换成电信号,经放大处理后送到指示仪表。

复位弹簧可以起到自动复位的作用,以使滑板在不受力时能够保持中间位置(零位)。

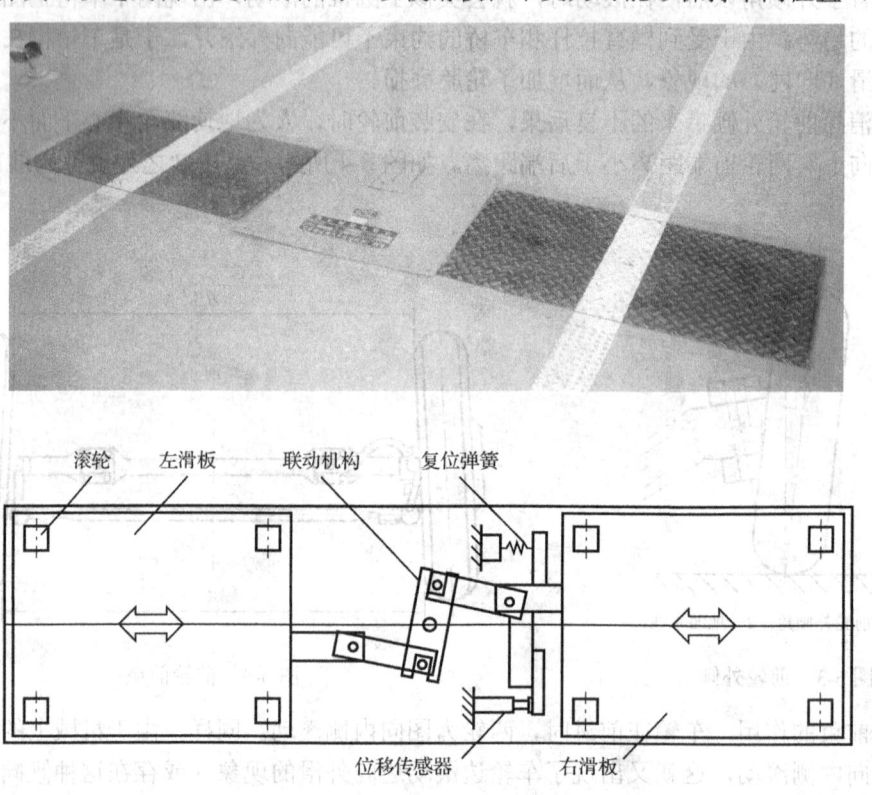

图 6-5 双滑板式侧滑检验台的结构示意图

2. 电气部分

电气部分按传感器的种类不同而有所区别。目前常用的位移传感器有电位计式和差动变压器式两种。

(1)电位计式测量装置。

电位计式测量装置的原理非常简单,将一个可调电阻安装在侧滑检验台底座上,其活动触点通过传动机构与滑板相连,电位计两端输入一个固定电压(如 5V),中间触点随着滑板的内外移动也发生变化,输出电压也随之在 0~5V 变化,把 2.5V 左右的位置作为侧滑检验台的零点,如果滑板向外移动,输出电压大于 2.5V,达到外侧极限位置输出电压为 5V。滑板向内移动,输出电压小于 2.5V,达到内侧极限输出电压为 0V。这样仪表就可以通过 A/D 转换将侧滑传感器电压转换成数字量,并送入单片机处理,得出侧滑量的大小。

(2)差动变压器式测量装置。

原理与电位计式类似,只是电位计式输出一个正电压信号,而差动变压器式输出的是正负两种信号。把电压为 0 时的位置作为零点。滑板向外移动输出一个大于 0V 的正电压,向内移动输出一个小于 0V 的负电压。同样，仪表就可以通过 A/D 转换将侧滑传感器电压转换成数字量，并送入单片机处理，得出侧滑量的大小。

（3）指示仪表。

指示仪表可大致分为指针式和数字式两类。前述自整角机式测量装置一般连接指针仪表，而差动变压器式则多连接数字式仪表。目前检测站较普遍使用的是数字式仪表。数字式仪表多为智能化仪表，实际上它往往就是一个单片机系统，因而具有较强的功能。不过指针式仪表也有它的优点，就是结构简单、维修方便，并且很直观。目前两类仪表都在使用。

（4）释放板的作用。

GB 21861—2014《机动车安全检验项目与方法》要求侧滑检验台具有车轮应力释放功能。车轮在驶入侧滑检验台前，由于车轮侧滑量的作用，车轮与地面间接触产生的横向应力迫使车轮产生变形，在驶上侧滑板的瞬间将迅速释放并引起滑板移动量大于实际侧滑量引起的位移；在驶出滑板的瞬间已接触地面部分的轮胎将积聚应力阻碍滑板移动，从而使滑板位移量小于实际值。

因此，近来陆续出现了前后带应力释放板的侧滑检验台，以保证车轮通过中间滑板（带侧滑量检测传感器）时能得以准确测量。因进车时的应力释放对侧滑测量造成的影响比出车时大得多，考虑到成本因素，目前在进车方向带释放板的侧滑检验台较多。

### 6.3.3 双板联动式侧滑检验台的测量原理

**1. 由前束引起的侧滑作用**

如图 6-6 所示，让带有前束的前轮驶过只能横向移动的滑板。由于前束的存在，每个车轮都将一边滚动、一边向外侧推动滑板。滑板被横向推动的距离应该既与前束的大小有关，又与车轮走过的距离有关。若在车轮滚过一段距离 $D$ 之后，两块滑板外侧之间的距离由 $L_1$ 变为 $L_2$，那么滑板总的滑移量是 $L_2-L_1$，其中 $L_2>L_1$。平均每个车轮的滑移量就是 $(L_2-L_1)/2$。

应该指出，滑移量的出现是左、右两个车轮共同作用的结果。不论两轮的偏斜情况是否对称，都不会影响以上的分析。

由于滑移量的大小与车轮驶过的距离有关，因此定义侧滑量是每驶过单位距离引起的单轮横向滑移量，从而由前束引起的侧滑量为

$$S_1=(L_2-L_1)/2D \tag{6-1}$$

式中，$S_1$——每前进 1m 时横向滑移的距离，mm。

**2. 由前轮外倾引起的侧滑作用**

如图 6-7 所示，若让仅有前轮外倾而无前束的车轮驶过滑板，由于前轮外倾力图使车轮边滚边散开的作用受到约束，前轮只能边滚边向内侧滑移，从而推动滑板向内侧移动。

与前面的分析相似，若车轮驶过距离为 $D$，滑板外侧间的距离由 $L_1$ 缩短为 $L_2$，那么滑板总的滑移量是 $L_2-L_1$，注意其中 $L_2<L_1$。平均单边的滑移量仍是 $(L_2-L_1)/2$。则前轮外倾引起的侧滑量为：$S_2=(L_2-L_1)/2D$，其中为 $S_2$ 负值。

**3. 总的侧滑量**

由前轮外倾和前束引起的侧滑作用相反，总的侧滑量为

$$S=S_1+S_2=d/D \tag{6-2}$$

式中，$d$——滑板单边滑移量，mm；

$D$——滑板沿前进方向的宽度，m。

由于 $S_1$ 为正而 $S_2$ 为负，故总的侧滑量为二者的代数和。

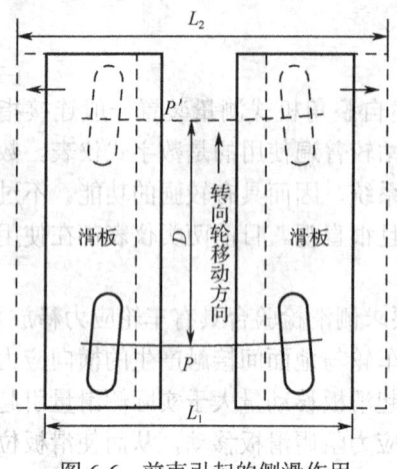

图 6-6　前束引起的侧滑作用

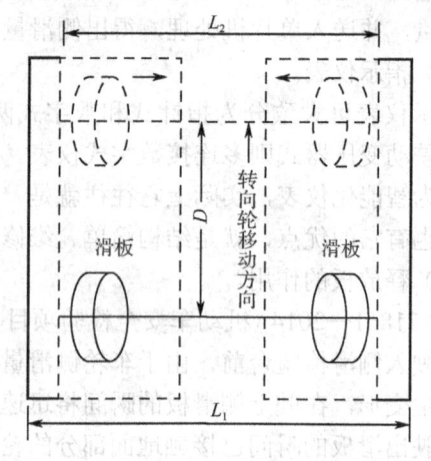

图 6-7　前轮外倾引起的侧滑作用

**注意：**

（1）侧滑现象是左、右两个车轮共同造成的，侧滑量规定为每个轮侧滑量的平均值。

（2）侧滑量是有符号的。滑板向外滑时为正，表示前束的影响较大；反之，若滑板向内滑则为负，表示前轮外倾的影响较大。

### 6.3.4　侧滑检验台的操作

#### 1. 使用前的准备

（1）对于指针式仪表，要预先检查机械零点再接通电源；对于数字式仪表，要按说明书的要求进行通电预热。

（2）接通电源后，将滑板左右推动几下，待滑板静止后，检查滑板是否完全复位，看仪表指示是否为零。

（3）汽车轮胎保持标准气压。

（4）检查汽车轴重，不要超过侧滑检验台的承载能力。

#### 2. 测量步骤

（1）将车辆对正侧滑检验台，并使转向盘处于正中位置。

（2）使车辆沿侧滑检验台板上的指示线以 3~5km/h 的车速平稳驶过侧滑检验台。在行进过程中，不得转动转向盘，也不得进行制动。

（3）待车辆完全通过侧滑检验台后，读取仪表指示的最大值。注意侧滑量的正负号。数值为正时，表示滑板向外侧滑动，车轮向内侧滑动（IN）；数值为负时，表示滑板向内侧滑动，车轮向外侧滑动（OUT）。

#### 3. 使用维护注意事项

（1）车辆通过侧滑检验台时，不得转动转向盘。

（2）不得在侧滑检验台上制动或停车。

（3）勿使轴荷超过侧滑检验台允许载荷的汽车驶到侧滑检验台上，以防压坏机件或压弯滑动板。

（4）不要在侧滑检验台上进行车辆修理维护工作。

（5）清洁时，不要将水或泥土带入侧滑检验台。应保持侧滑检验台滑板下部的清洁，防止锈蚀或阻滞。

侧滑检验台长期使用后，由于零件磨损等原因会造成精度下降。为保证测量精度，必须对侧滑检验台进行定期检定调整。检定调整工作按有关国家标准进行。

### 6.3.5 侧滑检验台的维护和调整

#### 1. 侧滑检验台的维护内容

（1）使用前清除侧滑检验台的盖板，滑板上的油水、泥、砂等杂物，检查活动滑板的运动是否灵活。

（2）每月检查连杆机构的工作状态，各接触部位不得有移动和窜动等不良现象。

（3）当不检测时，应将滑板锁止待测试时再打开。

（4）每3个月检查测量机构的杠杆及回位情况，如果杠杆动作不够灵活，需进行清洁与润滑工作，调整复位弹簧拉力。

（5）每6个月检查滑动板下面的滚轮、轨道并清洁泥污，紧固润滑。维护方法为拆下滑板，用溶剂清除滚轮、轨道等处的旧油，再涂上新润滑油。对磨损严重的滚轮、导向轴轨道等可据情更换。

#### 2. 侧滑检验台的调整内容

（1）调整仪表零点。侧滑检验台显示仪表依据仪表类型可分为两种调整零点形式。

① 电零位调整：利用仪表上的零点调整电位器，改变电阻值的大小进行调整。

② 机械零位调整：当电零位调整仍无法将仪表指针调零时，可通过机械的方法调整。如改变传感器的安装位置，改变滑臂转动角度（对于旋转电位器）或调整复位弹簧预紧力（对机械指针式显示仪表）等。

（2）调整示值。当侧滑检验台左、右滑动板的示值偏大或偏小时，可通过仪表板上的增益电位器进行调整。有些侧滑检验台的仪表板上设有两只调整增益用的电位器，对滑动板的向外（IN）和向内（OUT）可分别进行调整。

（3）调整报警判定点。有些仪表板上有电位器调整点，通过它可以方便地进行调整。当无此电位器调整点时，可用机械调整方法来解决。数字式仪表无须调整，由示值精度予以保证。

（4）调整动作力。可以通过调整复位弹簧的预紧力解决或更换复位弹簧。在测定滑动板动作力时，常可发现在滑动板移动过程中，动作力不均匀，当滑动板移到某一点时，动作会突然增加。其主要原因是滑动板卡滞。

### 6.3.6 侧滑检测的标准

按国家标准 GB 7258—2017《机动车运行安全技术条件》的规定，用侧滑检验台检测前轮侧滑量，其值应在±5m/km 之间。

## 任务6.4 汽车转向轮定位参数分析

转向轮的定位参数有前轮前束、前轮外倾角、主销后倾角、主销内倾角、后轮前束、后轮外倾角、轮距、轴距、推力角和左右轴距差等。下面对几个主要的参数进行分析。

### 6.4.1 外倾角的分析

**1. 定义**

外倾角就是从汽车的前方看轮胎的几何中心线与地面的铅垂线的夹角。轮胎的上缘片内侧（靠近发动机）或偏向外侧（偏离发动机），轮胎中心线与铅垂线重合时为零外倾角，轮胎中心线与铅垂线外侧时的夹角为正外倾角，轮胎中心线在铅垂线内侧时的夹角为负外倾角，如图6-8所示。

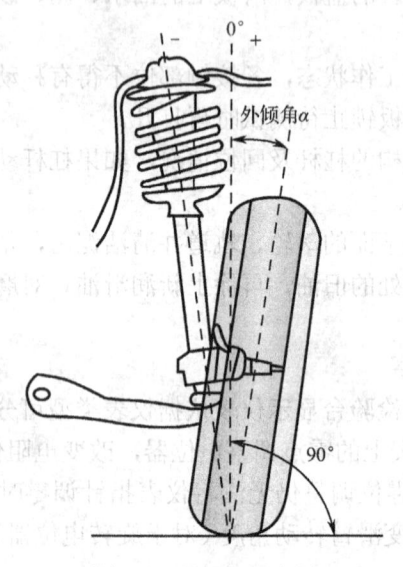

图6-8 外倾角示意图

**2. 作用**

调整车辆负载作用于轮胎的中心，消除跑偏，减少轮胎磨损。

**3. 影响**

正外倾角太大时，轮胎外侧单边磨损，悬挂系统零件磨损加速，车辆会朝着正外倾角较大的一侧跑偏。

负外倾角太大时，轮胎内侧单边磨损，悬挂系统零件磨损加速，车辆会朝着外倾角较小的一侧跑偏。

### 6.4.2 前束角的分析

**1. 定义**

从车辆的前方看，于两轮轴高度相同处测量左、右轮胎中心线之间的距离，车轮前端距离与后端距离的差值称为前束角，如图6-9所示。前端距离大于后端距离为负前束，反之为正前束，相等为零前束。

**2. 作用**

前束角的作用是消除因为车轮外倾角而产生的轮胎磨损与滚动摩擦。

**3. 影响**

轮胎外（内）侧磨损会有正（负）外倾角太大所形成的磨损形态，胎纹磨损形式为羽毛状。当用手从内侧向外侧抚摸时，胎纹外缘有锐利的刺手感觉。

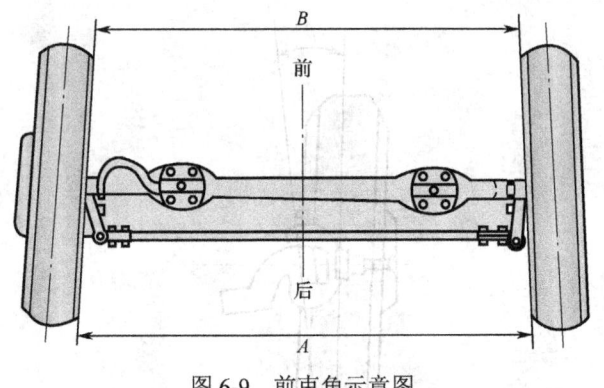

图 6-9 前束角示意图

### 6.4.3 主销后倾角的分析

1. 定义

主销后倾角就是上球头或支柱顶端与下球头的连线（转向时，车轮围绕其进行转向运动的转向轴）向前或向后倾斜的角度。向前倾斜为负主销后倾角，向后倾斜为正主销后倾角，如图 6-10 所示。

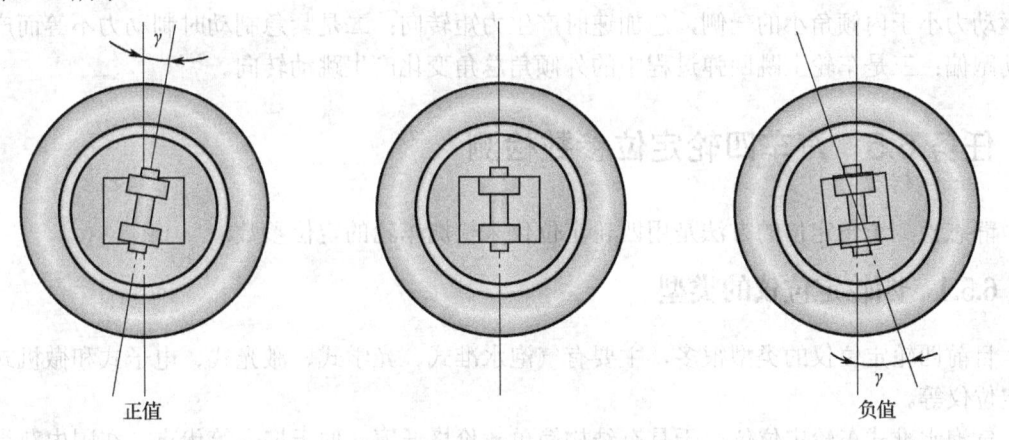

图 6-10 主销后倾角示意图

2. 作用

主销后倾角的作用是能产生自动回正力矩，使汽车能够保持直线行驶。

3. 影响

主销后倾角太小造成不稳定：转向后缺乏转向盘自动回正能力，车速高时发飘。主销后倾角不对称造成跑偏：左、右两轮的主销后倾角不对等超过 30′（0.5°）时车辆出现跑偏，跑偏方向朝向主销后倾角较小的一侧。

### 6.4.4 主销内倾角的分析

1. 定义

主销内倾角就是从车子的前方看，转向轴线与地面铅垂线所形成的角度，如图 6-11 所示。

2. 作用

转向轻便，操纵省力，使车轮自动回正，减少回跳和跑偏现象，改善车辆直线行驶的稳定性。

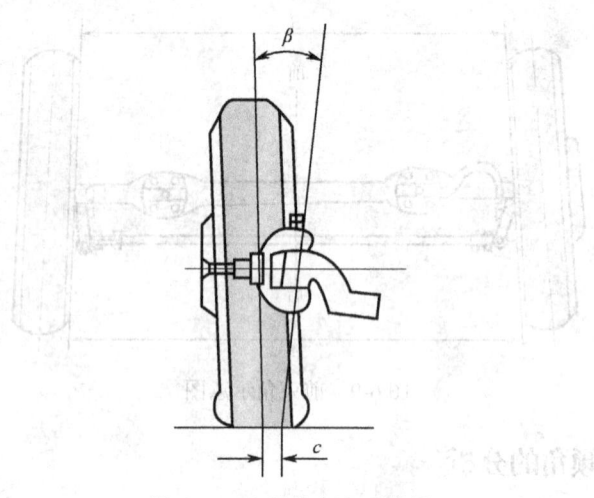

图 6-11 主销内倾角示意图

**3．影响**

主销内倾角大，回正作用强，但转向时费力；内倾角过小，回正作用小，轮胎易磨损；如果内倾角左右不等，则车辆容易倾斜，将会出现以下严重的操纵问题：一是内倾角大的一侧驱动力小于内倾角小的一侧，急加速时产生力矩转向；二是紧急制动时制动力不等而产生制动跑偏；三是车轮上跳回弹过程中的外倾角总角变化产生跳动转向。

## 任务 6.5　汽车四轮定位参数检测

静态检测车轮定位的方法是用四轮定位仪来检测车轮的定位参数。

### 6.5.1　四轮定位仪的类型

目前四轮定位仪的类型很多，主要有气泡水准式、光学式、激光式、电子式和微机式车轮定位仪等。

气泡水准式车轮定位仪由于具有结构简单、价格低廉、便于携带等优点，在国内获得广泛应用，但是有安装和测试费时、费力等缺点。

光学式车轮定位仪一般由转盘、支架、车轮镜和投光装置等组成。投光装置（由投光器和投影屏组成）也像水准仪一样安装在支架上，支架固定在轮辋上。该定位仪利用光学投影原理，将车轮纵向旋转平面与车轮定位的关系投影到带有指示刻度的投影屏上，从而测得车轮定位值。

激光式车轮定位仪的检测原理与光学式相同，只不过采用的是激光投影系统，因而在强烈的阳光下也能清楚地从投影屏读出测量数据。

电子式车轮定位仪则是在光学式和激光式的基础上，由投影屏刻度显示转变为显示屏数字显示。

微机式车轮定位仪比以上几种车轮定位仪先进，目前国内外生产的定位仪多以这种类型为主，且一般为四轮定位仪，可同时检测前、后轮的定位参数。微机式车轮定位仪由于采用微电脑技术和精密传感器测量技术，并具有完整齐全的配套附件，所以具有测量准确和操作简便等优点。它一般由微机主机、显示器、操作键盘、转盘、支架、打印机和遥控器等组成，往往制成可移动台式的。它安装在车轮上的传感器把车轮定位角的几何关系转变成电信号，送入微机分析判断，然后由显示屏显示和打印机打印输出。测试过程中，可通过操作全功能红外线遥控器，在汽车的任何位置实现远距离的测试控制。

### 6.5.2 四轮定位的检测原理

四轮定位仪可检测的项目包括车轮前束及前张角、车轮外倾角、主销后倾角、主销内倾角、转向 20°时的前张角、推力角和左右轴距差等，如图 6-12 所示。尽管四轮定位仪的类型多种多样，但它们的基本测量原理是一致的，只是采用的测量方法（或使用的传感器类型）及数据记录与传输的方式有所不同。

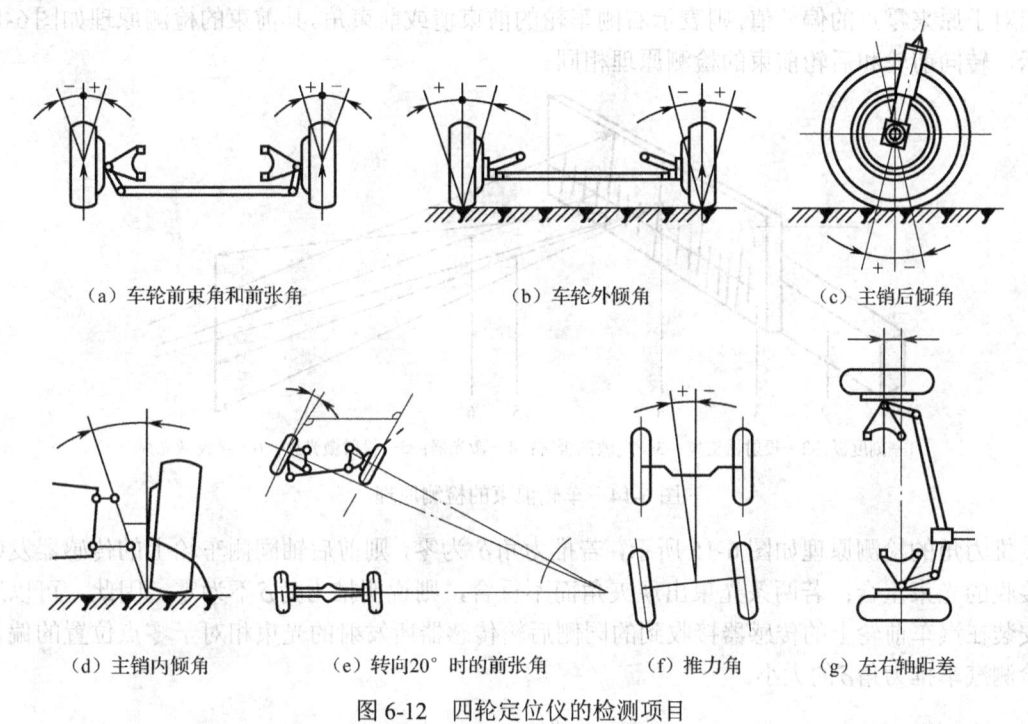

(a) 车轮前束角和前张角　　(b) 车轮外倾角　　(c) 主销后倾角

(d) 主销内倾角　　(e) 转向20°时的前张角　　(f) 推力角　　(g) 左右轴距差

图 6-12　四轮定位仪的检测项目

**1. 前束、轴距差、推力角的检测原理**

为提高测量精度，检测前，依四轮定位仪的类型常通过拉线或光线照射及反射灯方式形成一封闭的直角四边形，如图 6-13 所示。检测时，应将车体摆正并使车轮处于直线行驶位置，通过安装在车轮上的传感器进行前束、轴距差、推力角的检测。安装在车轮上的传感器有不同的类型，现以光敏三极管式传感器为例说明其检测原理。

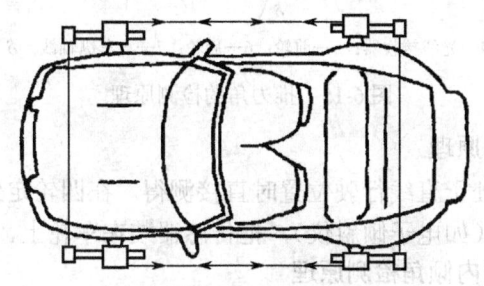

图 6-13　8 束光线形成封闭的四边形

安装在两前轮和两后轮上的光敏三极管式传感器（又称定位校正头）均有光线的接收和发射（或反射）功能，在传感器的受光平面上等距离地将光敏三极管排成一排，在不同位置上光敏三极管接收到光线照射时，其光敏管产生的电信号即可代表前束值（角）或左右轴距差或推力角的大小。

前束为零时，同一轴左、右车轮上的传感器发射（或反射）出的光束应重合。当检测出上述两条光束相互平行但不重合时，说明左、右两车轮不同轴，车轮发生了错位，依据光敏三极管发出的信息可测量出左、右轮的轴距差。

当左、右车轮存在前束时，在右轮传感器上接收到的位置会相对于原来的零点位置有一偏差，该偏差值即表示左侧车轮的前束值或前束角；同理，在左轮传感器上接收到的光束位置相对于原来零点的偏差值，则表示右侧车轮的前束值或前束角。其前束的检测原理如图6-14所示，转向前轮和后轮前束的检测原理相同。

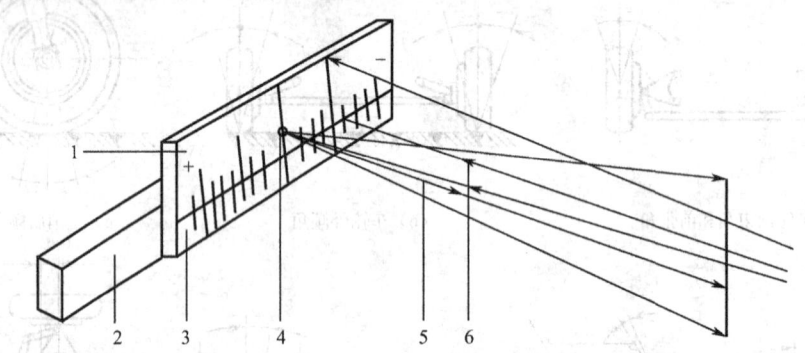

1—刻度板；2—投射器支臂；3—光敏三极管；4—激光器；5—投射激光束；6—接收激光束

图6-14 车轮前束的检测原理

推力角的检测原理如图6-15所示，若推力角$\delta$为零，则前后轴同侧车轮上的传感器发射或接收的光束重合；若两条光束出现夹角而不重合，则说明推力角$\delta$不为零。因此，可以通过安装在汽车前轮上的传感器接收到的同侧后轮传感器所发射的光束相对于零点位置的偏差值检测汽车推力角$\delta$的大小。

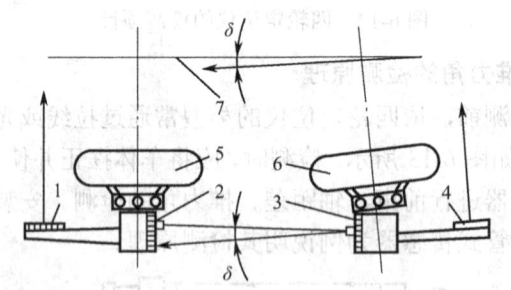

1、2、3、4—光线接收器；5—前轮；6—后轮；7—汽车纵轴线；$\delta$—推力角

图6-15 推力角的检测原理

### 2．车轮外倾角的检测原理

车轮外倾角可在车轮处于直线行驶位置时直接测得。在四轮定位仪上的传感器（定位校正头）内装有角度测量仪（如电子倾斜仪），把传感器装在车轮上，可直接测出车轮外倾角。

### 3．主销后倾角和主销内倾角检测原理

主销后倾角和主销内倾角不能直接测出，通常是利用转向轮转动时建立的几何关系进行

间接测量。主销后倾角可利用传感器内的角度测量仪，通过转向轮内转一定角度的和外转一定角度的两个位置时，测量转向轮平面倾角的变化量来间接测出。

主销内倾角可利用传感器的角度传感器，通过转向轮内转一定角度的和外转一定角度的两个位置时，测量转向节枢轴绕其轴线转动的角度来间接测出。

**4．转向20°时前张角的检测原理**

检测前张角时，使被检车辆转向轮停在转角仪的转盘中心处，车轮处于直线行驶位置，转动转向盘使右转向轮向右转20°后，读取左转向轮下转盘上的刻度值$\lambda_1$，则$20°-\lambda_1$即向右转向20°时的前张角；使左转向轮沿直线行驶方向向左转20°后，读取右转向轮下转盘上的刻度值$\lambda_2$，则$20°-\lambda_2$即向左转向20°时的前张角。

### 6.5.3 四轮定位仪的结构与原理

下面以天津澳利E-7000型四轮定位仪为例说明四轮定位仪的结构与工作原理。

**1．四轮定位仪的结构**

四轮定位仪整体配置包括四轮定位仪主机和机箱、传感器、外置接收卡、传感器卡具、传感器充电线、传感器变压器、前轮转角仪、转向盘固定器、刹车器、地线杆等。

其中传感器卡具配置包括以下内容。

① 传感器接口。将传感器由此口连接在卡具上。

② 固定传感器手扭。将传感器用此扭固定在卡具上，防止传感器左右转动。

③ 轮胎卡爪。主要加力部分，左、右两个铁钩将抱住轮胎，使卡具牢牢固定在整个车上。

④ 固定卡具爪手扭。将上卡具爪调好位置后固定住。

⑤ 卡具爪。整个卡具有3个这样的卡具爪，卡具卡在车轮上时只有这3个爪顶住钢圈。

⑥ 保险绳。卡好卡具后将保险绳的前端固定在轮胎的气嘴上，防止卡具不慎脱落。

⑦ 右侧调整手扭。松开手扭后可以根据所测车辆的钢圈直径调节相应的尺寸，此动作是在卡具卡在轮胎上之前。

⑧ 左侧调整手扭。功能与右侧相同。

其他附件包括以下几项。

① 脚刹固定器。用于固定整个车，使车辆在测试的时候不会不稳，避免测量数值不准。安装在车辆的脚刹车和座子之间。

② 转向盘固定器。在检测出数据后把转向盘调正，用此设备将转向盘固定再进行底盘调试，此附件安装在转向盘和座子之间。

③ 前轮转角仪。此附件是为了减轻转动转向盘时的阻力，使用方法是将车辆的两个前轮分别放在两个转角仪的中心线上，并且与中心线平行。

**2．四轮定位仪的工作原理**

（1）主机。

主机是整个四轮定位仪的核心部件，它负责收集各个传感器传递来的信号，并将这些信号整理成数据（测量数据）在显示器上显示出来，然后根据测量人员所输入的车型资料从内存中调取相应的规定数据，也在显示器上显示，把测量数据与规定数据相比较，即可得出结论；哪些定位参数合格，哪些定位参数不合格，并以相应的形式在显示屏上以表格的形式显示出来；接着便按照内存的方案进行适当的定位调整，调整后再次进行测量，将调整后所得到的测量数据与调整前所得测量数据连同规定数据一同显示出来。整个测量和调整过程步骤都是在主机的提示和监控下进行的，除了正常的检测操作规程外，主机还可提供各种附加功能的测试和自身元件的检测、车型资料的编辑、客户档案管理等一系列功能。

（2）传感器。

该定位仪共有 4 个 CCD 电荷耦合传感器，每个传感器上都安装有两个 CCD 红外测量镜头。电荷耦合传感器具有尺寸小、工作电压低、使用寿命长且坚固耐冲击及电子自动扫描等优点，而且 CCD 是一种无增益器件，它具有存储电荷的能力，因而可利用光作为输入信号完成摄像功能，使 CCD 图像传感器的数字式摄像头可直接输出图像的数字量，由计算机直接接收和处理。由于传感器采样是按像元一一对应进行的，因而在水平和垂直方向的最高分辨率可基本接近 CCD 芯片的水平和垂直像元数，能最充分利用 CCD 芯片的分辨能力，而且各像元信号之间的相关性也降低到最低程度，使摄到的数字图像在空间频率的高频段的响应也大大提高。

由于数字式 CCD 摄像头采用数字化模式，因而能够由输出的数字图像直接计算出所需空间的绝对尺寸，其误差是确定且已知的，再加上线性好的优点，输出的数字图像可以达到很高的精确度。

数字式 CCD 传感器具有数字接口，可以方便地与存储器、计算机或数字处理器（DSP）等相连接。计算机化四轮定位仪中的 4 个 CCD 传感器就是通过专用的导线与主机相连的。

检测前先确定好测量参照位置，该位置称为"正前打直位置"，即根据计算机显示屏的提示转动转向盘，当两前轮具有相同的单独前束值时的车轮位置即正前打直位置，该位置是以车辆的对称轴线为基准测量出来的。确认基准参照位置后，就开始测量两后轮的前束值与外倾角等定位参数，其测量是由 CCD 传感器自动完成的，测量数据通过导线传输到主机。

（3）转向 10°角时的测量。

转向时，内侧车轮与外侧车轮之间存在着角度差，而且这个角度差随着转向角度的变化而变化，CCD 传感器则可测量到为负值的前轮总前束，其测量目的在于检查转向梯形臂的几何关系是否正确。如果转向时的负前束正确，则左、右方向的最大转向角相同。在四轮定位仪中，转向时负前束是在内侧车轮转过 10°时进行测量的，在其左、右各一次的测量过程中，包括了对前轮前束、主销内倾角、主销后倾角等定位参数的测量，主销内倾角在前束为零或中心位置个别前束相等时进行修正。

（4）前轮外倾角的测量。

在四轮定位仪中，前轮外倾角是在两前束值相等或者每个单独前束为零时进行测量的，CCD 传感器将对应于基准位置不同的角度成像并传递给主机，则主机会计算出各自的外倾角的实际值。

### 6.5.4　四轮定位仪的操作方法

**1. 上车前的准备**

（1）检查车辆。主要是保证汽车空载的状态，去掉不计在整备质量内的物品；注意有的汽车对行李箱、工具箱或油箱油量做出限量要求。

（2）检查轮胎。同轴的轮胎型号、气压、磨损程度是否一致；做车轮动平衡及径向跳动检查；检查胎压；磨损情况，左、右胎纹磨损是否接近；轮胎新旧和花纹最好一致。

（3）检查悬架高度。检查地面到车身底部的距离，若有问题可能是减振器或弹簧损坏，查明原因并修复或更换；扭力杆式的悬架，其高度可以调整。

(4) 检查减振器与滑柱。观察减振器是否漏油（用眼观察或进行弹跳实验）；滑柱上支座轴承间隙是否过大；螺栓是否松动；橡胶衬套或缓冲块是否破损。

(5) 检查轴承。检查轴承造成的车轮转动异响（判断轴承失效）；轴承间隙检查（车轮是否有水平移动量）；如有问题必须进行清洁、更换或调整。

(6) 检查臂、衬套和球头。检查摆臂是否弯曲变形；摆臂衬套是否磨损松旷，发现问题必须更换。（注意：检查这一项需要把车辆支起）

(7) 检查转向传动装置及转向拉杆球头。转向传动装置是否弯曲变形，转向拉杆球头是否松旷，发现问题必须更换；转向机构的检查还可以用转向盘的间隙检查。

(8) 检查转向稳定杆及衬套。检查横向稳定杆是否变形；稳定杆固定螺栓、隔振垫及铰链是否磨损，发现问题必须更换（损坏的稳定杆造成车身过度侧摆，在不平路面会发出咔嗒响）。

## 2. 安装卡具和传感器

(1) 根据钢圈直径调整好卡具左、右两个调整手扭。
(2) 调整好卡具的卡爪左、右孔数。
(3) 将3个卡具爪与钢圈完全接触。
(4) 用手将卡具弯把向轮胎方向推，同时将卡爪左右抱紧轮胎的同一层花纹槽。
(5) 把保险绳连接到轮胎的气门嘴上。
(6) 将传感器连接到卡具传感器接口上，固定传感器手扭。

## 3. 测量前的准备工作

(1) 打开机箱总电源开关。在确保计算机的显示器、音箱、主机都已经接好信号线和电源线后，将传感器正确卡到车轮上时，再打开计算机主机的开关。几分钟后，可以在显示器上看到四轮定位仪测试软件的初始界面。

(2) 输入登记表格。包括各项客户信息，如姓名、车牌号、委托书号等，以便日后可以调档查询；还有车辆信息，如车轮的尺寸、轮胎气压、花纹深度等输入信息；填完表格后，按F1键进入"选择制造厂家"界面。

注：几乎在每个界面都可以看到屏幕下方会有F1~F5的按钮，并且有相应的按钮名称，可以通过这些按钮直接实现某些功能。

(3) 再进入"选择车型"界面，从中选择车辆的品牌、生产年份、底盘型号等相应资料。

(4) 轮圈偏位补偿。选择好车型资料后，就进入此界面。因为定位仪检测定位参数是以车轮为基准的，如果轮圈或轮胎变形，检测出的数据的额外误差是不可估量的，所以需进行偏位补偿，以将误差控制在最小的范围之内。

(5) 再进入"车辆数据"界面。
(6) 再进入"车辆下落"画面。

注：此界面为对所选测试车辆准备工作的最后一步。请一定要按照界面上的提示逐步完成准备工作，否则测试结果会受到影响。

## 4. 调整前检测

(1) 进入"主销后倾测定"界面。

注：到此步传感器正式开始传输信号，请不要阻挡传感器之间的信号，否则无法进行测试。

在此界面十几秒钟后界面和语音都会提示将车轮先右转10°，打满后界面会自动转到左转 10°，同样打满后系统会提示将车轮回正（回到 0°），车轮偏转的度数可以随时从左、右度数框里看到。

（2）动作完成后会自动进入"观察测定值"界面。

注：此界面标志着测量工作已经结束，接下来的就是调整了，通过此界面可以大体了解所测车辆的底盘状况，让调试人员对测试车辆有一个简单的认识。

### 5．车轮定位调整

做定位调整前，先用转向盘锁将转向盘固定成水平状，再升起举升机到合适调整的高度，将举升机锁止在水平安全位置。将 4 个传感器调整为水平状态，再操作定位仪进入定位调整操作。调整程序可参照屏幕上显示的数据进行调整，屏幕显示的数据会随时显示当前调整后的参数数据。

注：双击某个方框中的数据可对该数字进行放大，方便稍远距离观察。

调整操作：不同类型的悬架，可调整的参数不一样，调整手段也各不相同，这里不做详细介绍。

### 6．新车登录

若此设备上没有收集到或者新出的车型还没有来得及添加到设备数据库当中，但客户要马上使用而且知道所要测试车辆的数据，就可以使用新车登录功能把车型的数据由客户自己添加到自己的车型数据库中。

方法如下：在"选择车型"界面，进入"新车登录"界面，这时界面中的所有内容都可以由客户自行修改，修改完毕后单击"存盘"按钮，然后在"选择车型"中就可以看到刚刚添加的新车型，注意，输入数据的时候一定要输入规范，否则无法存盘。

### 7．客户资料的存储

在每次测试和调试完毕后系统都会提示客户是否要将测试后的车辆数据进行保存。

## 6.5.5 汽车车轮定位仪的使用注意事项和维护

### 1．汽车车轮定位仪的使用注意事项

因四轮定位仪是一种较精密的检测设备，要求操作人员在使用前需经过专业培训，并且在使用定位仪前应先仔细阅读四轮定位仪的产品说明书，以便更好地了解四轮定位仪的操作过程。一般注意事项有以下几项。

（1）使用前，检查四轮定位仪所配附件是否与说明书上列出的清单相符。

（2）在安装设备时一定要按照产品说明书上的要求去做。

（3）对于光学式四轮定位仪中的投影仪（或投光器），需要细心维护，并经常进行调整。

（4）传感器是计算机式四轮定位仪的核心元件，在使用前需要进行校正，以保证测试精度。

（5）传感器在卡盘轴上安装要妥当，在不用时应妥善保存，避免受到损害，电测类传感器在通电前应该接线安装完毕，不要带电接线，以避免电子振荡，冲击损坏器件。

（6）四轮定位仪需要移动时，注意不要使其受到震动，否则可能会损坏传感器及计算机等部件。

（7）四轮定位仪应按期检验标定，标定工作应在专用标定器具上进行（在购买四轮定位仪时应带专用标定器具和标定程序）。

（8）在用四轮定位仪检测车轮定位角之前，一定要进行车轮传感器安装夹具偏摆补偿操

作，否则会引起相当大的测量误差。
（9）在四轮定位仪的安装地点，应在墙上或其他的地方安装一个带熔断器的开关盒，同时要求开关盒内配带有四轮定位仪的过载保护装置。

**2. 汽车车轮定位仪的维护**

（1）定期检查主机的开关和外接供电导线的插头是否绝缘良好。
（2）定期检查传感器插座是否锈蚀，其安装轴亦需定期进行润滑，这样可以减少该轴的磨损，以减小测量偏差，忌使用润滑脂。
（3）定期进行传感器标定工作。
（4）定期润滑举升机的导轨和拉索，以减少磨损。
（5）定期检查液压缸的油位和管路密封情况。
（6）定期清洁举升机平台、转角盘和后滑板的表面。

## 任务6.6 车轮动平衡检测

### 6.6.1 车轮平衡概述

车轮的平衡可分为车轮静平衡和车轮动平衡两类。

**1. 车轮静平衡和静不平衡**

车轮的静平衡是指轮胎周向上的质量均衡。支起车轴，调整好轮毂轴承松紧度，用手轻转动车轮，使其自然停转。车轮停转后再离地最近处做一标记，然后重复上述试验多次。若车轮经几次转动自然停转后，所做标记的位置各不一样，或强迫停转后，消除外力车轮也不再转动，则车轮为静平衡。

如果每次试验的标记都停在离地最近处，则车轮为静不平衡。

静平衡的车轮，其中心与旋转中心重合；静不平衡的车轮，其重心与旋转中心不重合，在旋转时产生离心力，如图6-16所示。

由图6-16可知：

$$F = mr\omega^2 \quad (6-3)$$

式中，$m$——不平衡点质量；
$\omega$——车轮旋转角速度，$\omega = 2\pi n$；
$n$——车轮转速；
$r$——不平衡点质量离车轮旋转中心的距离。

从式（6-3）中可以看出，车轮转速$n$越高，不平衡点质量$m$越大，不平衡点质量离车轮旋转中心的距离越远，则离心力$F$越大。

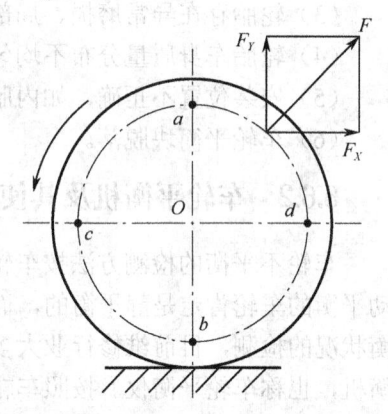

图6-16 车轮静不平衡产生的离心力

离心力$F$可分解为水平分力$F_X$和垂直分力$F_Y$。在车轮转动一周中，垂直分力$F_Y$有两次落在通过车轮中心的垂线上，一次在$a$点，一次在$b$点，方向相反，均达到最大值，使车轮上下跳动，并由于陀螺效应引起前轮摆振。

水平分力$F_X$有两次落在通过车轮中心的水平线上，一次落在$c$点，一次落在$d$点，方向相反，均达到最大值，使车轮前后窜动，并形成绕主销来回摆动的力矩，造成前轮摆振。当左、右前轮的不平衡质量相互处于180°位置时，前轮摆振最为严重。

### 2. 车轮动平衡和动不平衡

车轮的动平衡是指轮胎轴向上的质量均衡。在图6-17（a）、（b）中，车轮均是静平衡的。在该车轮旋转轴线的径向相反位置上，各有一个半径相同、质量也相同的不平衡点$m_1$与$m_2$，且不处于同一平面内。对于这样的车轮，其不平衡点的离心力合力为零，而离心力的合力矩不为零，转动中产生方向反复变动的力偶$M$，使车轮处于动不平衡中。动不平衡的前轮绕主销摆振。如果$m_1$与$m_2$在同一作用半径的相反方向上配置相同质量的$m'_1$与$m'_2$，则车轮处于动平衡中，如图6-17（c）所示。因此，静平衡的车轮不一定动平衡，而动平衡的车轮一定是静平衡的。

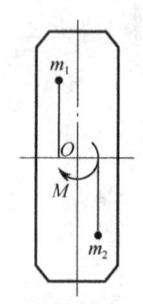

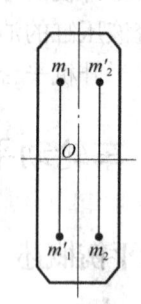

（a）车轮静平衡但动不平衡　（b）车轮静平衡但动不平衡　（c）车轮静平衡且动平衡

图6-17　车轮平衡示意图

### 3. 导致车轮不平衡的原因

导致车轮不平衡的主要原因有以下几项。

（1）轮辋严重变形、制动鼓内工作面严重失圆。

（2）轮毂与轮辋加工质量不佳，如中心不准、轮胎螺栓孔分布不均、螺栓质量不佳。

（3）轮胎存在异常磨损、局部损坏或轮胎修补方法不当。

（4）轮胎车身质量分布不均匀，如轮胎质量欠佳。

（5）安装位置不正确，如内胎充气嘴位置不符合要求。

（6）车轮平衡块脱落。

## 6.6.2　车轮平衡机及其使用方法

车轮不平衡的检测方法按车轮不平衡的性质可分为静不平衡检测和动不平衡检测。由于动平衡的车轮肯定是静平衡的，而静平衡的车轮都不能保证是动平衡的，因此，对于车轮平衡状况的检测，目前维修行业大多采用动不平衡检测方法。测量车轮平衡度的仪器是车轮平衡机，也称车轮平衡仪。按照车轮的测量方式可分为离车式车轮平衡机和就车式车轮平衡机两类。使用离车式车轮平衡机时，将车轮从车上拆下安装到车轮平衡机的转轴上检测其平衡状况。就车式车轮平衡机是在不拆下车轮的情况下检测车轮的平衡状况。

### 1. 离车式车轮平衡机的结构与使用方法

（1）离车式车轮平衡机的结构。

离车式车轮平衡机如图6-18所示，其专用卡尺如图6-19所示。平衡机一般由驱动装置、转轴与支承装置、显示与控制装置、制动装置、机箱和车轮防护罩等组成。驱动装置一般由电动机、传动机等组成，可驱动转轴旋转。转轴由两个滚动轴承支承，每个轴承均有一个能将动反力变为电信号的传感器。转轴的外端通过椎体和大螺距螺母等固定被测车轮。驱动装置、转轴与支承装置等均装在机箱内。车轮防护罩可防止车轮旋转时其上的平衡块或花纹内的夹杂物飞出伤人。制动装置可使车轮停转。显示与控制装置多为微机式，具有自动诊断系统，能将传感器的电信号通过微机运算、分析、判断后显示出不平衡量及相位。为了使显示的不平衡量恰是轮辋边缘所加平衡块的质量，还应将测得的轮辋直径 $d$、轮辋宽度 $b$ 和轮辋边缘至平衡机机箱的距离 $a$（轮辋外悬尺寸），通过键盘或选择器旋钮输入微机中。

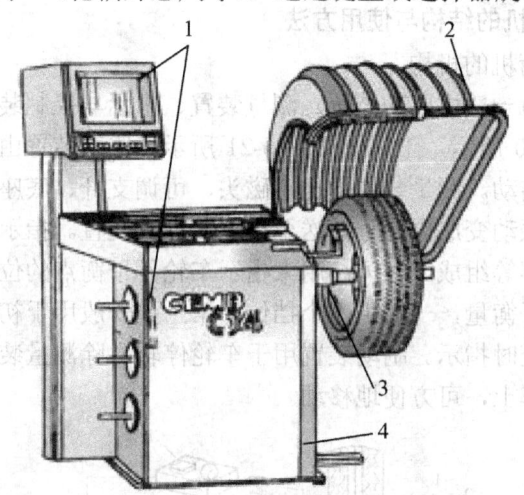

1—显示与控制装置；2—车轮防护罩；3—转轴；4—机箱

图 6-18　离车式车轮平衡机

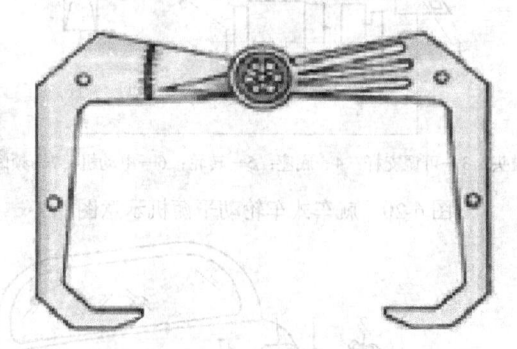

图 6-19　离车式车轮平衡机的专用卡尺

（2）离车式车轮平衡机的使用方法。

① 清除被测车轮上的泥土、石子和旧平衡块。

② 检查轮胎气压，视必要充至汽车制造厂的规定值。

③ 根据轮辋中心孔的大小选择锥体，仔细地装上车轮，用大螺距螺母上紧。

④ 打开电源开关，检查指示与控制装置的面板是否指示正确。

⑤ 用卡尺测量轮辋宽度 $b$、轮辋直径 $d$，用平衡机上的卡尺测量轮辋边缘至机箱的距离 $a$，再用输入或选择器旋钮对准测量值的方法，将 $a$、$b$、$d$ 值输入到指示与控制装置中去。

⑥ 放下车轮防护罩，按"启动"键，车轮旋转，平衡测试开始，微机自动采集数据。

⑦ 车轮自动停转或听到"嘀"声按"停止"键并操纵制动装置使车轮停转后，从指示装置上读取车轮内、外两侧不平衡量和不平衡位置。

⑧ 抬起车轮防护罩，用手慢慢转动车轮。当指示装置发出指示（音响、指示灯亮、制动、显示点阵或显示检测数据等）时停止转动。在轮辋的内侧或外侧的上部（时钟12点位置）加装指示装置显示该侧平衡块的质量。内、外侧要分别进行，平衡块装卡要牢固。

⑨ 安装平衡块后有可能产生新的不平衡，应重新进行平衡试验，直至不平衡量<5g，指示装置显示"00"或"OK"时才可以。

⑩ 测试结束，关闭电源开关。

**2．就车式车轮平衡机的结构与使用方法**

（1）就车式车轮平衡机的机构。

就车式车轮动平衡机一般由驱动装置、测量装置、指示与控制装置、制动装置和小车等组成，其示意图如图6-20所示，工作图如图6-21所示。驱动装置由电动机、转轮等组成，能带动支离地面的车轮转动。测量装置由传感磁头、可调支杆、底座和传感器等组成。它能将车轮不平衡量产生的振动变成电信号，送至指示与控制装置。指示与控制装置由频闪灯、不平衡度表或数字显示屏等组成。频闪灯用来指示车轮不平衡点的位置，不平衡度表或数字显示屏用来指示车轮不平衡量，一般由两个挡位。第一挡一般用于初查时的指示，第二挡一般用于装上平衡块后复查时指示。制动装置用于车轮停转。除测量装置外，就车式车轮平衡机的其余装置都装在小车上，可方便地移动。

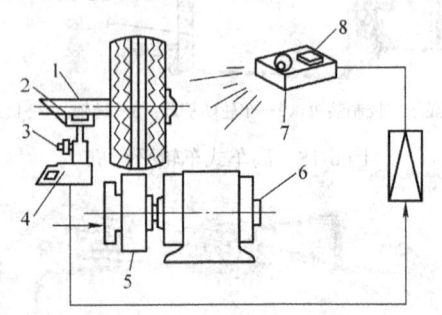

1—转向节；2—传感磁头；3—可调支杆；4—底座；5—转轮；6—电动机；7—频闪灯；8—不平衡度表

图6-20 就车式车轮动平衡机示意图

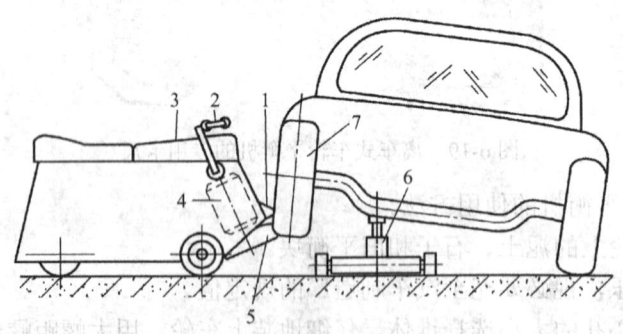

1—光电传感器；2—手柄；3—仪表板；4—驱动电机；5—摩擦轮；6—传感器支架；7—被测车轮

图6-21 就车式车轮动平衡机工作图

（2）就车式车轮平衡机的使用方法。

① 准备工作。

（a）用千斤顶支起车轴，两边车轮的离地间隙要相等。

（b）清除被测车轮上的泥土、石子和旧平衡块。

（c）检查轮胎气压，视必要充至规定值。
（d）检查轮毂轴承是否松旷，视必要调整至规定松紧度。
（e）在轮胎外侧面任意位置上用白粉笔或白胶布做上记号。

② 从动前轮静平衡。
（a）用三角垫木塞紧非测试车轮，将就车式车轮平衡机的测量装置推至被测前轮一端的前轴下，传感磁头吸附在悬挂下或转向节下，调节可调支杆的高度并锁紧。
（b）推平衡机至车轮侧面或前面（视车轮平衡机型号不同而异），检查频闪灯工作是否正常，检查转动的旋转方向能否使车轮的转动力与前进行驶时方向一致。
（c）操纵车轮平衡机转轮与轮胎接触，起动电动机带动车轮旋转至规定车速。
（d）观察频闪灯照射下的轮胎标记位置，并从指示装置（第一挡）上读取不平衡量的数值。
（e）操纵平衡机上的制动装置，使车轮停止转动。
（f）用手转动车轮，使其上的标记仍处在上述观察位置上，此时轮辋的最上部（时钟12点位置）即为加装平衡块的位置。
（g）按指示装置显示的不平衡量选择平衡块，牢固地装卡到轮辋边缘上。
（h）重新驱动车轮进行复查测试，指示装置用二挡显示。若车轮平衡度不符合要求，应调整平衡块的质量和位置，直至符合平衡要求。

③ 从动前轮动平衡。
（a）将传感磁头吸附在经过擦拭的制动底板边缘平整之处。
（b）操纵平衡机转轮驱动车轮旋转至规定车速，观察轮胎标记位置，读取不平衡量的数值，停转车轮找平衡块加装位置，加装平衡块和复查等，方法与静平衡相同。

④ 驱动轮平衡。
（a）顶起驱动车轮。
（b）用发动机、传动系驱动车轮，加速至 50～70km/h 的某一转速下稳定运转。
（c）测试结束后，用汽车制动器使车轮停转。
（d）其他方法同从动轮动、静平衡测试。

## 任务6.7 实训：汽车前轮侧滑量的检测

### 6.7.1 实训目的与要求

（1）了解侧滑检验台的基本结构及工作原理。
（2）掌握汽车前轮侧滑的原因及侧滑量检测的标准。
（3）掌握汽车侧滑量的检测方法及调整方法。

### 6.7.2 实训设备与器材

（1）侧滑检验台（CH-10A）：一台。
（2）被检汽车：一辆。
（3）调整工具：若干。

### 6.7.3 汽车前轮侧滑量的检测要求

GB 7258—2017《机动车运行安全技术条件》规定的转向轮的横向侧滑量：前轴采用非独立悬架的汽车，转向轮的横向侧滑量，用侧滑仪（包括单、双板）规定的方法检测时，侧滑量值应不大于±5m/km。

### 6.7.4 测量方法

**1. 测量前的准备**

（1）对车辆的准备。
① 被检车辆轮胎气压应符合厂家规定值。
② 轮胎粘有油污、水渍或轮胎花纹沟槽内嵌有小石子时，应清除干净。
（2）对侧滑检验台的准备。
① 接通电源，将滑动板来回晃动几下，待滑动板停止后，查看是否在零点上，否则应校正到零位上。
② 查看滑动板及其周围有无机油、石子等污染物，若有应清除干净。

**2. 测量步骤**

（1）打开台板的锁止销，接通电源按"复位"键，检查指示电表的显示值是否为"零"。
（2）将车辆对正侧滑检验台，并使转向盘处于中间位置。
（3）使车辆沿台板的指示线以 3～5km/h 的车速平稳前进，在行进过程中不得转动转向盘，不得踩制动踏板。
（4）待被测前轮从滑动板完全通过时，从仪表上查看横向侧滑量及方向（正、负），并读取最大侧滑量记录下来。
（5）测量结束后，用锁止销把台板锁止，切断仪器电源。

### 6.7.5 调整

（1）按国家标准 GB 7258—2017《机动车运行安全技术条件》对照受检车辆的转向轮侧滑量是否符合规定的要求。若不符合规定的要求，则将汽车停放地沟处，调整转向轮的前束值。
（2）重新测量转向轮侧滑量，检查是否符合规定值。若不符合再调整，直至合格为止。
（3）把记录值记入实训报告中。

### 6.7.6 实训报告：汽车前轮侧滑量的检测

汽车前轮侧滑量的检测报告如表 6-1 所示。

表 6-1 汽车前轮侧滑量的检测报告

| 实训仪器型号 | | 实训日期 | |
|---|---|---|---|
| 汽车车型 | | 检测地点 | |
| 一、汽车侧滑量的检测数据记录与分析 ||||
| 测量次数 | 侧滑量/（mm/m） | 原因分析及调整部位 ||

| 原始数据<br>(第一次) | | |
|---|---|---|
| 调整后<br>(第二次) | | |
| 调整后<br>(第三次) | | |
| 调整后最后数据 | | |
| 注：如调整后，侧滑量仍未达到国家标准，请说明原因。 |||

二、简答题

1. 前轮侧滑是如何产生的？能造成哪些危害？

2. 前轮侧滑与制动侧滑有何区别？

| 成绩 | | 指导教师 | | 日期 | |
|---|---|---|---|---|---|

## 任务6.8　实训：汽车四轮定位参数的检测

### 6.8.1　实训目的与要求

（1）了解汽车四轮定位仪的基本结构及工作原理。
（2）掌握汽车四轮定位的意义及检测的标准。
（3）掌握汽车四轮定位仪的检测方法及调整方法。

### 6.8.2　实训设备与器材

（1）汽车四轮定位仪：一台。
（2）检测汽车：一辆。
（3）专用工具：一套。

汽车四轮定位仪及其传感器如图6-22所示。

图6-22　汽车四轮定位仪及其传感器

### 6.8.3 车轮定位测量步骤

以元征 X-631 汽车四轮定位仪为例。

检测初始界面如图 6-23 所示。

图 6-23 四轮定位检测初始界面

（1）车型选择，其界面如图 6-24 所示。

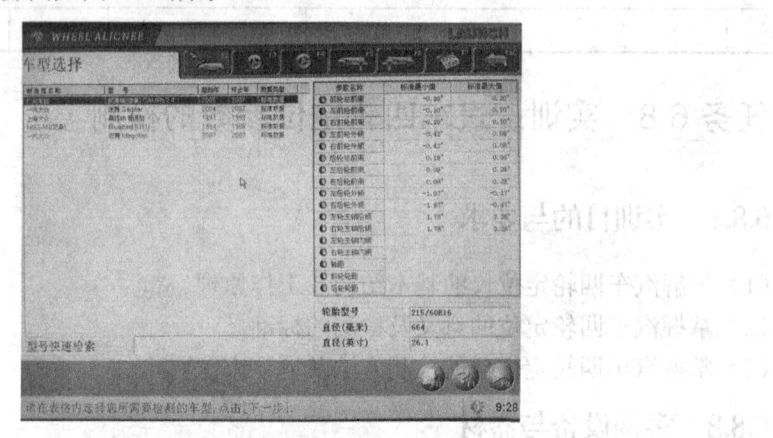

图 6-24 四轮定位车型选择界面

（2）偏心补偿，其界面如图 6-25 所示。

图 6-25 四轮定位偏心补偿界面

（3）主销测量，其界面如图 6-26 所示。

图 6-26　四轮定位主销测量界面

（4）后轴测量，其界面如图 6-27 所示。

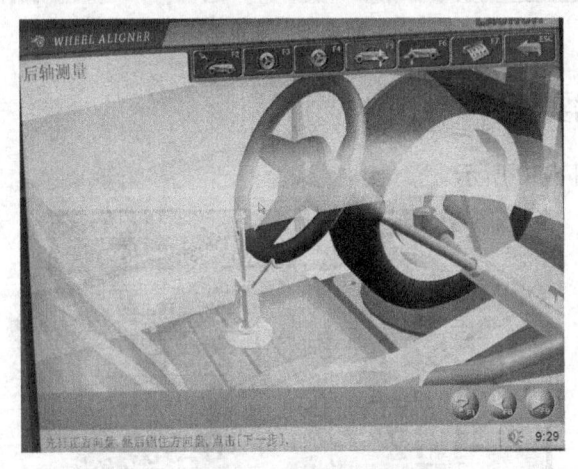

图 6-27　四轮定位后轴测量界面

（5）前轴测量，其界面如图 6-28 所示。

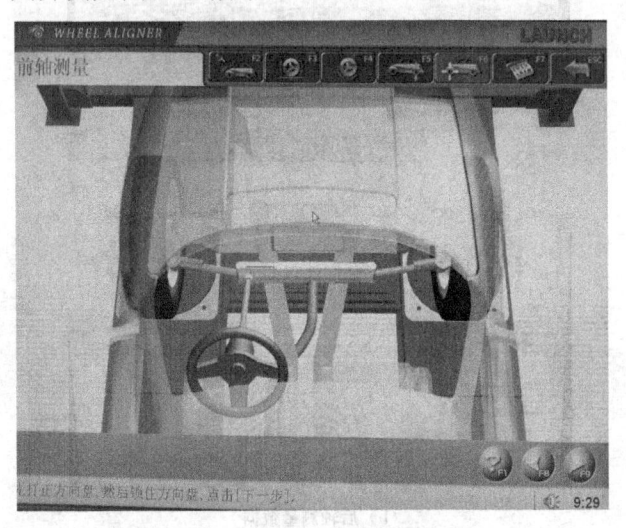

图 6-28　四轮定位前轴测量界面

(6) 结果输出，其界面如图 6-29 所示。

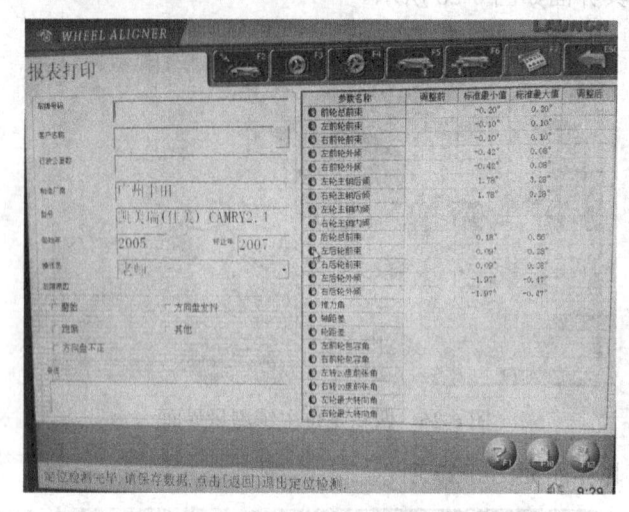

图 6-29　四轮定位结果输出界面

### 6.8.4　测量数据实例

测量数据实例如图 6-30 所示。

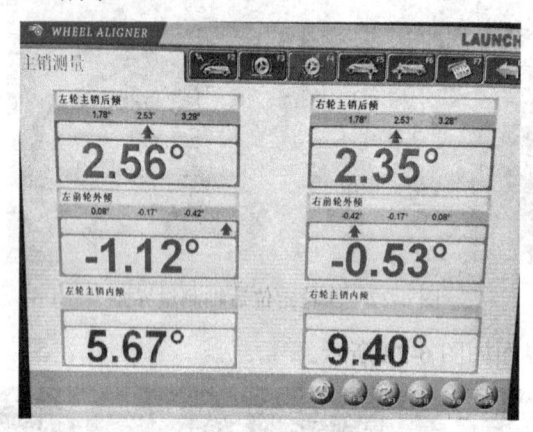

(a) 主销测量数据

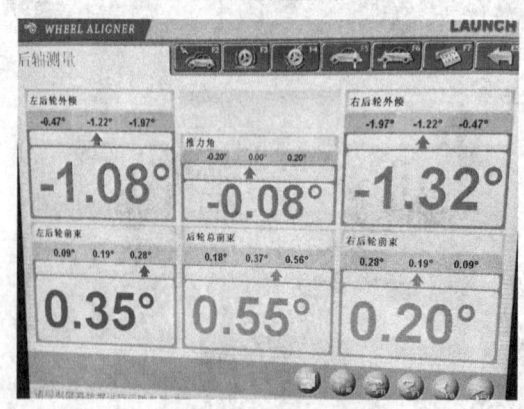

(b) 后轴测量数据

图 6-30　四轮定位测量数据实例

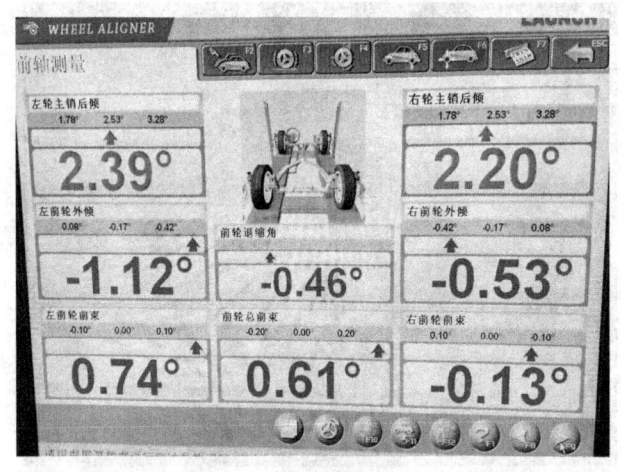

(c) 前轴测量数据

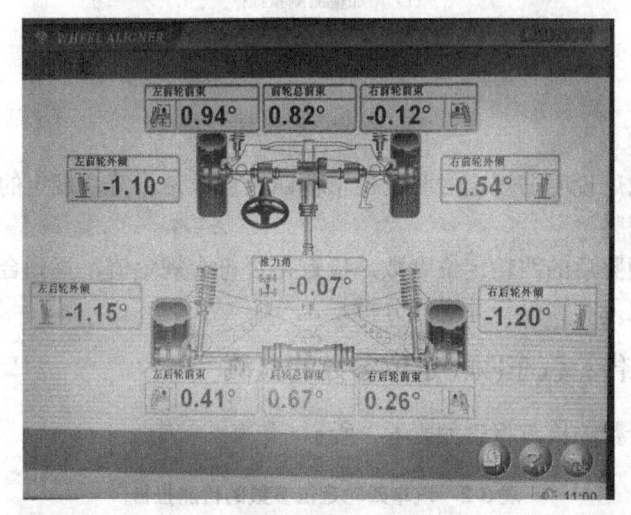

(d) 快速检测测量数据 1

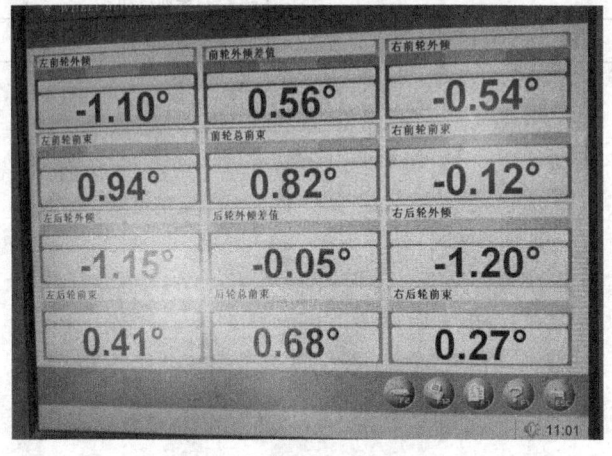

(e) 快速检测测量数据 2

图 6-30 四轮定位测量数据实例（续）

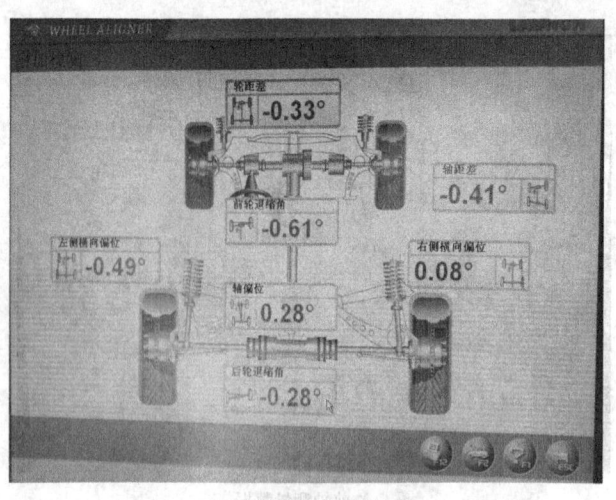

（f）附加检测测量数据

图 6-30　四轮定位测量数据实例（续）

### 6.8.5　调整

（1）根据汽车原厂说明书规定对照受检车辆四轮参数是否符合规定的要求，若不符合规定的要求，则进行调整。

（2）重新测量调整后的四轮定位参数，检查是否符合规定值，直到合格为止。

（3）将记录值记入实训报告并进行分析。

### 6.8.6　实训报告：汽车四轮定位参数的检测

汽车四轮定位参数的检测报告如表 6-2 所示。

表 6-2　汽车四轮定位参数的检测报告

| 实训仪器型号 | | 实训日期 | |
|---|---|---|---|
| 实训所用车辆 | | 实训地点 | |
| 一、实训条件： | | | |
| 二、实训过程： | | | |

三、实训记录

| | 前轮 | | | 后轮 | |
|---|---|---|---|---|---|
| | 左 | 右 | | 左 | 右 |
| 主销内倾 | | 主销内倾 | | 前束 | 前束 |
| 主销后倾 | | 主销后倾 | | | |
| 前束 | | 前束 | | 车轮外倾 | 车轮外倾 |
| 车轮外倾 | | 车轮外倾 | | | |
| 成绩 | | 指导教师 | | 日期 | |

## 任务 6.9　实训：汽车车轮动平衡试验

### 6.9.1　实训目的与要求

（1）了解车轮动不平衡产生的原因及所造成的危害。
（2）了解车轮动平衡仪的构造和工作原理。
（3）学会使用车轮动平衡仪进行车轮的动平衡操作基本技能。

### 6.9.2　车轮动平衡后的要求

车轮动平衡试验后，要求车轮两边的动不平衡量小于 5g，每只轮胎两边加平衡块总共不得超过两块。

### 6.9.3　实训设备与器材

（1）双面轮胎平衡机（DYNAMATI）：一台。
（2）待用平衡轮胎：两个。
（3）待用平衡块（各种类型）：若干。
（4）调试专用工具：一套。
轮胎平衡机如图 6-31 所示。

### 6.9.4　试验操作步骤

1．对轮胎的准备
（1）去掉轮胎轮辋上已有的平衡块，清除轮胎表面的泥土和花纹中的石子。
（2）检查轮胎气压并充至规定值。
2．对仪器的准备
（1）接通主机电源，对平衡机测量系统进行设定程序以保证测量精度。

（2）检查旋转方向，从轮毂边上看，轮胎必须逆时针方向旋转。若旋转方向有误，会显示出 CHS 出错信号。

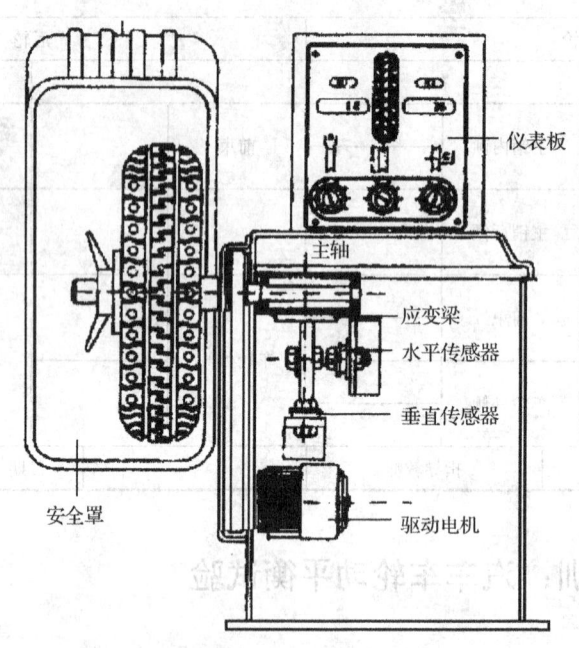

图 6-31 轮胎平衡机

### 3．操作步骤

（1）选择与轮胎相适应的连接器。
（2）将轮胎装在连接器上并紧固。
（3）将 S-D 开关转换到"D"（两个平面的动和静平衡）位置上。
（4）按轮辋尺寸设置相应的数值。
B：轮辋宽度尺寸（可以从轮胎标定上去找）。
D：轮辋直径尺寸（可以从轮胎标定上去找）。
A：轮辋外悬尺寸。
（5）自动输入距离"A"，将悬臂的顶端插入轮辋凸像，按"E"键，手动输入距离"A"，就是以罩壳右凹槽位基准到轮胎外辋左边加配重位置尺寸。该尺寸从"EX"位置调整到轮胎外辋尺寸。
（6）罩上（翻下）轮胎防护装置。
（7）按"START"键起动机器。自动平衡。（可测定两个平面上的不平衡量，并存储，最后自动制动）
（8）左边的数字窗 M1 显示的是以 g 为单位的左平面的不平衡量；右边的数字窗 M2 显示的是以 g 为单位的右平面的不平衡量。
（9）从盘中取出相应的平衡块。检验显示位置，手动旋转轮胎直到左平面中心的指示灯亮。根据 M1 显示量，在轮胎的左端面加入相应平衡块。位置与上方凹槽水平线对齐。
（10）手动旋转轮胎直到右平面中心指示灯亮。根据 M2 的显示量，在轮胎右端面加入相应平衡块，位置与上方凹槽水平线对齐。
（11）检验平衡，若轮胎两端在 4g 公差范围内，两个显示窗（M1 和 M2）均显示"Good"，则轮胎动平衡校准完成。

### 6.9.5 实训报告：汽车车轮动平衡试验

汽车车轮动平衡试验报告如表 6-3 所示。

表 6-3 汽车车轮动平衡试验报告

| 实训仪器型号 | | | 实训日期 | | |
|---|---|---|---|---|---|
| 轮胎型号 | | | 检测地点 | | |
| 测试次数 | $M_1/g$ | | $M_2/g$ | | |
| | 不平衡量 | 加平衡块量 | 不平衡量 | 加平衡块量 | |
| 原始值 | | | | | |
| 调整后（第一次） | | | | | |
| 调整后（第二次） | | | | | |
| 调整后（第三次） | | | | | |
| 调整后数值 | | | | | |
| 调整后仍无法达到平衡要求，需说明原因。 ||||||
| 成绩 | | 指导教师 | | 日期 | |

## 思 考 题

1. 什么是汽车转向特性？汽车应该具备什么转向特性？
2. 试述四轮定位仪的操作步骤，同时分析四轮定位仪能检测的项目有哪些。
3. 汽车侧滑检测的步骤是什么？检测的目的是什么？标准规定值是多少？
4. 试分析汽车行驶侧滑的原因。
5. 为什么要进行车轮动平衡检测？如何检测？
6. 如何检测汽车悬架系统的性能？

# 项目 7　汽车车速表检测

客户到 4S 店进行车辆保养，并怀疑自己的车速表有问题，希望维修人员能予以解决。

要完成这个工作任务，首先应熟悉车速表误差的形成机理，熟悉车速表显示值与实际车速之间的关系，并在此基础上使用合适的检测设备对车速表进行检测评价。

## 任务 7.1　汽车车速表误差的形成原因及测量原理

### 7.1.1　车速表误差的形成原因分析

随着汽车使用时间的增加，车速表的误差往往会逐渐增大。造成车速表失准的原因主要有两个方面。

**1. 车速表传动件或本身机件损坏**

不论是磁电式还是电子式车速表，其主轴都是由与变速器相连的软轴驱动的，在工作过程中不可避免地要产生磨损；另外，车速表内的齿轮、转盘、磁铁、光电元件等也会磨损、退磁或老化，这些因素都会造成车速表的指示误差。

**2. 轮胎磨损或气压不符合规定引起的误差**

车速表的指示值仅仅与车轮的转速成正比；而汽车行驶的速度相当于驱动轮的线速度，线速度不仅与转动速度有关，还与车轮的半径有关。

理论上，若驱动轮半径为 $r$，其转速为 $n$，则可以算出汽车行驶的线速度为

$$v = \frac{2\pi rn}{60}(\text{m/s}) = 0.377rn(\text{km/h}) \tag{7-1}$$

但是由于轮胎是一个充气的弹性体，因此汽车行驶时，轮胎在受到垂直载荷、车轮驱动力和地面阻力等作用下会发生弹性变形；另外，轮胎磨损、气压变化等因素也会影响车轮半径的变化。因此，即使在驱动轮转速不变的情况下，也会引起实际车速与车速表指示值不一致的现象。

### 7.1.2　车速表误差的测量原理

车速表误差的测量是将驱动轮的转速转换为测速滚筒的转速，进而通过测速发电机按照一定的换算关系在指示仪表上显示出一个速度，此速度即为实际车速；车轮在测速滚筒上转动的同时，车速表的软轴由变速器或分动器输出轴带动旋转，并在车速表上显示车速值，即车速表指示值。将检验台上速度指示仪表上显示的车速值与车速表上显示的车速值相比较，即可测出车速表的误差。其测量原理如图 7-1 所示。

检测时汽车驱动轮置于测速滚筒上，由发动机经传动系驱动车轮旋转，车轮借助于摩擦力带动测速滚筒旋转，旋转的测速滚筒相当于移动的路面。驱动轮在该测速滚筒上旋转，来模拟汽车在路面上行驶时的实际状态。通过测速滚筒的线速度来达到测量汽车行驶速度的目的。测速滚筒端部的测速发电机所发出的电压（或电流）与测速滚筒的转速成正比，测速滚筒的转速又与车速成正比。因此，测速发电机的电压与车速成正比。

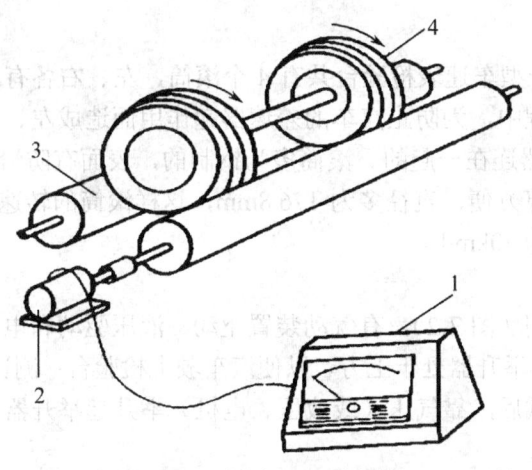

1—指示仪表；2—测速发电机；3—测速滚筒；4—驱动轮

图 7-1 车速表误差的测量原理

测速滚筒的线速度、滚筒直径与转速之间的关系为

$$u=60nD\pi\times10^{-6} \tag{7-2}$$

式中，$u$——测速滚筒的线速度，km/h；

$n$——测速滚筒的转速，r/min；

$D$——测速滚筒的直径，mm。

显然，车轮的线速度与测速滚筒的线速度相同，因此上述计算值即为汽车的实际车速值，该值在试验时由检验台上的指示仪表显示。

## 任务 7.2 车速表检验台的结构及原理

车速表检验台按有无驱动装置可分标准型与电机驱动型两种。标准型检验台没有驱动装置，靠被测汽车驱动轮带动滚筒旋转；电机驱动型检验台由电动机驱动滚筒旋转，再由滚筒带动车轮旋转。此外，还有把车速表检验台与制动检验台或底盘测功机组合在一起的综合式检验台。目前，检测站使用最多的是标准型滚筒式车速表检验台。

### 7.2.1 标准型车速表检验台

标准型车速表检验台主要由滚筒、举升器、测量装置、测量仪表及辅助装置五部分组成，其主要结构如图 7-2 所示。

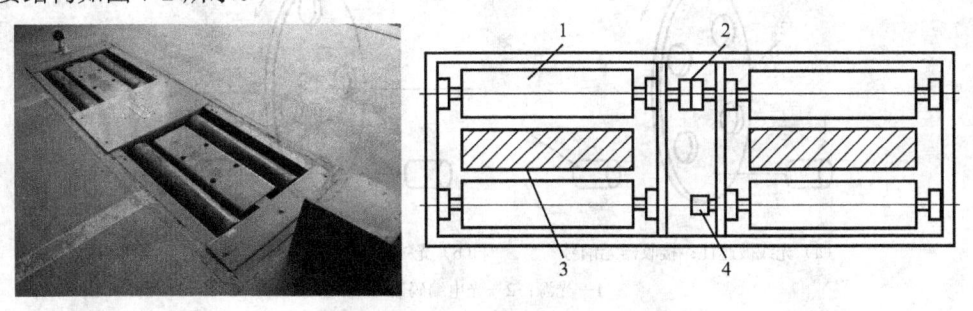

1—滚筒；2—联轴器；3—举升器；4—速度传感器

图 7-2 标准型车速表检验台的结构

· 125 ·

### 1. 滚筒

如图 7-2 所示，标准型车速表检验台共有 4 个滚筒，左、右各有 2 个滚筒，用于支撑汽车的驱动轮。在测试过程中，为防止汽车的差速器起作用而造成左、右驱动轮转速不等，前面的 2 个滚筒是用联轴器连在一起的。滚筒多为钢制的，表面有防滑材料，直径多为 175～370mm，为了标定时换算方便，直径多为 176.8mm，这样滚筒的转速为 1200r/min 时，正好对应滚筒表面的线速度为 40km/h。

### 2. 举升器

举升器置于滚筒之间（图 7-2），有气动装置驱动、液压驱动和电机驱动 3 种，一般多为气动装置驱动。测试前，举升器处于上方，以便汽车驶上检验台；测试时，举升器处于下方，以便滚筒支撑车轮；测试后，靠气压（或液压、电机）举升起举升器，顶起车轮，以便汽车驶离检验台。

### 3. 测量装置

测量装置的作用是测量滚筒的转动速度，其核心部分为一个转速传感器。它通过转速传感器将滚筒的速度转变成电信号（模拟信号或脉冲信号）。常用的转速传感器有测速发电机式、光电编码器式和霍尔元件式等。

（1）测速发电机式。

测速发电机是一种永磁测速发电机，它能够产生与转速完全成正比的电压信号，如图 7-3 所示。

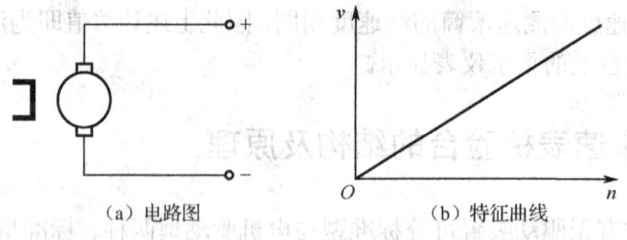

图 7-3 永磁测速发电机的电路图及特征曲线

（2）光电编码式。

光电编码式转速传感器如图 7-4 所示，它主要由编码盘、光电开关和单片机组成。编码盘一般带孔或带齿，被安装在滚筒的一端并随滚筒转动。光电开关由一对光源和光接收器组成，其中光源一般发出红外光，光接收器多由光敏三极管和放大电路组成，可将收到的光信号转变为电信号。

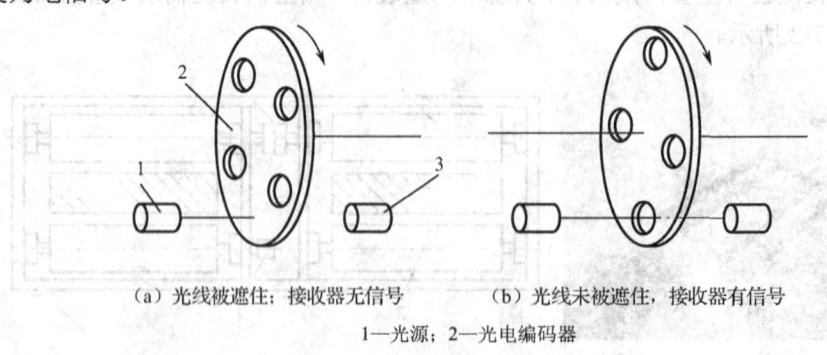

1—光源；2—光电编码器

图 7-4 光电编码式转速传感器的工作原理

工作时，光源和光接收器分别置于编码盘的两侧，并彼此对准。当编码盘转动时，光源发出的光线周期性地被遮住，于是光接收器将收到断续的光信号，并转换成脉冲信号，脉冲频率与滚筒的转速成正比。将此脉冲信号经过光电隔离等环节之后，送入单片机处理，进而得到相应的速度。

(3) 霍尔元件式。

霍尔元件式转速传感器是利用霍尔效应原理，将带齿的圆盘固定在滚筒一端，如图 7-5（a）所示，并随滚筒一起转动，当圆盘的齿未经过磁导板时，有磁场经过霍尔元件，从而感应出霍尔电动势，如图 7-5（b）所示。当圆盘的齿经过磁导板时，磁场被短路，霍尔电动势消失，如图 7-5（c）所示。霍尔元件所产生的脉冲信号与速度成正比。

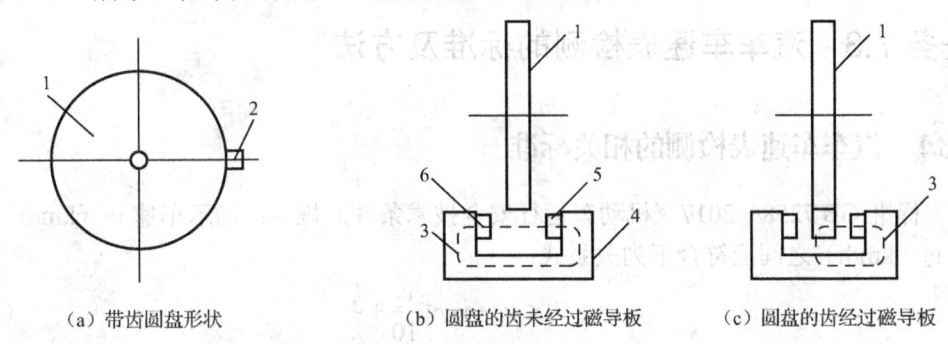

(a) 带齿圆盘形状　　(b) 圆盘的齿未经过磁导板　　(c) 圆盘的齿经过磁导板

1—圆盘；2—齿；3—磁感线；4—磁导板；5—永久磁铁；6—霍尔元件

图 7-5　霍尔元件式转速传感器的工作原理

(4) 测量仪表。

测量仪表是用于显示测试速度的仪表，目前多用智能型仪表，内含一个单片机系统。来自传感器的信号经放大、A/D 转换或经滤波整形后进入单片机处理，再输出显示测量结果。在全自动检测线上也有直接把速度传感器信号接到工位机（或主控机）上直接进行处理的。

(5) 辅助部分。

辅助部分主要包括安全装置、滚筒抱死装置、举升保护装置 3 个部分。

安全装置一般为设在滚筒两侧的挡轮，用于检测时防止车轮左右滑移，损坏轮胎或设备。

滚筒抱死装置用以举升器升起时抱死滚筒，因为汽车测试完毕出车时，如果只依靠举升器，可能造成车轮在前滚筒上打滑，此时必须防止打滑，抱死滚筒；而当举升器下降时抱死解除。

举升保护装置是为了防止车辆在速度检验台上运转时，举升器突然上升导致严重的安全事故的装置，以确保滚筒的转速低于设定值后（如 5km/h）才允许举升器上升。举升保护装置主要由软件和硬件两个部分组成（软件用于系统控制）。

## 7.2.2　驱动型车速表检验台

驱动型车速表检验台的结构如图 7-6 所示，它主要由滚筒、联轴器、离合器、驱动电机、速度传感器和举升器等组成。驱动电机装在滚筒的一端，用以驱动滚筒转动。滚筒和驱动电机间装有离合器，若试验时将离合器分离，这种检验台又可作为标准型检验台使用。

准确计量的车速表对安全有着非常重要的意义，汽车上的车速表要按照规定的时间进行检测，以判断其技术状况。

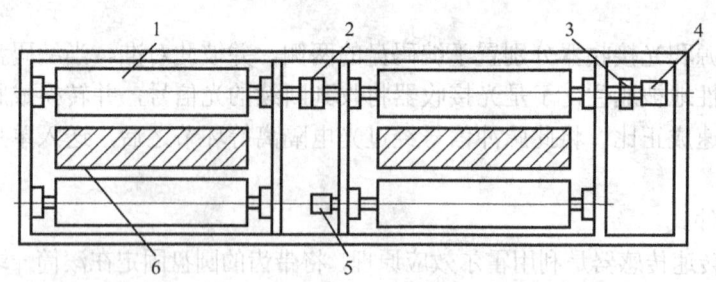

1—滚筒；2—联轴器；3—离合器；4—驱动电机；5—速度传感器；6—举升器

图 7-6 驱动型车速表检验台的结构

## 任务 7.3 汽车车速表检测的标准及方法

### 7.3.1 汽车车速表检测的相关标准

国家标准 GB 7258—2017《机动车运行安全技术条件》规定：指示车速 $v_1$（km/h）与实际车速 $v_2$（km/h）之间应符合下列关系式：

$$0 \leq v_1 - v_2 \leq \frac{v_2}{10} + 4 \tag{7-3}$$

即实际车速为 40 km/h 时，汽车车速表显示值应为 40~48km/h；或当汽车车速表显示值为 40km/h 时，实际车速应为 32.8~40km/h。超过上述范围，车速表的显示为不合格。对于无法在车速表检验台上检验车速表指示误差的汽车（如四轮驱动汽车、具有驱动防滑控制装置的汽车等），可路试检验车速表指示误差。

### 7.3.2 汽车车速表检测方法

车速表检验方法通常有道路试验法和室内台架试验法两种。

**1. 利用道路试验法检测车速表**

道路试验法一般采用测速法和测时间法两种方法。测速法是使用第五轮仪或非接触测速仪来测定实际的汽车行驶速度。

测时间法是测出汽车以不同的车速通过相同长度的路段来测定实际的汽车行驶速度的。例如，当汽车以不同的车速（如 20km/h、30km/h、40km/h）等速通过 500m 的试验路段，测出通过 500m 的时间（s），然后用下式计算实际车速：

$$v_{实} = 3.6 \times 500 / t \tag{7-4}$$

把计算得到的实际车速与驾驶室内车速表指示的车速相对照，即可求出不同车速下车速表的指示误差。

**2. 利用车速表检验台检测车速表**

利用车速表试验台检测车速前，需要先做好准备工作，主要包括试验台的准备和被检汽车的准备。

（1）试验台的准备

① 在滚筒静止状态检查测量仪表的显示值是否为零，如不为零则应调零。

② 检查滚筒上是否沾有油、水、泥等杂物，若有，应清除干净。

③ 检查举升器的动作是否自如和有无漏气部位，若动作阻滞或有漏气部位，应予修理。
④ 检查导线的接触情况，若有接触不良或断路，应予修理或更换。
（2）被检汽车的准备。
① 按汽车制造厂的规定调整好轮胎气压。
② 轮胎沾有水、油等杂物或轮胎花纹沟槽内嵌有小石子时，应清除干净。
（3）检测方法及步骤。
检测前的准备工作完成后，即可进行车速表的检测，检测方法及步骤如下。
① 接通检验台的电源。
② 升起滚筒间的举升器。
③ 将输出车速信号的车轮与滚筒呈垂直状态停放在检验台上。
④ 降下滚筒间的举升器。
⑤ 用挡块抵住位于检验台滚筒之外的车轮，以防检测时汽车从试验台上滑出。
⑥ 对于标准型车速表检验台，起动汽车，待汽车的驱动轮在滚筒上稳定后，挂入最高挡，踩下加速踏板使驱动轮平稳地加速运转。当汽车车速表的指示值达到规定检测车速（40km/h）时，驾驶员按响扬声器，操作人员听到鸣号后按控制按钮，锁定读数结果。或当检验台速度表的指示值达到检测车速时，读取汽车车速表的指示值。
⑦ 对于驱动型车速表检验台，接合检验台离合器，使滚筒与电动机联在一起，将汽车的变速器挂入空挡，接通检验台电源，电动机驱动滚筒旋转，当汽车车速表达到检测车速时，读取检验台速度表的指示值，或当检验台速度表达到检测车速时，读取汽车车速表的指示值。
⑧ 检测结束后（驾驶员按响扬声器后），应迅速挂入空挡，轻踩下汽车制动踏板，使滚筒停止转动。对于驱动型检验台，应先关闭电源再踩制动踏板。
⑨ 升起举升器，去掉挡块，将汽车驶离检验台。
⑩ 切断检验台的电源。

## 任务 7.4  实训：汽车车速表的检测

### 7.4.1  实训目的与要求

（1）掌握汽车车速表的检测标准。
（2）了解车速表检验台的基本结构和工作原理。
（3）熟练掌握汽车车速表的检测方法。

### 7.4.2  实训设备与器材

（1）车速表检验台：一台。
（2）被检车辆：一辆。
（3）检测充气气压表：一个。
（4）转速表（2000r/min）：两个。
标准型车速表检验台如图 7-2 所示。

### 7.4.3 车速表指示误差的检验方法

(1) 车速表指示误差的检验宜在滚筒式车速表检验台上进行。对于无法在车速表检验台上检验车速表指示误差的机动车（如四轮驱动汽车、具有驱动防滑控制装置的汽车等）可路试检验车速表指示误差。

(2) 将被测机动车的车轮驶上车速表检验台的滚筒上使之旋转。

车速表指示车速 $v_1$ 与实际车速 $v_2$ 之间应符合关系式（7-3）。

(1) 当该机动车车速表的指示值（$v_1$）为 40km/h 时：车速表检验台速度指示值 $v_2$ 为 32.8~40km/h 范围内为合格。

(2) 当车速表检验台速度指示仪表的指示值为 $v_2$ 为 40km/h 时，读取该机动车车速表的指示值 $v_1$，当 $v_1$ 的读数在 40~48km/h 范围内时为合格。

### 7.4.4 车速试验台的检测方法

按 7.3.2 汽车车速表检测方法之"2.利用车速表检验台检测车速表"所述的方法操作。

### 7.4.5 实训报告：汽车车速表的检测

汽车车速表的检测报告如表 7-1 所示。

表 7-1 汽车车速表的检测报告

| 实训仪器型号 | | | 实训日期 | | |
|---|---|---|---|---|---|
| 汽车车型 | | | 检测地点 | | |
| | 车速表指示车速 | | | | |
| 实训记录 | 测量顺序 | 第一次 | 第二次 | 第三次 | 平均值 |
| | 转速/n | | | | |
| | 实际车速/km·h$^{-1}$ | | | | |
| | 误差/% | | | | |
| 实训结果分析 | | | | | |
| 成绩 | | 指导教师签名 | | 日期 | |

## 思 考 题

1. 汽车车速表误差产生的原因有哪些？
2. 目前车速表检测的标准是什么？
3. 车速表检验台有哪几种？
4. 滚筒式车速表检验台由哪几部分组成？
5. 当车辆轮胎气压过高时，实际车速与车速表车速间的关系如何变化？
6. 试述车速表检测的步骤。

# 项目8　汽车前照灯检测

前照灯是汽车在夜间或能见度较低的条件下，为驾驶员提供行车道路照明的重要装备，也是驾驶员发出警示、进行联络的灯光信号装置。由于在行车过程中汽车受到震动，可能引起前照灯部件的安装位置发生变化，从而改变光束正确的照射方向；同时，灯泡在使用过程中会逐步老化，发光效率下降；反射镜也会受到污染而使其聚光的性能变差，导致前照灯的亮度不足。前照灯发光强度不足或照射方向偏斜，会在夜间行驶时，使驾驶员对前方道路情况辨认不清或看不远，或在与对面来车交会时造成对方驾驶员目眩、妨碍视野等，从而导致夜间行车事故的发生。所以，为保证夜间行车安全，前照灯的发光强度和光束的照射位置被列为汽车运行安全检测的必检项目，前照灯发光强度和照射方向必须符合国家标准的有关规定。

## 任务8.1　汽车前照灯检测设备的运用

### 8.1.1　前照灯的特性

#### 1. 光的物理单位

机动车上所用的照明装置都是电光源形式的。电光源是指当通以电流使金属物体（灯丝）发热变为光能后，通过辐射方式向外界发光的器件。光是一种电磁波，它以 $3×10^5$km/s 的速度沿直线传播。电磁波的波长范围很广，车上各种照明装置所发出的光线均为可见光，其波长范围为 380～780mm。

（1）发光强度表示光源发出的光强弱的程度。单位是坎德拉，简称"坎"，用符号 cd 表示。在国际单位制（SI）中规定：一光源在给定方向上发出频率为 540×1012Hz 的单色辐射，且在此方向上的辐射强度为 1/683W/sr（瓦特每球面度），则此光源在该方向上的发光强度为 1cd。

（2）照度表明受光物体被光源照明的程度。单位是勒克斯，用符号 lx 表示。1lx 为 1lm 的光通量均匀分布在 $1m^2$ 表面上所产生的光照度，也等于 1cd 的点光源在半径为 1m 的球面上产生的光照度。若用 S 代表被照明的面积，$\Phi$ 代表照射到物体上的光通量，则照度为：$E=\Phi/S$。

#### 2. 发光强度和照度的关系

发光强度是针对光源本身而言的，而照度是针对被照亮的物体而言的。发光强度与照度之间有一定的关系，在照明灯发光强度不变的情况下，物体离开光源越远，被照明的程度越差，说明被照明物照度的变化和光源的距离有关，如图 8-1 所示。在不计光源大小的情况下（看作点光源），照度与离开光源距离的平方成反比，与光源的发光强度成正比，简称倒数二次方法则。即：

照度（lx）=发光强度（cd）/离开光源距离的平方（$m^2$）

如果把前照灯看作点光源，其发光强度为 15000cd，受照物体离前照灯远 100m，则受照物体上得到的照度为：15000/1002=1.5（lx）。一般人眼能看清物体时，该物体所需的最低照度约为（0.2+0.01L）lx，式中 L 为灯与物体间的距离（m）。现距离为 100m，按该式计算所需照度为 1.2lx，现物体能得到 1.5lx 照度，表明人眼能看见 100m 远处的物体。该物体得到的照度越大，则人眼看得越清楚，或者说前照灯的发光强度越高，人眼能看清物体的距离就可以越远。

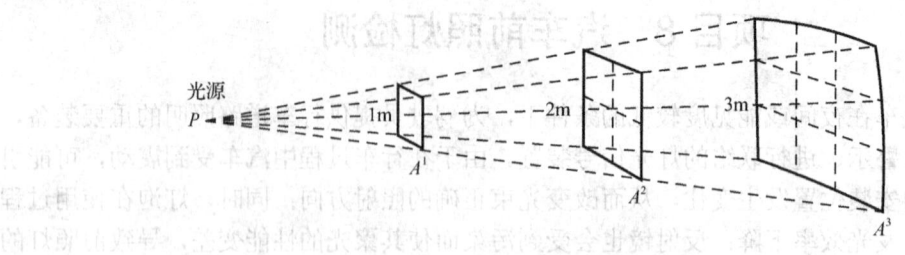

图 8-1 发光强度与照度的关系

**3. 前照灯的特性**

前照灯特性包括配光特性、全光束和照射方向 3 个方面。

（1）配光特性（光束分布）。

配光特性是指受照物体上各部位的照度大小。当汽车前照灯垂直地照射到前方的平滑表面上时，被照射面上的照度是不均等的，中心区域较高，边缘区域较低，如果把各种相同照度的点用曲线连接起来，即可得到如图 8-2 所示的等照度曲线。好的配光特性要求等照度曲线的分布在垂直方向窄，在水平方向宽，且左右对称，不偏向一边，上下扩展也不太宽，这称为对称式配光特性。

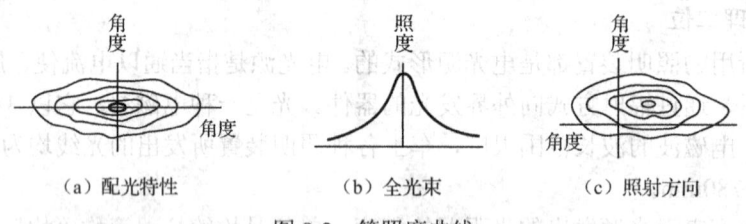

（a）配光特性　　（b）全光束　　（c）照射方向

图 8-2 等照度曲线

还有一种非对称式配光，即光形分布有一条明显的明暗截止线（灯光投射到配光屏幕上，眼睛感觉到的明暗陡变的分界线）。非对称式配光有两种：一种是在配光屏幕上，明暗截止线的水平部分在 V-V 线的左半边，右半边为水平线向上呈 15° 的斜线，如图 8-3（a）所示；另一种是明暗截止线右半边为水平线向上呈 45° 斜线至垂直距 25cm 转向水平的折线，由于明暗截止线呈 Z 形，亦称 Z 形配光，如图 8-3（b）所示。我国前照灯的近光灯已采用这种 Z 形配光形式。

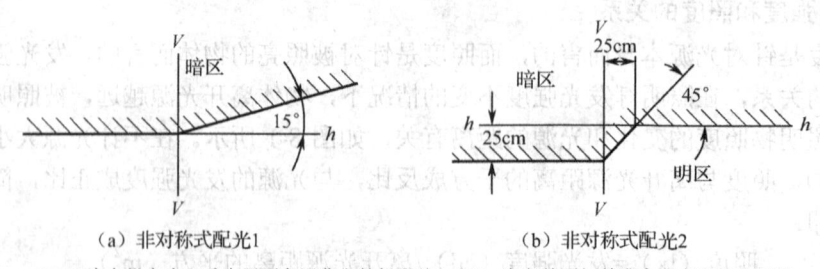

（a）非对称式配光1　　（b）非对称式配光2

V-V—汽车纵向中心垂直平面在屏幕上的投影线；h-h—汽车前照灯基准中心高度的水平线

图 8-3 非对称式配光示意图

（2）全光束（发光强度）。

全光束是指前照灯照射物体后，物体上得到的总照度。它可以用明亮度分布纵断面的配光特性曲线来表示，如图8-2（b）所示。该断面的积分值，即该曲线的旋转体积就是全光束。可以认为它是光源所发出光的总量。因为受照物体得到的照度或全光束与发光强度有关，因此，全光束的特性常用光源发光强度来表述。

（3）照射方向。

如果把前照灯光线最亮的地方看作光轴的中心，则它对水平和垂直坐标轴交点的偏离就表示它的照射方向，如图8-2（c）所示。光束与水平、垂直坐标轴交点的距离，就是光束照射的偏移量。

由于汽车前照灯不是一个理想的点光源，除透过前照灯散光玻璃各点的光线不均匀外，还有和主光轴相交的光线，因此前照灯的实际照射方向与上述点光源的照射方向有所差异。但是主光轴上的光线大部分都是穿过散光玻璃中心直射的，因此，在离开散光玻璃足够远的地方，可以近似地看作由点光源发出来的散射光线，根据倒数二次方法则，随着离开光源距离的增加，照度是递减的。

图8-4为前照灯主光轴照度随距离变化的曲线。可以看出，距离超过5m时，实测值和理论计算值基本一致；距离为3m时，约产生15%左右的误差。可见，距离越远，越能得到准确的测量值。但由于受场地限制，在用前照灯检测仪测量时，通常采用在前照灯前方3m、1m、0.5m、0.3m的距离进行测量，并将该测量值当作前照灯前方10m处的照度，换算成发光强度进行指示。

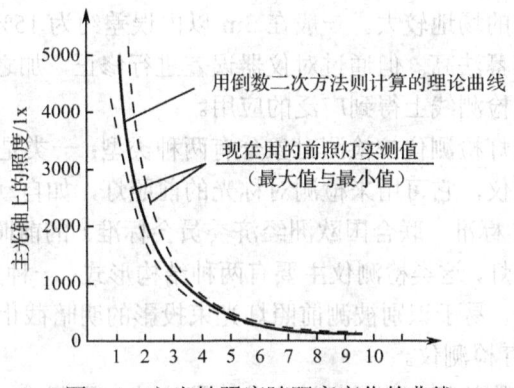

图8-4　主光轴照度随距离变化的曲线

### 8.1.2　汽车前照灯检测仪的检测原理

汽车前照灯检测仪通过采用能把吸收的光能变成电流的光电池作为传感器，按照前照灯光轴照射光电池产生电流的大小和比例，来测量发光强度和光轴偏斜量。

光电池是一种光电变换器件，当光线照射到光电池的受光面时，光电池就会产生电动势，光线越强，电动势就越大。如果将它接入回路就会产生相应的回路电流，回路电流的大小即可反映照射到光电池上的光的强弱。

前照灯检验时，采用聚光透镜将前照灯的灯光聚送到光电池上，经过适当的信号处理，达到对前照灯发光强度与光轴偏移量的检测目的。

图8-5表示采用四象限光电池组测量光轴位置的原理。左、右一对光电池检测光轴的左、右位置，如果光轴偏离了中心位置，则左、右光电池受到的光照度不等，于是就会产生一个

偏差信号输出，使得左右偏斜指示计的指针偏离零点，其偏移量即反映了光轴的偏斜量。通过适当的调节机构调整光线照射光电池的光照位置，可使偏斜指示计的指针指向零位，那么，此调节量也就反映了光轴的偏斜量。而此时也可认为光电池受到最强的光照，4 块光电池输出电流之和也就表明了前照灯发光强度的大小。利用这一原理制作的前照灯检测仪有多种形式。

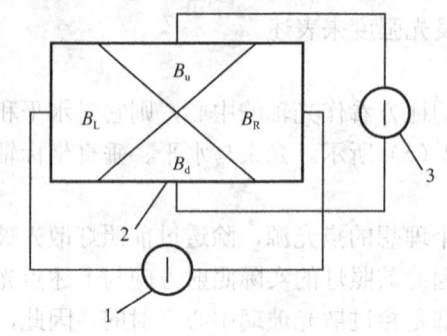

1—左右偏斜指示计；2—光电池；3—上下偏斜指示计

图 8-5　光轴偏斜量的检测原理图

### 8.1.3　汽车前照灯检测仪

用于检测汽车前照灯性能的设备称为前照灯检测仪。用检测仪检测灯光性能时，一般距离大灯为 1m 或 3m，检测时前照灯的光束通过检测仪的聚光透镜和光电元件等，将 1m 或 3m 处的光照度折算成 10m 处的照度，并以发光强度值进行指示。检测前照灯时，距离越远，检测测量值越准确，但需要的场地较大。一般在 3m 以内误差约为 15%，可见，使用前照灯检测仪检测的准确性不如屏幕法高。但通过对仪器误差进行修正，加之占用场地小、使用方便等优点，前照灯检测仪在检测线上得到广泛的应用。

目前国内使用的前照灯检测仪按检测对象分有两种类型：一类是采用 SAE 标准（美国采用的标准）的前照灯检测仪，它可用来检测对称光的前照灯，如自动追踪光轴式前照灯检测仪等；另一类是采用 ECE 标准（联合国欧洲经济委员会标准）的前照灯检测仪，它可用于检测对称光和非对称光前照灯，这类检测仪主要有两种结构形式：一种是投影式前照灯检测仪，其屏幕采用特殊材料制作，易于识别被测前照灯光束投影的明暗截止线；另一种是采用 CCD 和光电技术的 CCD 前照灯检测仪。

前照灯检测仪按其结构特征和测量方法可分为聚光式、屏幕式、投影式和自动追踪光轴式等几种类型。这些不同类型的前照灯检测仪均由接受前照灯光束的受光器、使受光器与汽车前照灯对正的校准装置、前照灯发光强度指示装置、光轴偏斜方向和偏斜量指示装置，以及支柱、底板、导轨、车辆摆正找准装置等组成。以下逐一介绍。

**1. 聚光式前照灯检测仪**

如图 8-6 所示，检测时将其放置于前照灯前方 1m 的距离处，将前照灯的散射光束用受光器的聚光透镜聚合起来，根据聚合光束对光电池的照射，来检测前照灯的发光强度和光轴偏斜量。根据不同的检测方法，它又可以分成下列几种形式：

（1）移动反射镜式。

移动反射镜检测法如图 8-7 所示。前照灯的光束经聚光透镜聚合和反射镜反射后，照射到光电池上。若转动光轴刻度盘，反射镜的安装角将发生变化，照射光电池的光束位置也将随之变化，从而使光轴偏斜指示计的指针产生偏转。检测时，转动光轴刻度盘使光轴偏斜指示计的指针指向零位，这时从光轴刻度盘即可读出光轴的偏斜量；同时光度计也指示出发光强度值。

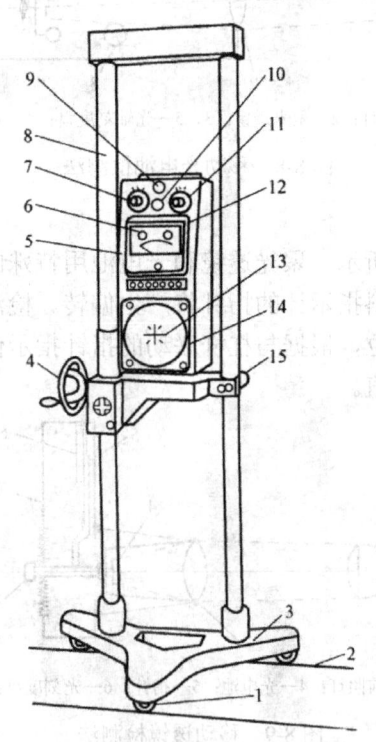

1—车轮；2—导轨；3—底座；4—升降手轮；5—光度计；6—左右偏斜指示计；7—光轴刻度盘（左、右）；8—支柱；9—汽车摆正找准器；10—光度、光轴变换开关；11—光轴刻度盘（上、下）12—上下偏斜指示计；13—前照灯照准器；14—聚光透镜；15—角度调整螺钉

图 8-6 聚光式前照灯检测仪

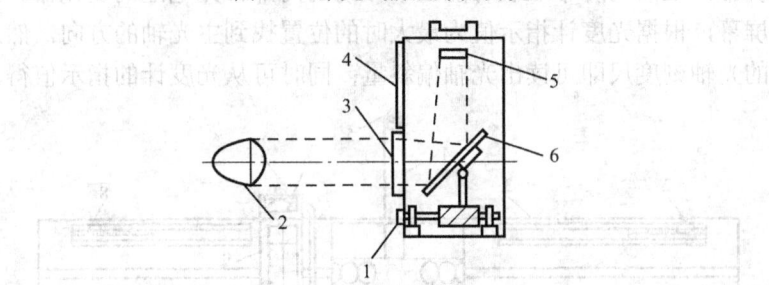

1—光轴刻度盘；2—前照灯；3—聚光透镜；4—光轴偏斜指示计；5—光电池；6—反射镜

图 8-7 移动反射镜检测法

（2）移动光电池式。

移动光电池检测法如图 8-8 所示。若转动上、下或左、右光轴刻度盘，则光电池就随之移动，光电池的受光面位置也将随之变化，从而使光轴偏斜指示计的指针产生偏转。检测时，转动光轴刻度盘使光轴偏斜指示计的指针指向零位，这时从光轴刻度盘即可读出光轴的偏斜量；同时光度计也指示出发光强度值。

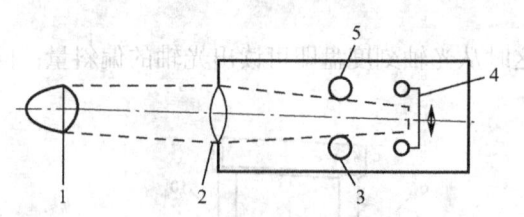

1—前照灯；2—聚光透镜；3、5—光轴刻度盘；4—光电池

图 8-8　移动光电池检测法

(3) 移动透镜式。

移动透镜检测法如图 8-9 所示。聚光透镜和光电池用特殊的连接器连成一体，移动与其联动的光轴检测杠杆，光轴偏斜指示计的指针将产生偏转。检测时，移动光轴检测杠杆，使光轴偏斜指示计的指针指向零位，根据与杠杆联动的指针指示值，即可读出光轴的偏斜量；同时光度计也指示出发光强度值。

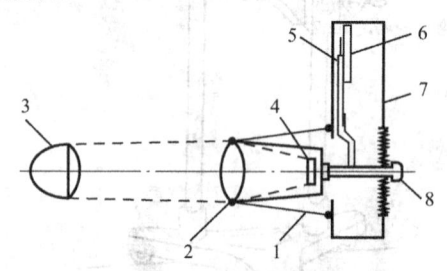

1—连接器；2—聚光透镜；3—前照灯；4—光电池；5—指针；6—光刻度盘；7—外壳；8—光轴检测杠杆

图 8-9　移动透镜检测法

### 2. 屏幕式前照灯检测仪

屏幕式前照灯检测仪是将检测仪放在前照灯前方 3m 的检测距离处，把前照灯的光束照射到屏幕上来检测光轴偏斜量和发光强度。其构造如图 8-10 所示。在固定屏幕上装有可以左右移动的活动屏幕，在活动屏幕上装有能上下移动的内部带光电池的受光器。检测时，移动受光器和活动屏幕，根据光度计指示值为最大时的位置找到主光轴的方向，然后由固定屏幕和活动屏幕上的光轴刻度尺即可读出光轴偏斜量；同时可从光度计的指示值得出发光强度。

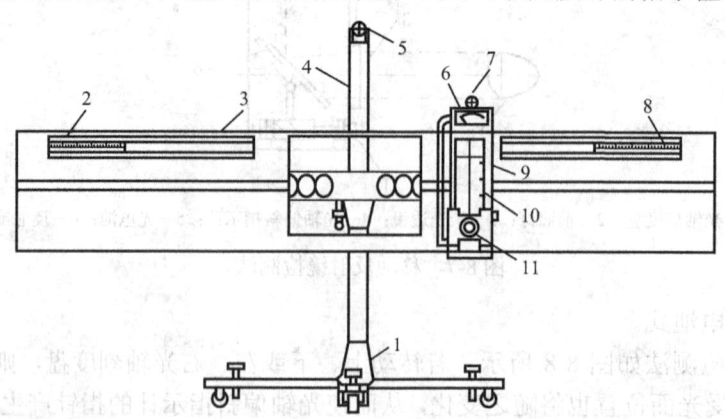

1—底座；2—光轴刻度尺（左）；3—固定屏幕；4—支柱；5—车辆摆正找准器；6—光度计；
7—对正前照灯照准器；8—光轴刻度尺（右）；9—活动屏幕；10—光轴刻度尺（上、下）；11—受光器

图 8-10　屏幕式前照灯检测仪

### 3．投影式前照灯检测仪

投影式前照灯检测仪是将前照灯光束的影像映射到投影屏上，从而检测出发光强度和光轴偏斜量。检测时，将检测仪放在前照灯前方 3m 的检测距离处。

投影式前照灯检测仪的构造如图 8-11 所示。在聚光透镜的上、下和左、右方向装有 4 个光电池。前照灯光束的影像通过聚光透镜、光度计的光电池和反射镜后，映射到投影屏上，如图 8-12 所示。在检测时，通过上下和左右移动受光器使光轴偏斜指示计的指针指向零位，即上下与左右光电池的受光量相等，从而找到被测前照灯主光轴的方向。然后根据投影屏上前照灯光束影像的位置，即可得出主光轴的偏斜量；同时可从光度计的指示值得出发光强度。

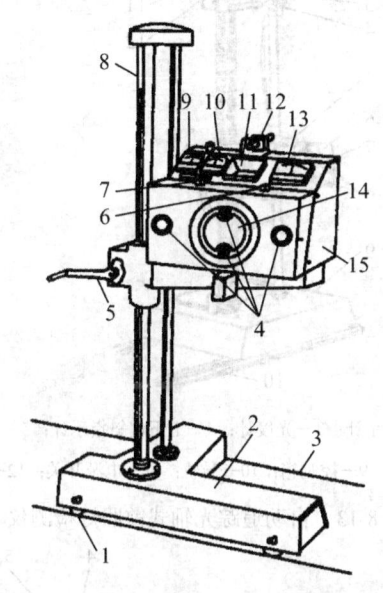

1—车轮；2—底座；3—导轨；4—光电池；5—上下移动手柄；6—光轴刻度盘（上、下）；7—光轴刻度盘（左右）；8—支柱；9—左右偏斜指示计；10—上下偏斜指示计；11—投影屏；12—车辆摆正找准器；13—光度计；14—聚光透镜；15—受光器

图 8-11　投影式前照灯检测仪

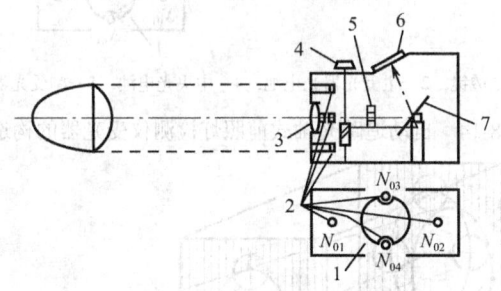

1—聚光透镜；2—光电池；3—聚光透镜；4—光轴刻度盘；5—光度计光电池；6—投影屏；7—反射镜

图 8-12　投影式前照灯检测仪光束影像的映射原理

常用的光轴测量方法有以下两种。

（1）投影屏刻度式检测主光轴偏斜量的方法。在投影屏上刻有表示光轴偏斜量的刻度线，根据前照灯影像中心在投影屏上所处的位置，就可以直接测出光轴偏斜量。

（2）光轴刻度盘式检测主光轴偏斜量的方法。转动光轴刻度盘，使前照灯影像中心与投影屏的坐标原点重合，然后由光轴刻度盘上的刻度即可看出光轴的偏斜量。

### 4. 自动追踪光轴式前照灯检测仪

自动追踪光轴式前照灯检测仪的构造如图 8-13 所示。在受光器的面板上聚光透镜上、下和左、右装有 4 个光电池，受光器的内部也装有 4 个光电池，分别构成主、副受光器，如图 8-14 和图 8-15 所示。另外还有由两组光电池电流差所控制的能使受光器沿上下和水平方向移动的驱动和传动装置。

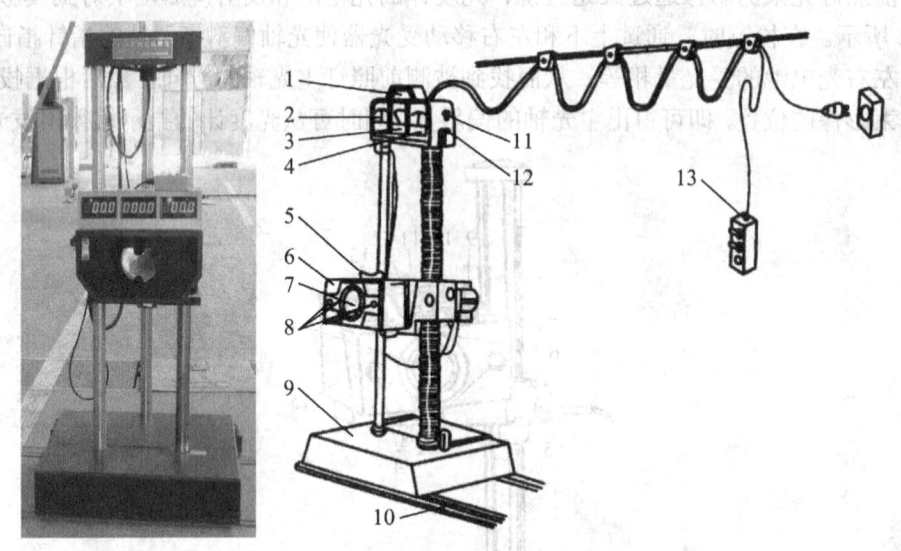

1—在用显示器；2—左右偏斜指示计；3—光度计；4—上下偏斜指示计；5—车辆找准装置；6—受光器；
7—聚光透镜；8—光电池；9—控制箱；10—导轨；11—电源开关；12—熔断丝；13—控制盒

图 8-13　自动追踪光轴式前照灯检测仪

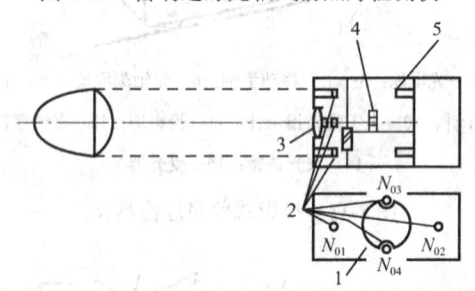

1、3—聚光透镜；2—主受光器光电池；4—中央光电池；5—副受光器光电池

图 8-14　自动追踪光轴式前照灯检测仪受光器的构造

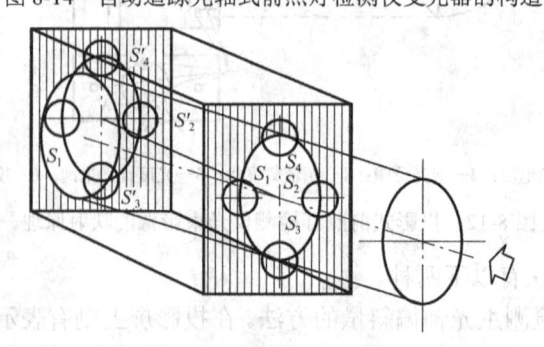

图 8-15　主、副受光器的光电池

检测时，将检测仪放在前照灯前方 3m 的检测距离处。当前照灯的光束照射到受光器上时，若前照灯光束照射方向偏斜，则主、副受光器上、下或左、右光电池的受光量不等，它们分别产生的电流失去平衡，由其电流的差值控制受光器上、下移动的电动机或控制箱左、右移动的电动机运转，并通过钢丝绳牵动受光器上下移动或驱动控制箱在轨道上左右移动，直至受光器上下、左右光电池受光量相等为止。这就是所谓的自动追踪光轴，追踪时受光器的位移由光轴偏斜指示计指示，发光强度由光度计指示。

## 任务 8.2　汽车前照灯检测的标准及方法

### 8.2.1　汽车前照灯检测的相关标准

前照灯的发光强度、光束照射位置在 GB 7258—2017《机动车运行安全技术条件》中有明确的规定。

**1. 前照灯远光光束发光强度要求**

汽车每只前照灯的远光光束发光强度应达到表 8-1 的要求。测试时，其电源系统应处于充电状态。

表 8-1　前照灯远光光束发光强度的要求

| 机动车类型 | 检 查 项 目 |||| 
|---|---|---|---|---|
| ^ | 新车注册/cd || 在用车/cd ||
| ^ | 两灯制 | 四灯制① | 两灯制 | 四灯制ª |
| 最高车速小于 70km/h | 10000 | 8000 | 8000 | 6000 |
| 其他汽车 | 18000 | 15000 | 15000 | 12000 |

注：①四灯制是指前照灯具有 4 个远光光束；采用四灯制的机动车其中两只对称的灯达到两灯制要求时视为合格。

**2. 前照灯光束照射位置的要求**

（1）在空载车状态下，汽车、摩托车前照灯近光光束照射在距离 10m 的屏幕上，近光光束明暗截止线转角或中点的垂直方向位置，对近光光束透光面中心（基准中心，下同）高度小于或等于 1000mm 的机动车，应不高于近光光束透光面中心所在水平面以下 50mm 的直线且不低于近光光束透光面中心所在水平面以下 300mm 的直线；对近光光束透光面中心高度大于 1000mm 的机动车，应不高于近光光束透光面中心所在水平面以下 100mm 的直线且不低于近光光束透光面中心所在水平面以下 350mm 的直线。除装用一只前照灯的三轮汽车和摩托车外，前照灯近光光束明暗截止线转角或中点的水平方向位置，与近光光束透光面中心所在垂直面相比，向左偏移应小于或等于 170mm，向右偏移应小于或等于 350mm。

（2）在空载车状态下，轮式拖拉机运输机组前照灯近光光束照射在距离 10m 的屏幕上，近光光束中点的垂直位置应小于或等于 $0.7H$（$H$ 为前照灯近光光束透光面中心的高度），水平位置向右偏移应小于或等于 350mm 且不应向左偏移。

（3）在空载车状态下，对于能单独调整远光光束的汽车、摩托车前照灯，前照灯远光光束照射在距离 10m 的屏幕上，其发光强度最大点的垂直方向位置，应不高于远光光束透光面中心所在水平面（高度值为 $H$）以上 100mm 的直线且不低于远光光束透光面中心所在水平面以下 $0.2H$ 的直线。除装用一只前照灯的三轮汽车和摩托车外，前照灯远光发光强度最大点的水平位置，与远光光束透光面中心所在垂直面相比，左灯向左偏移应小于或等于 170mm 且向右偏移应小于或等于 350mm，右灯向左和向右偏移均应小于或等于 350mm。

### 8.2.2 前照灯检测仪的检测方法

不同牌号、型式的检测仪，其使用方法有所不同，所以一定要先认真阅读检测仪的使用说明书。一般的使用方法如下。

**1．检测前的准备**

（1）检测仪的准备。

① 切断光轴光度转换开关（相当于不受光状态），检测各指示计的机械零点，若有偏差应加以调整。

② 检查各镜面有无污垢，若有则加以清除。

③ 检查水准器有无气泡或气泡的位置，若无或位置不准，则应进行修理或调整。

④ 检查支柱、升降台和导轨，看其动作是否自如或有无脏污，否则应进行修理或清除。

（2）车辆的准备。

① 清除前照灯上的污垢。

② 检查并调整轮胎气压。

③ 蓄电池应处于充足电状态。

**2．检测方法**

（1）非全自动前照灯检测仪一般要进行以下步骤。

① 将被检车辆沿垂直屏幕或导轨方向驶近检测仪，并按规定要求的测量距离停好车辆。

② 用车辆摆正找准器使检测仪与被检汽车对正。

③ 开亮前照灯进行检测。

④ 根据光轴刻度盘、指示计或屏幕刻度及光度计即可得出光轴偏斜量和发光强度。

（2）全自动检测仪的使用方法.

① 仪器与被检车辆的对准。

将被检车辆垂直对准仪器的光接收箱。一般在检测场地上画出行驶标志线（安装时已保证仪器的光接收箱正面与行驶标志线垂直），如车辆停放时其纵向中心线与行驶标志线平行，则可认为已对准，否则应进行如下对准工作。

（a）在被检车的纵向中心线（或其平行线）上设定前后距离不少于 1m 的两个标志点（物）。

（b）通过仪器的瞄准器进行瞄准和调整。

② 检测距离的确认。

此检测距离指光接收箱正面与被检前照灯基准中心之间的距离。利用光接收箱下部附装的钢卷尺检查此距离是否符合要求。

③ 手动控制和自动测定方式。

被检车应在空载、坐一名驾驶员的条件下进行检测。

被检车开亮前照灯后，通过操纵控制开关使仪器的光接收箱进入照射范围，然后按"测定"开关，"测定"指示灯亮，仪器进入测定工作状态。在此状态下，仪器将自动测定发光强度和光轴偏移量并通过各显示表将结果直接显示出来。检测完后按控制开关将使仪器退出测定工作状态。

④ 全自动测定方式。

全自动测定方式操作比较简单，在用户将计算机板上的拨码开关拨到所需的测单灯或测双灯位置后，从左边进入或从右边进入测定。设置好之后，将仪器移到导轨一侧，检测箱移到最低位置（初始位置）。然后按仪器的进入键，即可进行自动检测。检测结果可由检测线上的计算机通过串行口读取。检测完毕，仪器将自动返回初始位置。

### 8.2.3 前照灯检测仪的使用及维护

**1. 使用注意事项**

（1）检测仪要事先调整水平。
（2）检测仪不要受外来光线的影响。
（3）必须在汽车保持空载并乘坐一名驾驶员的状态下检测。
（4）汽车有4个前照灯时，一定要把辅助前照灯遮住后再进行测量。
（5）开亮前照灯受光器后，一定要使光电池灵敏度稳定后再进行测量。
（6）仪器不用时，要用罩子把受光器盖好，并注意不要受潮、受冲击或让阳光直射。

**2. 前照灯检测仪的维护**

前照灯检测仪应制定良好的维护制度和建立维修档案。建议每3个月对仪器校准或标定一次，以提高维护水平。下面以全自动前照灯检测仪为例进行简单说明。

（1）导轨应每日清洗，其运行表面不得有砂粒、油泥及其他阻碍仪器运行的异物。
（2）前立柱应每日清洁，防止灰尘积聚。每日工作前，应为其加上适量的20#机油，以保证润滑良好。
（3）受光面正面的玻璃镜应经常用软布擦拭，不应有灰尘、油雾等阻碍光线透射的异物存在。
（4）后立柱每周至少清洁一次，并加上适量的20#机油，以保证润滑良好。
（5）传动链条每日清洁一次（可用棉布浸润汽油抹洗），并加上适量的20#机油或钙基润滑脂。
（6）传动轴承应每月加钙基润滑脂一次。

### 8.2.4 检测结果分析

前照灯检验不合格有两种情况：一是前照灯发光强度偏低；二是前照灯的照射位置偏斜。

**1. 前照灯发光强度偏低**

前照灯发光强度偏低又有下列几种情况。
（1）左、右前照灯发光强度均偏低。
① 检查前照灯反光镜的光泽是否明亮，如昏暗、镀层剥落或发黑应予更换。
② 检查灯泡是否老化，质量是否符合要求，如老化或质量不符合要求，光度偏低者应更换。
③ 检查蓄电池端电压是否偏低，如端电压偏低，应先充足电再检测。送检汽车普遍存在蓄电池电量不足，端电压偏低的现象。如由蓄电池供电，前照灯的发光强度一般很难达到标准的规定；如由发电机供电则大部分汽车前照灯的发光强度增加，多数可达到标准规定。
（2）左、右前照灯发光强度不一致。
检查发光强度偏低的前照灯的反射镜光泽是否灰暗，灯泡是否老化，质量是否符合要求。

一般多为搭铁线路接触不良或变光开关接触不良。

(3) 所有灯都不亮。

蓄电池至总开关之间的火线断路；灯总开关损坏；电源总保险丝熔断；电子自动变光器损坏（对于电子控制前照灯）；远光或近光灯的导线都断路或接触不良；前照灯搭铁不良。

(4) 远光或近光不亮。

变光开关或自动变光器损坏；远光或近光灯的导线有一根断路；双丝灯泡的远光或近光灯丝有一根烧断；灯光继电器损坏；传感器损坏。

(5) 前照灯灯光暗淡。

保险丝松动；导线接头松动；前照灯的开关或继电器的触点接触不良；发动机的输出电压低，用电设备漏电；负荷过大。

(6) 灯泡经常烧坏。

发电机输出电压过高。

### 2. 前照灯光束的照射位置偏斜

前照灯安装位置不当或因强烈震动而错位致使光束照射位置偏斜超标时，应予以调整。前照灯光束照射位置偏斜的调整可在前照灯检验仪上进行，先将左、右及上、下光轴刻度盘旋钮置于所需要调整的方位上，然后调整被检前照灯的安装螺钉，直至左右指示表及上下指示表的指针均指向零点即可。

## 任务 8.3　实训：汽车前照灯的检测

### 8.3.1　实训目的与要求

(1) 掌握汽车前照灯的检测标准。

(2) 了解汽车前照灯检测仪器的结构和工作原理。

(3) 熟悉汽车前照灯的检测方法，能正确地调整前照灯的照射方向并必须符合国家标准的要求。

### 8.3.2　实训设备与器材

(1) QD-300A 型前照灯检测仪：1台。

(2) 在用车辆：一辆。

(3) 轮胎气压表：一个。

(4) 调整工具：一套。

### 8.3.3　前照灯检测仪的检测方法

#### 1. 准备工作

(1) 对车辆的准备。

① 车辆的轮胎气压必须符合厂家规定的数值。

② 车辆的蓄电池和充电系统必须正常。

③ 清除车辆前照灯上的污染物。

（2）对仪器的准备.
① 打开仪器电源开关，预热 15 分钟。
② 将仪器导轨内的杂质和赃物清除干净。
③ 操纵仪器控制开关，按上/下、左/右键，看仪器运动是否自如，否则应排除故障。
④ 用镜头纸和柔软的擦镜布将仪器各镜面上的污染物或模糊不清的地方擦干净。

2．检测方法

（1）将车辆停放在与导轨保持垂直的位置，使前照灯与检测仪器的受光器相距 3m。
（2）如检测左灯，将右灯用隔板挡住；如检测右灯，将左灯用隔板挡住，不能受其他光源的影响。
（3）发动车辆，然后打开车辆前照灯（分别测量远光和近光）。
（4）操纵仪器控制开关，按"测定"键。仪器自动追踪光轴，当仪器进入测定状态，"测定"指示灯亮。
（5）当各指示计和光度计的指示值稳定后，将原始数据分别记录在表格中。然后根据国家标准加以分析和判断。
（6）如果检测不合格，需要进行调整，调整到合格为止，并将调整后的数据记录到表格中。
（7）用第（4）、第（5）、第（6）条相同的方法再检测另一个大灯。
（8）先关闭车辆的前照灯，再熄火，操纵仪器控制开关，将仪器返回原处。

### 8.3.4 实训报告：汽车前照灯的检测

汽车前照灯的检测报告如表 8-2 所示。

表 8-2 汽车前照灯的检测报告

| 实训仪器及设备 | | | | 实训日期 | | | |
|---|---|---|---|---|---|---|---|
| 所检车型 | | | | 试验地点 | | | |
| 前照灯型号 | | | | 前照灯中心高度（$H$） | | | |
| 前照灯检测数据分析记录表 ||||||||
| 远光发光强度 | 左 灯 |||| 右 灯 ||||
| 远光/近光照射位置 | 调整前数值 || 调整后数值 || 调整前数值 || 调整后数值 ||
| | 远光 | 近光 | 远光 | 近光 | 远光 | 近光 | 远光 | 近光 |
| 垂直方向（上/下）偏差 | | | | | | | | |
| 水平方向（左/右）偏差 | | | | | | | | |
| 国家标准 | | | | | | | | |
| 调整原因 | | | | | | | | |
| 成绩 | | 指导教师 | | | | 日期 | | |

## 思 考 题

1. 发光强度和照度有什么关系？
2. 前照灯的光学特性包括哪几个方面？
3. 前照灯检测仪的类型有哪些？它由哪些主要装置组成？
4. 简述前照灯检测仪的检测原理。
5. 用前照灯检测仪检测汽车前照灯的发光强度和光轴偏移量需提前进行哪些准备？
6. 如何使用自动追踪光轴式前照灯检测仪进行前照灯的检测？

# 项目 9  汽车公害检测

某客户到 4S 店进行车辆保养，并向接待人员诉说他的轿车在下个月就要进行年检了，他担心排放超标，过不了年检，希望能给出一个解决方案。

要完成这个工作任务，应熟悉汽车排放污染物的成因，包括废气和噪声；熟悉汽车废气和噪声排放的检测标准；了解检测设备或仪器的工作原理，熟悉检测的方法和步骤。

## 任务 9.1  汽车废气排放及检测标准

随着汽车保有量的不断增加，汽车的排放物对环境的影响越来越引起人们的重视，并被列为城市公害之一，它不仅污染了人类的生存环境，还影响着人类的身体健康。

### 9.1.1  废气的成分及特性

汽车废气主要从汽车排气管中排出，其成分主要包括一氧化碳（CO）、二氧化碳（$CO_2$）、碳氢化合物（HC）、氮氧化合物（$NO_x$）、硫氧化物（$SO_x$）和微粒物（PM）等，也有部分废气是从曲轴箱和油箱等地方排出的。

#### 1. 一氧化碳（CO）

CO 是汽油车排气中有害浓度最大的成分，是汽油燃烧不完全的产物。CO 是一种无色、无味的气体，极易与血液中的血红蛋白结合，其结合的速度比 $O_2$ 快 250 倍，因此人体吸入 CO 后，很容易造成体内缺氧而引起窒息。一旦将 CO 吸入体内还将会危害中枢神经系统，造成人的感觉、反应、理解、记忆力等机能障碍，重者危害血液循环系统，导致生命危险。

CO 主要在以下几种情况下产生。

（1）混合气分布不均匀：理论上讲，当混合气空燃比≥14.7:1 时，排气中将不含 CO 而代之产生 $CO_2$ 和未参加燃烧的 $O_2$，但现实中由于混合气的分布并不均匀，总会出现局部缺氧的情况，而产生 CO。

（2）空气量不足：当混合气空燃比≤14.7:1 时，必然会有部分燃料不能完全燃烧而生成 CO，如发动机在怠速时、发动机在加速和大负荷范围工作时或点火时刻过分推迟时。

（3）高温分解：由于燃烧后的高温，已经生成的 $CO_2$ 也会有小部分被分解成 CO 和 $O_2$。

（4）还原反应：排气中的 $H_2$ 和未燃烃也可能将排气中的部分 $CO_2$ 还原成 CO。

#### 2. 二氧化碳（$CO_2$）

$CO_2$ 是含碳燃料燃烧的必然产物，它是一种无色无毒气体，对人体无直接危害。但大气中的 $CO_2$ 增加到一定浓度时，因其对红外热辐射的吸收而形成的温室效应，会使全球气温上升而导致冰层溶化、海平面上升及大陆腹地沙漠化趋势加剧，使人类和动植物赖以生存的生态环境遭到破坏。据统计，大气中的 $CO_2$ 约 30%来自汽车废气。

#### 3. 碳氢化合物（HC）

HC 是发动机燃烧不彻底、低温激冷、曲轴箱窜气或燃油箱蒸发的产物，其成分非常复杂，包括多种烃类化合物，总称烃类。当混合气过稀或缸内废气过多时会出现火焰传播不充分现象，即燃烧室部分地区由于混合气过稀或缸内残余废气系数过高而不能燃烧，出现断火现象，这时排气中的 HC 浓度会显著增加。

HC 和氮氧化合物在阳光紫外线的作用下，会发生光化学反应而产生烟状物质，称为光化学烟雾。光化学烟雾对人体健康有严重危害，还会妨碍生物的正常生长。1952 年 12 月，伦敦发生光化学烟雾，4 天中死亡人数较常年同期多 4000 人，45 岁以上的死亡人数最多，约为平时的 3 倍；1 岁以下的约为平时的 2 倍；1998 年，曾有北京出现光化学烟雾事件的报道；2001 年，南宁也有发生光化学烟雾事件的报道。汽车排放污染物的危害就是以光化学烟物事件引起人们注意的。

#### 4. 氮氧化物（$NO_x$）

$NO_x$ 主要指一氧化氮（NO）和二氧化氮（$NO_2$）等氮氧化物的总称，主要由排气管排出。它对人体的影响是刺激眼睛，引起角膜炎、喘息症、肺气肿等，还是形成光化学烟雾的成分，高浓度的 NO 能引起神经中枢的障碍。

$NO_x$ 是发动机高温的产物，试验证明，供给略稀的混合气（空燃比≥15.5）和在温度较高情况下会增大 $NO_x$ 的排放量。汽油机排出的 $NO_x$ 中，NO 占 99%，而柴油机排出的 $NO_x$ 中 $NO_2$ 的比例稍大。

#### 5. 硫氧化物（$SO_x$）

汽车内燃机尾气中 $SO_x$ 的主要成分为二氧化硫（$SO_2$）。当汽车使用催化净化装置时，$SO_2$ 会逐渐在催化剂表面堆积，造成所谓的催化剂中毒，不但危害催化剂的使用寿命，还危害人体健康，而且 $SO_2$ 是造成酸雨的主要物质。

#### 6. 微粒物（PM）

汽油机中的主要微粒为铅化物、硫酸盐、低分子物质；柴油机中的主要微粒为石墨形的含碳物质（碳烟）和高分子量有机物（润滑油的氧化和裂解产物）。它的来源主要有不可燃物质、可燃的但未进行燃烧的物质、燃烧生成物，以及来自燃料中的抗爆剂、润滑油添加剂及运动产生的磨屑等含金属成分的微粒。

柴油机的微粒量比汽油机多 30~60 倍，成分比较复杂。特别是碳烟，主要由直径 0.1~10μm 的多孔性碳粒构成，它不仅影响道路上的能见度，还含有少量的带有特殊臭味的乙醛，能引起人们恶心和头晕，而且碳烟微粒会被人体吸入肺部沉淀下来并黏附有 $SO_2$ 及致癌物质，严重危害人体健康。

上述汽车排出的废气中，汽油车排放的主要废气为 CO、HC 和 NO，柴油车排放的主要废气为 CO、$NO_x$ 和碳烟。关于各种废气所占的比例可参考 9-1 所列的数据。

表 9-1 汽油机与柴油机排放废气的成分

| 成分 | 汽油机/% | 柴油机/% |
| --- | --- | --- |
| $N_2$ | 72 | 75.2 |
| $CO_2$ | 17 | 7.1 |
| $O_2$ | 9.36 | 16.88 |
| CO | 1.4 | 0.29 |
| HC | 0.08 | 0.07 |
| $NO_x$ | 0.13 | 0.29 |
| 其他 | 0.03 | 0.17 |

### 9.1.2 检测标准

**1. 点燃式发动机汽车排气污染物排放限值**

国家标准 GB 18285—2005《点燃式发动机汽车排气污染物排放限值及测量方法（双怠速法及简易工况法）》中规定，对于装配点燃式发动机的新生产汽车，型式核准和生产一致性检查的排气污染物排放限值如表 9-2 所示；装配点燃式发动机的在用汽车，其排气污染物排放限值如表 9-3 所示。

表 9-2 新生产汽车排气污染物排放限值（体积分数）

| 车型 | 怠速 CO/% | 怠速 HC/$10^{-6}$ | 高怠速 CO/% | 高怠速 HC/$10^{-6}$ |
|---|---|---|---|---|
| 2005 年 7 月 1 日起新生产的第一类轻型汽车 | 0.5 | 100 | 0.3 | 100 |
| 2005 年 7 月 1 日起新生产的第二类轻型汽车 | 0.8 | 150 | 0.5 | 150 |
| 2005 年 7 月 1 日起新生产的重型汽车 | 1.0 | 200 | 0.7 | 200 |

表 9-3 在用汽车排气污染物排放限值（体积分数）

| 车型 | 怠速 CO/% | 怠速 HC/$10^{-6}$ | 高怠速 CO/% | 高怠速 HC/$10^{-6}$ |
|---|---|---|---|---|
| 1995 年 7 月 1 日前生产的轻型汽车 | 4.5 | 1200 | 3.0 | 900 |
| 1995 年 7 月 1 日起生产的轻型汽车 | 4.5 | 900 | 3.0 | 900 |
| 2000 年 7 月 1 日起生产的第一类轻型汽车 | 0.8 | 150 | 0.3 | 100 |
| 2001 年 10 月 1 日起生产的第二类轻型汽车 | 1.0 | 200 | 0.5 | 150 |
| 1995 年 7 月 1 日前生产的重型汽车 | 5.0 | 2000 | 3.5 | 1200 |
| 1995 年 7 月 1 日起生产的重型汽车 | 4.5 | 1200 | 3.0 | 900 |
| 2004 年 9 月 1 日起生产的重型汽车 | 1.5 | 250 | 0.7 | 200 |

**2. 压燃式发动机汽车排气污染物排放限值**

国家标准 GB 3847—2005《车用压燃式发动机和压燃式发动机汽车排气烟度排放限值及测量方法》中规定了使用稳定转速试验的烟度排放限值（表 9-4）和自由加速排气烟度排放限值。

表 9-4 稳定转速试验的烟度排放限值

| 名义流量/$G$/(L/s) | 光吸收系数/k/$m^{-1}$ |
|---|---|
| ≤42 | 2.26 |
| 45 | 2.19 |
| 50 | 2.08 |
| 55 | 1.985 |
| 60 | 1.90 |
| 65 | 1.84 |
| 70 | 1.775 |

续表

| 名义流量/$G$/（L/s） | 光吸收系数/$k$/m$^{-1}$ |
|---|---|
| 75 | 1.72 |
| 80 | 1.665 |
| 85 | 1.62 |
| 90 | 1.575 |
| 95 | 1.535 |
| 100 | 1.495 |
| 105 | 1.465 |
| 110 | 1.425 |
| 115 | 1.395 |
| 120 | 1.37 |
| 125 | 1.345 |
| 130 | 1.32 |
| 135 | 1.30 |
| 140 | 1.27 |
| 145 | 1.25 |
| 150 | 1.225 |
| 155 | 1.205 |
| 160 | 1.19 |
| 165 | 1.17 |
| 170 | 1.155 |
| 175 | 1.14 |
| 180 | 1.125 |
| 185 | 1.11 |
| 190 | 1.095 |
| 195 | 1.08 |
| ≥200 | 1.065 |

注：虽然以上数值均修约至最接近的 0.005～0.01，但这并不意味着测量也需要精确到这种程度。

对新生产汽车，应按要求进行自由加速试验。测得的光吸收系数不应大于该汽车装用发动机型式核准批准的自由加速试验排气烟度排放的限值加 0.5m$^{-1}$。汽车制造厂应确保新生产汽车满足该要求，否则不得出厂。

对于装用涡轮增压器的发动机的汽车，其自由加速试验测得的光吸收系数应满足排放限值。该限值是表 9-4 规定的、在稳定转速试验中测得的最大光吸收系数对应的名义流量所规定的限值，再加 0.5m$^{-1}$。

对于本标准实施后生产的在用汽车应按要求进行自由加速试验，所测得的排气光吸收系数不应大于车型核准批准的自由加速排气烟度排放限值，再加 0.5m$^{-1}$。

对于 2001 年 10 月 1 日起至本标准实施之日生产的在用汽车应按要求进行自由加速试验，所测得的排气光吸收系数不应大于以下数值：自然吸气式，2.5m$^{-1}$；涡轮增压式，3.0m$^{-1}$。

对于自 1995 年 7 月 1 日起至 2001 年 9 月 30 日期间生产的在用汽车，应按要求进行自由加速试验，所测得的烟度值应不大于 4.5Rb。

自 1995 年 6 月 30 日以前生产的在用汽车，应按要求进行自由加速试验，所测得的烟度值应不大于 5.0Rb。

**3. 轻型汽车污染物排放限值**

根据国家标准 GB 18352.1—2001《轻型汽车污染物排放限值及测量方法（Ⅰ）》、GB 18352.2—2001《轻型汽车污染物排放限值及测量方法（Ⅱ）》和 GB 18352.3—2005《轻型汽车污染物排放限值及测量方法（中国第Ⅲ、Ⅳ阶段）》，第Ⅰ、Ⅱ、Ⅲ和Ⅳ阶段的限值如表 9-5 所示。

GB 18352.5—2013《轻型汽车污染物排放限值及测量方法（中国第五阶段）》自发布之日起，即可依据其进行型式核准，自 2018 年 1 月 1 日起，所有销售和注册登记的轻型车汽车应符合其要求。自 2018 年 1 月 1 日起，代替 GB 18352.3—2005《轻型汽车污染物排放限值及测量方法（中国第Ⅲ、Ⅳ阶段）》，在 2023 年 1 月 1 日之前，第Ⅲ、Ⅳ阶段轻型汽车的"在用符合性检查"仍执行 GB 18352.3—2005 的相关要求。

GB 18352.6—2016《轻型汽车污染物排放限值及测量方法（中国第六阶段）》于 2020 年 7 月 1 日实施，代替 GB 18352.5—2013，GB 18352.6—2016 的要求更加严格。

表 9-5 第Ⅰ、Ⅱ、Ⅲ和Ⅳ阶段的限值

| | Ⅰ阶段/（g/km） | | | | | Ⅱ阶段/（g/km） | | | | |
|---|---|---|---|---|---|---|---|---|---|---|
| | CO | HC | NO$_x$ | HC+NO$_x$ | PM | CO | HC | NO$_x$ | HC+NO$_x$ | PM |
| 汽油车 | 2.72 | | | 0.97 | | 2.2 | | | 0.5 | |
| 柴油车 | 2.72 | | | 0.97 | 0.14 | 1.0 | | | 0.7 | 0.08 |
| 直喷式柴油车 | 2.72 | | | 1.36 | 0.20 | 1.0 | | | 0.9 | 0.10 |
| | Ⅲ阶段/（g/km） | | | | | Ⅳ阶段/（g/km） | | | | |
| | CO | HC | NO$_x$ | HC+NO$_x$ | PM | CO | HC | NO$_x$ | HC+NO$_x$ | PM |
| 汽油车 | 2.30 | 0.2 | 0.15 | | | 1.0 | 0.1 | 0.08 | | |
| 柴油车 | 0.64 | | 0.50 | 0.56 | 0.05 | 0.5 | | 0.25 | 0.30 | 0.025 |

第Ⅲ、Ⅳ阶段的试验运转循环如图 9-1 所示。

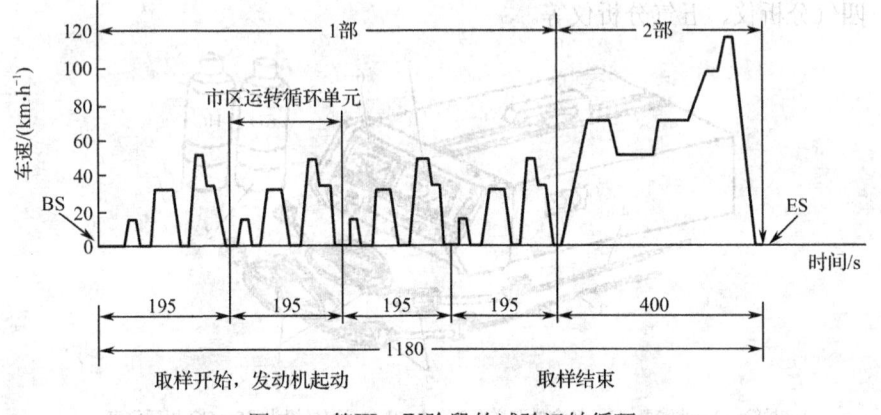

图 9-1 第Ⅲ、Ⅳ阶段的试验运转循环

## 任务9.2 汽油车废气检测

### 9.2.1 汽油车废气检测的仪器

根据国家标准 GB 18285—2005《点燃式发动机汽车排气污染物排放限值及测量方法》和行业标准 HJ/T 290—2006《汽油车简易瞬态工况法排气污染物测量设备技术要求》可知，汽油车排放污染物检测的仪器有底盘测功机、气体分析仪、流量计和污染物排放检测计算机控制软件等。这里主要介绍气体分析仪的工作原理及其结构。

**1. 气体分析仪的工作原理**

汽油车排放物中的 CO、HC、NO 和 $CO_2$ 等气体，对红外线都分别具有能吸收一定波长范围的性质，且红外线被吸收的程度与排气浓度之间有一定的关系，如图 9-2 所示。不分光红外线分析法就是利用这一原理，即根据检测红外线被汽车排气吸收一定波长范围红外线后能量的变化，来检测排气中各种污染物的含量。在各种气体混合在一起的情况下，这种检测方法具有测量值不受影响的特点。

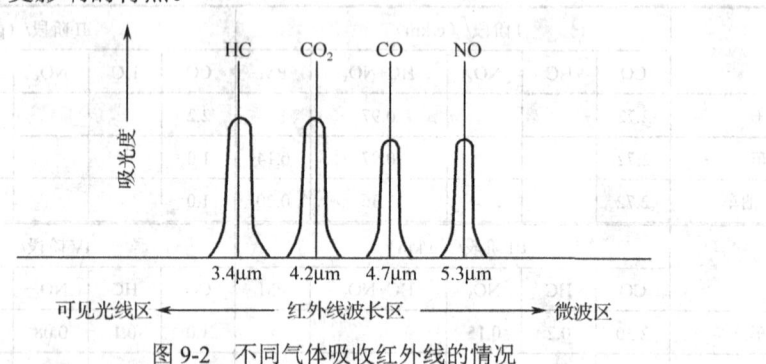

图 9-2 不同气体吸收红外线的情况

利用不分光红外线分析法制成的分析仪，可以制成单独检测某一种排放物含量的单项分析仪，也可以制成能测量多种气体含量的综合分析仪，如 CO/HC 红外线气体综合分析仪（图 9-3）、四气分析仪、五气分析仪等。

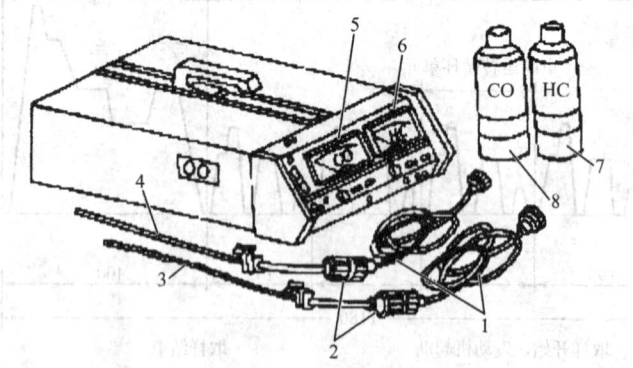

1—导管；2—滤清器；3—低含量取样探头；4—高含量取样探头；5—CO 指示仪表；
6—HC 指示仪表；7—标准 HC 气样瓶；8—标准 CO 气样瓶

图 9-3 CO/HC 红外线气体综合分析仪

## 2. 分析仪内的气体流动路线

不论哪种形式的分析仪,一般都由排气取样装置、排气分析装置、含量指示装置和校准装置等组成,其内的气体流动路线如图9-4所示。

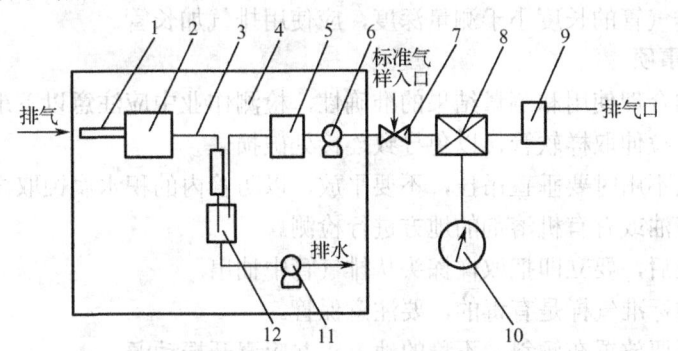

1—取样探头；2、5—滤清器；3—导管；4—排气取样装置；6、11—泵；7—换向阀；
8—排气分析装置；9—流量计；10—浓度指示装置；12—水分离器

图9-4 CO/HC气体综合分析仪内的气体流动路线

### 9.2.2 汽油车废气的检测方法和步骤——双怠速法

汽油车废气的检测方法主要有怠速法、双怠速法、ASM加速模拟工况法、IM 240瞬态工况法、VMAS简易瞬态工况法等。其中,怠速法对于使用化油器的高排放车非常有效,而对于装备电子燃油喷射系统和三元催化转化器的轿车则效率明显降低；从费用效益分析,瞬态简易工况法不仅可以提高装备电子燃油喷射系统和三元催化转化器车辆的检测效率,还可取得最大的环境效益。

在国家标准GB 18285—2005《点燃式发动机汽车排气污染物排放限值及测量方法》中规定：怠速工况指发动机无负载运转状态,即离合器处于接合位置,变速器处于空挡位置（对于自动变速箱的车应处于"停车"或"P"挡位）；采用化油器供油系统的车,阻风门应处于全开位置；加速踏板处于完全松开位置；高怠速工况指满足上述（除最后一项）条件,用加速踏板将发动机的转速稳定控制在50%额定转速或制造厂技术文件中规定的高怠速转速时的工况。

标准中将轻型汽车的高怠速转速规定为2500±100r/min,重型车的高怠速转速规定为1800±100r/min；如有特殊规定的,按照制造厂技术文件中规定的高怠速转速。

**1. 双怠速法的检测程序**

（1）进行仪器准备和校准。

（2）进行车辆的准备,包括车辆进气系统应装有空气滤清器,排气系统应装有排气消声器,并不得有泄漏；预热发动机,使发动机冷却水和润滑油的温度均达到汽车使用说明书所规定的热状态；在发动机上安装转速计、点火正时仪、冷却水和润滑油测温计等测试仪器。

（3）发动机由怠速工况加速至0.7倍额定转速,运转30s后降至高怠速。

（4）发动机降至高怠速状态后,将取样探头插入排气管中,深度不少于400mm,并固定于排气管上。

（5）发动机在高怠速状态维持15s后开始读数,读取并记录30s内的最高值和最低值,取平均值即为高怠速排放测量结果。

（6）发动机从高怠速状态降至怠速状态，在怠速状态维持 15s 后开始读数，读取 30s 内的最高值和最低值，其平均值即为怠速排放测量结果。

（7）若为多排气管时，取各排气管测量结果的算术平均值作为测量结果。

（8）若车辆排气管的长度小于测量深度，应使用排气加长管。

### 2. 检测注意事项

为保证仪器的合理使用和测量结果的准确性，检测作业中应注意以下事项。

（1）不要过度拉伸取样软管，以免导致连接处破损。

（2）取样探头不用时要垂直吊挂，不要平放，以防管内的积水腐蚀取样探头。

（3）不要在有油或有有机溶剂的地方进行检测。

（4）检测结束后，要立即把取样探头从排气管中抽出。

（5）校准用的标准气样是有毒的，要注意保管。

（6）分析仪不要放置在倾斜、不稳的地方，并应避开振动源。

（7）汽油车怠速污染物的检测，一定要把发动机的怠速转速和温度控制在规定范围内。

（8）防止把水、汽油、灰尘等吸入仪器，否则会影响滤清器、泵、分析部位的正常工作，甚至损坏仪器。

（9）检测时导管不要发生弯折现象。

（10）多辆车连续检测时，一定要把取样探头从排气管中抽出并待仪表指针回到零点后，再进行下一辆车的测量。

（11）要注意检测地点的室内通风换气，以防人员中毒。

## 任务 9.3　柴油车废气检测

### 9.3.1　柴油车废气检测的仪器

#### 1. 不透光度烟度计

不透光度烟度计测量排气中可见污染物（主要是烟尘微粒）含量的原理是：使光束通过被测排气（烟）一段给定的长度，通过测量排气吸收光的程度，得到排气中可见污染物的含量，因此有时也称为光吸收系数法。

不透光度烟度计的结构如图 9-5 所示，被测排气从中间的入口 7 进入，分别穿过左圆管从左出口 5 和右圆管从右出口 8 排出；透镜 4 装在左出口的左边，反射镜 10 装在右出口的右边；在透镜 4 的左侧是一个放置成 45° 角的半反射半透射镜 3，它的下方是绿色发光二极管 2，它的左边是光电转换器 1，发光二极管 2 及光电转换器到透镜 4 的光程都等于透镜的焦距。因此，发光二极管 2 发出的光，经半反射镜 3 反射，再通过透镜 4 后就成为一束平行光。

平行光从烟度计的左出口 5 进入，穿过左、右圆管（测量室）的烟气从右出口 8 射出，被反射镜 10 反射后折返，从测量室的右出口 8 重新进入测量室，再次穿过烟气从左出口 5 射出。射出的平行光经过透镜 4，穿过半透射镜 3，聚焦在光电转换器 1 上，并转换成光电信号。排气中含烟越多，平行光穿过测量室时光能衰减越大，经光电转换器 1 转换的光电信号就越弱。

#### 2. 滤纸式烟度计

滤纸式烟度计的检测原理是从排气管中抽取规定容积的废气，使之通过规定面积的标准洁白滤纸，其滤纸被染黑的程度称为烟度。烟度用符号 $S_F$ 表示，烟度单位是无量纲的量，用符号

FSN表示。滤纸染黑的程度不同，则对照射到滤纸表面光线的反射能力不同。烟度 $S_F$ 表示为

$$S_F=10(1-R_d/R_c) \tag{9-1}$$

式中，$R_d$——污染滤纸的反射因数；

$R_c$——洁白滤纸的反射因数。

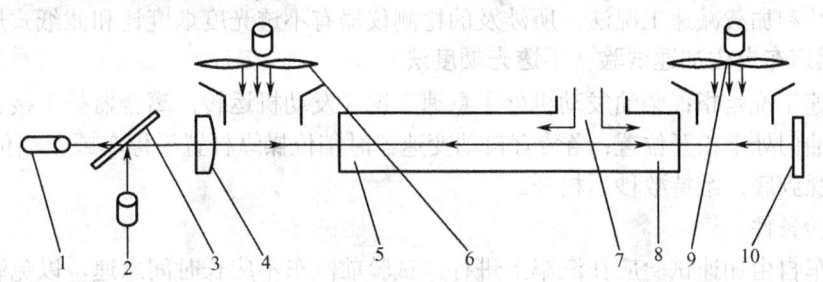

图9-5 不透光度烟度计

1—光电转换器；2—绿色发光二极管；3—半反射半透射镜；4—透镜；5—测量室左出口；6—左风扇；7—测量室入口；8—测量室右出口；9—右风扇；10—反射镜

$R_d/R_c$ 的值为0～100%，分别对应于全黑滤纸的反射和洁白标准滤纸的反射。

滤纸式烟度计的结构如图9-6所示，检测时，利用抽气泵从柴油机排气管中抽取一定容积的废气，并使这部分废气通过一定面积的滤纸，使废气中的碳烟粒子吸附在滤纸式烟度计的滤纸上，滤纸变黑，然后用一定的光线照射滤纸，并用光电池接受反射光，再根据光电池产生的电流使仪表指针偏转，把烟度用污染度百分比的形式显示出来。

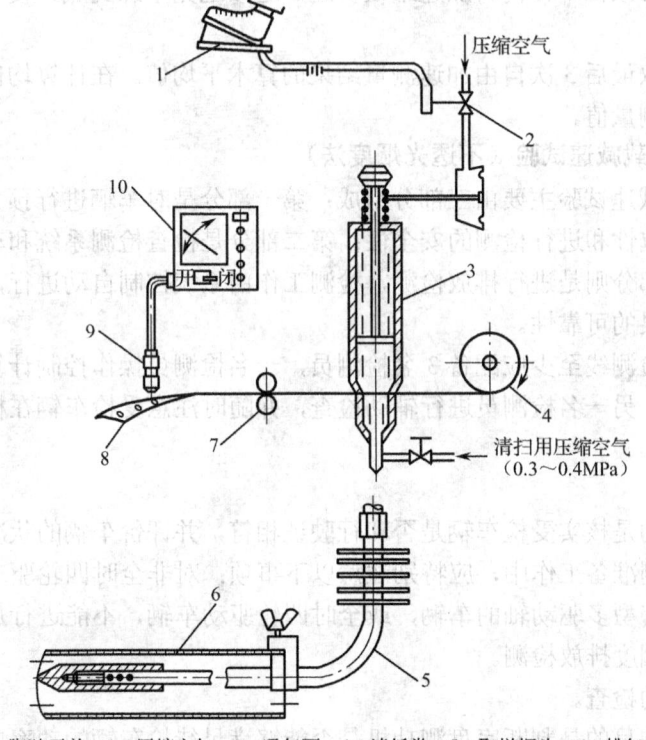

1—脚踏开关；2—压缩空气；3—吸气泵；4—滤纸卷；5—取样探头；6—排气管；7—进给机构；8—滤纸；9—光电传感器；10—指示电表

图9-6 滤纸式烟度计

### 9.3.2 柴油车废气的检测

国家标准 GB 3847—2005《车用压燃式发动机和压燃式发动机汽车排气烟度排放限值及测量方法》规定用光吸收系数来度量可见污染物的大小。检测的方法有稳定转速试验法、自由加速试验法和加载减速工况法，所涉及的检测仪器有不透光度烟度计和滤纸式烟度计。

**1．在用汽车自由加速试验（不透光烟度法）**

自由加速工况是指：柴油发动机处于怠速工况（发动机运转；离合器处于接合位置；加速踏板与手油门处于松开位置；当装有自动变速器时挡位操纵杆置于停车或空挡位置），将加速踏板迅速踩到底，维持数秒后松开。

（1）试验条件。

在用汽车自由加速试验应在汽车上进行，试验前汽车不应长时间怠速，以免燃烧室的温度降低或积污，试验应采用符合国家标准的商品燃料。

（2）车辆准备。

车辆在不进行预处理的情况下也可以进行试验。但是出于安全考虑，必须确保发动机处于热状态，并且机械状态良好。在发动机机油标尺孔位置测得的机油温度应至少为 80℃；如果温度低于 80℃，发动机也应处于正常运转温度。因车辆结构，无法进行温度测量时可以通过其他方法使发动机处于正常运转温度，如通过控制发动机冷却风扇；采用至少 3 次自由加速过程或其他等效方法对排气系统进行吹拂。

（3）目测检测车辆的排气系统的相关部件是否泄漏。

（4）测量时，必须在 1 秒内将加速踏板快速、连续地完全踩到底，使喷油泵在最短时间内供给最大油量。

（5）计算结果取最后 3 次自由加速测量结果的算术平均值。在计算均值时可以忽略与测量均值相差很大的测量值。

**2．在用汽车加载减速试验（不透光烟度法）**

在用汽车加载减速试验主要由三部分组成：第一部分是对车辆进行预先检查，以保证受检车辆与证件的一致性和进行检测的安全性；第二部分是检查检测系统和车辆的状况是否适合进行检测；第三部分则是进行排放检测，检测工作由系统控制自动进行，以保证检测过程的一致性和检测结果的可靠性。

检验时，每条检测线至少应配备 3 名检测员，一名检测员操作控制计算机，一名检测员负责驾驶受检车辆，另一名检测员进行辅助检查，并随时注意受检车辆在检测过程中是否出现异常情况。

（1）预先检查。

预先检查的目的是核实受检车辆是否和行驶证相符，并评价车辆的状况是否能够进行加载减速检测。在检测准备工作中，应特别注意以下事项：对非全时四轮驱动车辆，应选择后轮驱动方式；对紧密型多驱动轴的车辆，或全时四轮驱动车辆，不能进行加载减速检测，应进行自由加速排气烟度排放检测。

（2）检测系统的检查。

检测系统检查的目的是判断底盘测功机是否能够满足待检车辆的功率要求，同时检查检测系统的工作状态是否正常。将待检车辆驾驶到底盘测功机上，举起测功机升降板，并检查是否已将转鼓牢固锁好；放下测功机升降板，松开转鼓制动器。待完全放下升降板后，缓慢驾车使受检车辆的车轮与试验转鼓完全吻合；轻踩制动踏板使车轮停止转动，发动机熄火，按照测功机设备商的建议将非驱动轮楔住，系扣车辆安全限位装置。对前轮驱动的车辆，应有防侧滑措施。

(3) 检测程序。

① 起动发动机，将变速器置于空挡，逐渐增大加速踏板直到开度达到最大，并保持在最大开度状态，记录这时发动机的最大转速，然后松开加速踏板，使发动机回到怠速状态。

② 使用前进挡驱动被检车辆，选择合适的挡位，使加速踏板处于全开位置时，测功机指示的车速最接近70km/h，但不能超过100km/h。对装有自动变速器的车辆，应注意不要在超速挡下进行测量。

③ 计算机对按上述步骤获得的数据自动进行分析，判断是否可以继续进行检测，所有被判定为不适合检测的车辆都不允许进行加载减速烟度检测。

④ 在确认机动车可以进行排放检测后，将底盘测功机切换到自动检测状态。

⑤ 检测员始终将加速踏板保持在最大开度状态，直到检测系统通知松开加速踏板为止。

⑥ 打印检测报告并存档。

⑦ 从受检车辆上拆下所有测试和保护装置，将动力仓盖复位。

⑧ 举起测功机升降板，锁住转鼓。

⑨ 去掉车轮挡块，确认受检车辆及其行驶路线周围没有障碍物或人员；慢慢将受检车辆驶离底盘测功机，并停放到指定地点。

⑩ 关闭电源，检测结束。

**3. 在用汽车自由加速试验（滤纸烟度法）**

(1) 测量前对检测仪器的准备。

首先对仪器进行调零和预热；然后检查取样装置和控制装置中各部机件的工作情况，特别要检查脚踏开关与抽气泵的动作是否同步；检查控制和清洗用的压缩空气压力是否符合要求；检查滤纸进给机构的工作情况；检查滤纸是否合格，应洁白无污。

(2) 测量前对被检测车辆的准备。

发动机进气系统应装有空气滤清器，排气系统应装有消声器并且不得有泄漏；起动、预热发动机至规定的热状态；排气管应能够保证取样探头插入深度≥300mm，否则，排气管应加接管，并保证接口不漏气；必须使用生产厂规定的柴油机润滑油和未加消烟剂的柴油。

(3) 检测程序。

① 将烟度计取样探头逆气流固定于排气管内，深度为300mm，并使其中心线与排气管轴线平行。

② 急加速3次，以消除排气系统中的积存物。

③ 将踏板开关安装在汽车加速踏板上，或将手动橡皮球通过远控软管引入驾驶室，把吸气泵压到最下端并锁止。

④ 抽气泵抽气由抽气泵开关控制，抽气动作应和自由加速工况同步，滤纸走位时每次抽气完毕后应松开滤纸夹紧机构，把烟样送至试样台，抽气泵回位可以手动也可以自动，以准备下一次抽气，抽气泵回位后手动或自动将滤纸夹紧，将烟样送至试样台后由指示器读出烟度值。

⑤ 重复取样4次，对第一次采样不测量，后3次读数的算术平均值，即为该工况下的排气烟度值。

⑥ 驶出汽车，关闭电源，检测结束。

## 任务 9.4　汽车噪声检测

### 9.4.1　汽车噪声的来源

汽车噪声是在汽车的不同部位，由于汽车运行时所产生的不同频率、不同声强的杂乱的声音组合而成的，发出噪声的部位如图 9-7 所示。

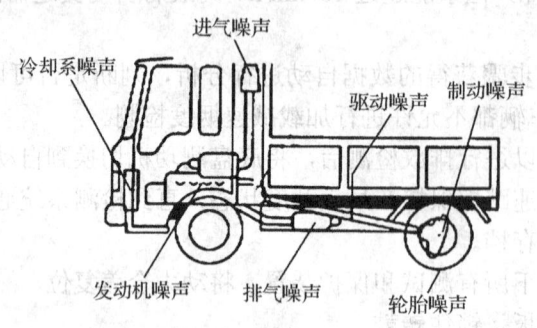

图 9-7　汽车噪声发出的部位

汽车噪声按照噪声产生部位和过程不同，可分为两类：一类是与发动机运转有关的噪声，主要包括发动机运转时发出的燃烧噪声、机械噪声、进排气噪声和风扇噪声，以及发动机运转时所带动的各种附件（如压气机、发电机等）发出的噪声；另一类是与汽车行驶有关的噪声，主要包括传动机构（变速器、传动轴及驱动桥）的机械噪声、轮胎发出的噪声、制动器噪声、车身振动及和空气作用所发出的噪声。此外，还有扬声器噪声等。

**1. 与发动机运转有关的噪声**

（1）燃烧噪声。

燃烧噪声是指发动机气缸内的燃料燃烧产生的声音，是由于气缸内周期性变化的气体压力的作用而产生的。因此，通常把燃烧时气缸压力通过活塞、连杆、曲轴、缸体及气缸盖等引起发动机结构表面振动而辐射出来的噪声叫作燃烧噪声。

气缸内的压力升高率是影响燃烧噪声的根本因素，压力升高率越大，噪声越高。因此，燃烧噪声主要集中于速燃期，缓燃期的噪声次之；柴油机的燃烧噪声比汽油机高得多。

（2）机械噪声。

机械噪声是指由于气体压力及机件的惯性作用，使相对运动零件之间产生撞击和振动而形成的噪声。主要包括活塞连杆组噪声（活塞、连杆、曲轴等运动件撞击气缸体产生的噪声）、配气机构噪声、柴油机供给系噪声等。

活塞连杆组噪声是发动机最主要的机械噪声源。其噪声大小与活塞和缸壁间隙、发动机转速、负荷、活塞与缸壁间润滑条件、活塞的结构及材料、活塞环数及张力、缸套厚度等有关。配气机构噪声是由气门开启和关闭时产生的撞击及系统振动而形成的噪声，气门运动速度、气门间隙、配气机构结构型式、零部件刚度及质量等是影响配气机构噪声的主要因素。柴油机供油系噪声主要是由于喷油泵、喷油器和高压油管系统振动引起的，其中喷油泵形成的噪声是主要的机械噪声。为降低喷油泵噪声，可提高泵体刚度、采用特种金属或塑料材料、采用隔声罩等。

（3）进、排气噪声。

进、排气噪声是由于发动机在进、排气过程中的气体压力波动和高速气体流动所引起的振动而产生的噪声。进、排气噪声的强弱受发动机转速和负荷的影响较大。随发动机转速的提高，进气噪声增大，负荷对进气噪声的影响较小；随着发动机转速的增加，空负荷比满负荷增加的比率更大些。降低进气噪声的最有效措施是，设计合适的空气滤清器，或采用进气消声器。

（4）风扇噪声。

风扇噪声由旋转噪声和涡流噪声所组成。旋转噪声是由于风扇旋转时叶片切割空气，引起空气振动所产生的。涡流噪声是由于风扇旋转时叶片周围产生的空气涡流造成的。影响风扇噪声的主要因素是风扇转速。此外，还包含一些机械噪声。

2. 与汽车行驶有关的噪声

（1）传动机构噪声。

传动机构噪声主要包括变速器噪声、传动轴噪声和驱动桥噪声。

变速器噪声主要是指齿轮机构噪声，另外还包括轴承运转声、润滑油搅拌声、发动机振动传至变速器箱体而辐射的噪声等。影响变速器噪声的因素主要有齿轮的运转状况、齿轮的设计参数、齿轮的加工精度等。提高齿轮加工精度，选择合适的齿轮材料，设计固有振动频率高、密封性好、隔声性强的齿轮箱等均可减少变速器噪声。

传动轴噪声主要表现为汽车行驶中传动轴发出周期性响声，且车速越高响声越严重，甚至引起车身发生抖动、驾驶员握转向盘的手有麻木感，这是由于传动轴变形、轴承松旷及装配不良等原因造成的。提高装配精度，检查平衡片有无脱落，避免超速行驶，可减少传动轴噪声。

驱动桥噪声是在汽车行驶时车后部发出的较大响声，其特点是车速越高响声越大。它主要是由于齿隙不合适、齿轮装配不当、轴承调整不当等原因造成的。

（2）制动噪声。

制动噪声是汽车制动过程中由制动器摩擦诱发引起制动器等部件振动发出的声响。当制动器由热态转为冷态时所产生的制动噪声非常刺耳，也称高频噪声。它不仅影响汽车的舒适性，还会给驾驶员带来不必要的担心。

制动噪声，鼓式制动器比盘式制动器大，通常发生在制动蹄摩擦片端部和根部与制动鼓接触的情况下；制动蹄摩擦片长度方向上的压力分布越不规律，噪声越大。

（3）轮胎噪声。

轮胎噪声包括轮胎花纹噪声、道路噪声、弹性振动噪声，以及轮胎旋转时搅动空气引起的噪声。花纹噪声和道路噪声都是轮胎和路面相互作用而产生的噪声。弹性振动噪声是由于轮胎不平衡、胎面花纹刚度变化或路面凹凸不平等原因激发胎体振动而产生的噪声。

影响轮胎噪声的因素主要有轮胎花纹、车速及负荷、轮胎气压、装配情况、轮胎磨损程度、路面状况等。

## 9.4.2 汽车噪声的危害

噪声会使人心情不安、烦躁、疲倦、工作效率下降。汽车的高噪声会使驾驶员反应时间加长、影响视觉，从而影响驾驶员的行车安全。长期在噪声刺激下会造成心脏病、耳聋等疾病。如果人们长期在95dB（A）的噪声环境里工作和生活，大约有29%的人会丧失听力，即使噪声只有 85dB（A），也还会使 10%的人听力下降。一般来讲，80dB（A）左右的噪声就会影响人的情绪，100dB（A）以上的噪声会产生生理性的不良影响。噪声还能使人们的视觉产生异常变化。人眼在 90dB（A）噪声作用下，眼睛区别光亮度的敏感性会降低，识别弱光反应时间延长。85～110dB（A）的噪声可使 40%的人瞳孔放大。112～120dB（A）的噪声会使人的眼睛从某一角度注视物体的运动速度变慢。

汽车噪声一方面对在外界环境工作和生活的人们造成不良影响，另一方面对驾乘人员的健康有直接危害，特别是影响驾驶员的心理，从而影响行车安全。汽车噪声被称为安全行车的隐形杀手。

### 9.4.3 噪声的评价指标

噪声的评价指标主要有音频、声压、声压级和计权网络等。

#### 1. 音频

音频是指声音的频率。人耳可以听到的声音频率为 20～20000Hz。频率越高，声音就越尖锐；频率越低，声音就越低沉。低于 20Hz 的声音称为次声，高于 20000Hz 的声音称为超声，都是人耳听不到的声音。

#### 2. 声压

声压是指声波对介质造成的压力，即单位面积上的作用力。声压远小于大气压。一般声压的范围在 $2\times10^{-5}$～20Pa，而大气压约为 100kPa。声压越大，声音也越大。

#### 3. 声压级

声压级是声音的实际评价指标之一。由于声压的范围很大，并且人耳实际听到的声音大小并不与声压成比例，用声压的绝对值表示声音的强弱很不方便，因此实际使用声压的相对值（声压级）来衡量人听到的声音。噪声的强度也是用声压级来表示的。声压级的定义是

$$L_p = 20\lg(P/P_0) \tag{9-2}$$

式中，$P$——声压，Pa；

$P_0$——基准声压，为 $2\times10^{-5}$Pa；

$L_p$——声压级，dB。

声压级的单位是分贝（dB）。引入声压级的概念，就可将相差 10000 倍的可听声压范围简化成 0～120dB 的声压级变化，分贝是无量纲量，只是一个比较指标，表示所测量与基准量比较的相对大小，声音的测量是用分贝来表示声音的强弱。

车辆噪声一般为中等强度的噪声，为 60～90dB。例如，公共汽车的噪声约为 80dB，由于车辆处于大范围的活动，使其真正影响的范围较大，干扰时间也长，受害的人员多。

#### 4. 计权网络

在噪声研究中，一般用声压、声压级作为噪声测量的物理参数，实际上，人耳接受客观声压和频率后，主观上产生的"响度感觉"，与这些客观物理量之间并不完全一致。这种主、客观量的差异是由声波频率的不同而引起的。因此，在测量噪声时，就存在一个客观存在的声音物理量与人耳感觉的主观量的统一问题。如何把声压级和频率统一起来考虑，引出了"响度"的概念，单位为"方"（phon）。响度级反映人对声音的主观评价，将声压级和频率用一个单位统一表示。为此，人们在噪声分析仪中设计了 A、B、C 三种"频率计权"网络来对所测量的噪声进行听感修正，其中 A、B 计权网络对中、低频声音有衰减，C 计权网络基本上无衰减。测量噪声声压级时常用 A 计权。国家标准规定在测量汽车噪声时也要使用 A 计权。

这是因为,研究表明,对于大多数的噪声而言,用 A 计权比其他计权能够更接近人耳的听觉响应特性。

### 9.4.4 汽车噪声检测的相关标准

国家标准 GB 7258—2017《机动车运行安全技术条件》规定了汽车驾驶人耳旁噪声声级应不大于 90dB(A),GB/T 18697—2002《声学 汽车车内噪声测量方法》规定了车内噪声的测量方法。

### 9.4.5 汽车噪声检测设备

#### 1. 声级计的结构与工作原理

声级计是一种能将汽车噪声,按人耳听觉特性近似地测定其噪声级的仪器,其面板如图 9-8 所示,一般由传声器、电子线路(包括放大器、衰减器、计权网络、检波器等)、指示仪表及电源等组成,其结构原理方框图如图 9-9 所示。

声级计有精密声级计和普通声级计两类。噪声级是指用声级计测得的并经过听感修正的声压级(dB)或响度级(phon)。

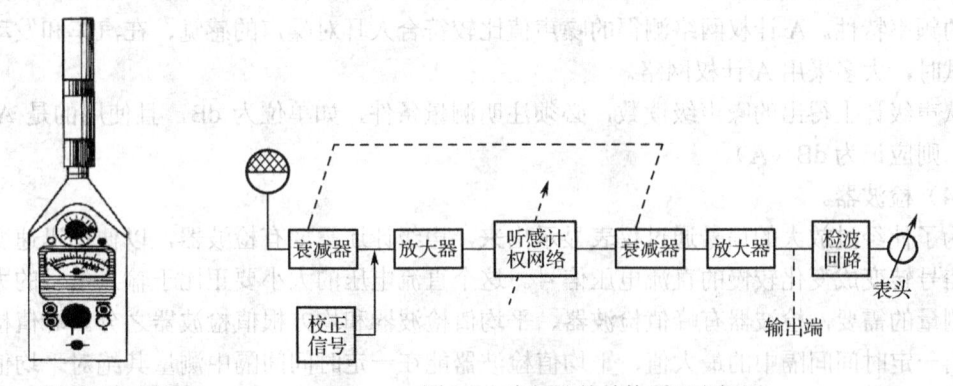

图 9-8 声级计的面板　　图 9-9 声级计的结构原理方框图

(1) 传声器。

传声器是将声压信号(机械能)转变为电信号(电能)的传感器,是声级计中的关键元器件之一。传声器的种类很多,按照它们的构造不同,可以分为动圈式、电容式、压电式、半导体式传声器等多种。

电容式传声器是声学测量中比较理想的传声器,具有动态范围大、频率响应平直、灵敏度高和在一般测量环境下稳定性好等优点,因而应用广泛。如图 9-10 所示,电容式传声器主要由金属膜片和靠得很近的金属电极等组成。金属膜片与金属电极构成了平板电容的两个极板。当膜片受到声压作用时,膜片发生变形,使两个极板之间的距离发生了变化,电容量也发生变化,从而产生交变电压,其波形在传声器线性范围内与声压级波形成比例,实现了将声压信号转变为电压信号的作用。

(2) 放大器和衰减器。

由于传声器将声压转变为电压的能量很小,因此在声级计中安装有低噪声放大器。在放大电路中一般采用两级放大器,即输入放大器和输出放大器,其作用是将微弱的电信号放大。输入衰减器和输出衰减器是用来改变输入信号的衰减量和输出信号的衰减量的,以便使表头指针指在适当的位置,其每一挡的衰减量均为 10dB。输入放大器使用的衰减器调节范围为测量低端（如 0~70dB），输出放大器使用的衰减器调节范围为测量高端（如 70~120dB）。输入和输出两个衰减器的刻度盘常做成不同颜色，目前以黑色与透明配对居多。由于许多声级计的高低端以 70dB 为界限，故在旋转时要防止超过界限，以免损坏装置。

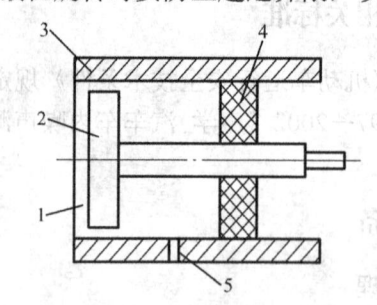

1—金属膜片；2—电极；3—壳体；4—绝缘体；5—平衡孔

图 9-10 电容式传声器的结构示意图

（3）计权网络。

计权网络一般有 A、B、C 三种。A 计权声级是模拟人耳对 55dB 以下低强度噪声的频率特性，B 计权声级是模拟 55~85dB 的中等强度噪声的频率特性，C 计权声级是模拟高强度噪声的频率特性。A 计权网络测得的噪声值比较符合人耳对噪声的感觉，在汽车和发动机噪声测试时，大多采用 A 计权网络。

从声级计上得出的噪声级读数，必须注明测量条件，如单位为 dB，且使用的是 A 计权网络，则应记为 dB（A）。

（4）检波器。

为了使经过放大的信号通过仪表显示出来，声级计还需要有检波器，以便把迅速变化的电压信号转变成变化较慢的直流电压信号。这个直流电压的大小要正比于输入信号的大小。根据测量的需要，检波器有峰值检波器、平均值检波器和均方根值检波器之分。峰值检波器能给出一定时间间隔中的最大值，平均值检波器能在一定时间间隔中测量其绝对平均值。在多数的噪声测量中均采用均方根值检波器。均方根值检波器能对交流信号进行平方、平均和开方，得出电压的均方根值，最后将均方根电压信号输送到指示仪表。

（5）指示仪表。

指示仪表是一个电表，对其刻度进行一定的标定，可从表头上直接读出噪声级的 dB 值。声级计表头阻尼一般都有"快"和"慢"两个挡。"快"挡的平均时间为 0.27s，很接近于人耳听觉器官的生理平均时间。"慢"挡的平均时间为 1.05 秒。当对稳态噪声进行测量或需要记录声级变化过程时，使用"快"挡比较合适；在被测噪声的波动比较大时，使用"慢"挡比较合适。

声级计面板上一般还备有一些插孔。这些插孔如果与便携式倍频带滤波器相连，可组成小型现场使用的简易频谱分析系统；如果与录音机组合，则可把现场噪声录制在磁带上储存下来，待以后再进行更详细的研究；如果与示波器组合，则可观察到声压变化的波形，并可存储波形或用照相机把波形摄制下来；还可以把分析仪、记录仪等仪器与声级计组合、配套使用，这要根据测试条件和测试要求而定。

**2. 声级计使用前的检查和校准**

（1）在接通电源前，应先检查仪表的指针是否在机械零点上。

（2）检查电池容量。把声级计功能开关对准衰减器，此时电表指针应达到额定红线或规定区域，否则读数不准，应更换电池。

（3）接通电源开关，预热约10min。

（4）对仪器进行校准。每次测量前或使用一段时间后，必须对仪器的电路和传声器进行校准。声级计上一般都配有电路校准的"参考"位置，可校验放大器的工作是否正常。如不正常，应调节微调电位器。电路校准后，再利用标准传声器对声级计上的传声器进行对比校准。

（5）将声级计的功能开关对准"线性""快"挡。由于一般办公室内的环境噪声为40～60dB，因此声级计上应有相应的示值。变换衰减器刻度盘，表头示值应相应变化10dB左右。

（6）检查计权网络。接以上步骤，将"线性"位置依次变为"C""B""A"。由于室内环境噪声多为低频成分，故经频率计权后的噪声级示值将低于线性值，而且应依次递减。

（7）检查"快""慢"挡。将衰减器刻度盘调至高dB值处（如100dB）。通过操作人员发出声响，并注意观察"快"挡时的指针摆动能否跟上发音速度，"慢"挡时的指针摆动是否明显迟缓。

（8）经过上述检查和校准后，声级计便可投入使用。在不知道被测声级多大时，必须把衰减器刻度盘预先放在最大衰减位置（即120dB），在实测中再逐步旋至被测声级所需要的衰减挡。

**3．声级计的使用和维护注意事项**

（1）电池式声级计在不使用期间，应取下干电池。电池已低于规定工作电压的，需要进行更换。在更换电池时，要特别注意应将电源开关置于"关"的位置。使用前，应注意查看连线有无损伤和接触不良等。

（2）检测时要注意仪表量程的选择应由高到低。测量前应根据被测声音的大小将量程开关置于合适的挡位，如无法估计其大小，应先将量程开关置于最高挡。

（3）检测时要避免声级计受反射音、大风和电磁波的影响。

（4）声级计要避免受震动和冲击，注意防潮和避免阳光直射。

（5）声级计前端的多孔泡沫塑料圆球是风罩，在室外测量或当风速超过0.5m/s时应使用风罩，以减少风噪声的影响。风罩还能保护传声器不受尘埃的损害，因此在检测站内也应使用风罩。

（6）使用1个月后，应检查传声器有无灰尘。

（7）长期不使用时，因湿度的影响，易发生故障，须对声级器的内部进行干燥。

（8）声级计每年要接受有关部门的鉴定。

### 9.4.6 汽车车内噪声检测

**1．车内噪声的测量方法**

车内噪声是影响乘员的舒适性、听觉损害程度、语言清晰度及对车外各种音响信号识别能力的重要因素，目前我国仅制定了匀速行驶车内噪声试验方法。

（1）测量时必须满足以下作业条件。

① 测量跑道应有足够试验需要的长度，应是平直、干燥的沥青路面或混凝土路面。

② 测量时风速（指相对于地面）应不大于3m/s。测量时车辆门窗应关闭。车内带有其他辅助设备是噪声源，测量时是否开动，应按正常使用情况而定。

③ 车内本底噪声比所测车内噪声至少低10dB，并保证测量不被偶然的其他声源所干扰。

④ 车内除驾驶员和测量人员外，不应有其他人员。

（2）车内噪声测量的位置。

通常在人耳附近布置测点，传声器朝车辆前进方向，驾驶室内噪声测点的位置如图 9-11 所示。

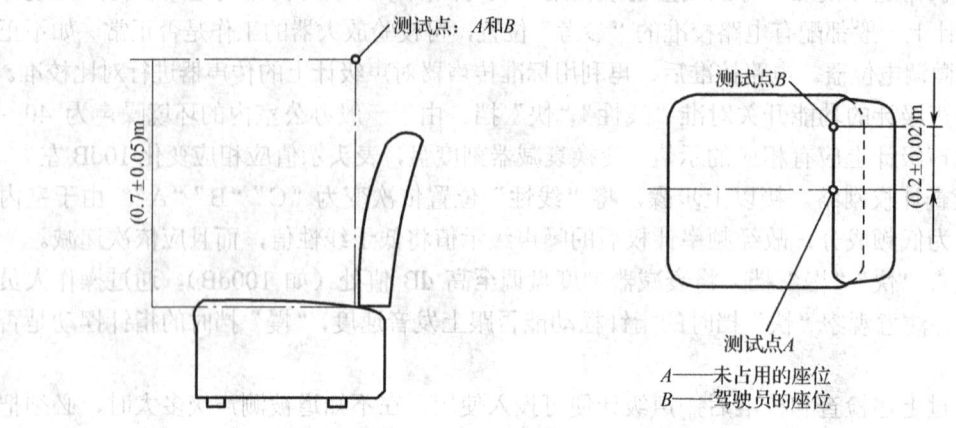

图 9-11 传声器相对于座椅的位置

**2．驾驶员耳旁噪声的测量方法**

车辆应处于静止状态且变速器置于空挡位置，发动机处于额定转速，声级计应置于"A"计权、"快"挡。

## 任务 9.5　实训：汽油车排放污染物的检测

### 9.5.1　实训目的与要求

（1）熟知汽车污染物的形成及危害。
（2）掌握国家环境保护总局颁布的污染物排放标准。
（3）掌握汽油车排放污染物的检测基本知识和操作技能。

### 9.5.2　实训设备与器材

（1）废气分析仪二气仪（MEXA-324F）：一台。
（2）废气分析仪五气仪（NHA-500）：一台。
（3）被检汽油车：一辆。
（4）温度测量仪：一套。
（5）转速测定仪：一套。
（6）调整小工具：一套。

### 9.5.3　汽油车污染物排放标准及要求——双怠速法

排气污染物排放限值依据国家标准 GB 18285—2005《点燃式发动机汽车排气污染物排放限值及测量方法（双怠速及简易工况法）》。

· 162 ·

## 9.5.4 汽油机废气分析仪的使用方法

**1．对车辆的准备**

（1）汽车发动机必须在热的状态下（水温 70℃以上，油温 40℃以上）。

（2）发动机的排气系统不得有泄漏。

（3）发动机急加速 3 次，将排气管内的水分、碳粒、杂质吹掉。

**2．检测仪器——五气仪的准备工作**

（1）接通电源，对仪器预热 10 分钟。

（2）泄漏检查。仪器预热完成后会自动进入"泄漏检查"子菜单。检查气路系统是否有泄漏，这时液晶显示屏下部将出现提示："用密封套堵住探头，然后按 K 键"。应按此提示按 K 键之后，会出现提示："正在检漏……××秒"。（××秒表示剩下的检漏时间，倒计时总共 18 秒）检漏完毕，如有泄漏，将出现提示："有泄漏，请检查，按 K 键再检……"。应仔细检查整个气路，予以排除。如无泄漏，会出现提示："OK，按 K 键退出"。按 K 键后，仪器泄漏检查完成。

（3）自动调零：先按选择键 S 键，移动光标到调零位置，再按确定键 K 键，仪器进入自动调零时，显示屏下部将出现提示："正在调零，请等待……"。如果调零完成，显示屏右下角会显示"OK"，N 秒钟后，下部的提示消失，显示屏进入主菜单。如果调零不正常，显示屏下部将显示："调零错误"，几秒钟后，显示屏也将进入主菜单。

（4）仪器的主菜单：上部是提示区，中部是 HC、CO、$CO_2$、$O_2$、NO、$n$（转速）、$\lambda$（过量空气系数）和 $T$（润滑油温度）的实时测量值显示区；下部是"测量""调零""校准""检漏""设置"5 个子菜单的选项，如图 9-12 所示。

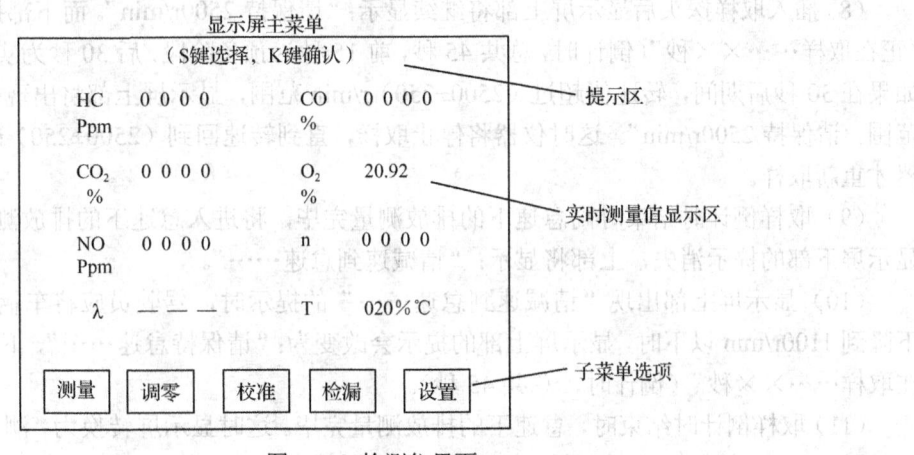

图 9-12 检测仪界面

**3．使用五气仪进行废气检测的操作步骤**

（1）根据被检车辆和检测要求，先应对仪器进行选项设置。

（2）设置测量方式，如图 9-13 所示。

（3）拔出发动机油标尺，安装好油温测量探头（探头的长短应与油标尺的长短相等）。

（4）将转速测量钳夹在发动机第一缸的高压线外，注意测量钳口背面的箭头，使其指向火花塞，千万不能装反。

（5）双怠速排放测量：先校正车辆的额定转速，按上、下键。然后按 K 键确认。

设置子菜单

| 用▲▼上下键 | S键选择 | | K键确认 |
|---|---|---|---|
| 测量方式：√ | 通用 | 怠速 | 双怠速 |
| 冲程：√ | 四冲程 | | 二冲程 |
| 燃油种类：√ | 汽油 | | 液化气 |
| 点燃方式：√ | 单次 | | 二次 |
| 开机检漏：√ | 有 | | 无 |
| 退出 | | | |

注：1."√"是选中符号。

2. 燃料种类设置："汽油"时，仪器的HC指示表示正己烷当量；"液化气"时，仪器的HC指示表示丙烷当量。

3. 点燃方式设置：有分电器一般为"单次"点火，无分电器一般为"二次"点火；点火方式设置不正确会对转速测量带来不准确或不稳定

图 9-13　设置子菜单

（6）例如，额定转速为 5000r/min 时，发动机由怠速工况加速至 0.7 额定转速即 3500r/min 时，显示屏上部将出现提示："请保持 3500r/min"，以倒计时方式显示："××秒"（总共有 60 秒）。这时，驾驶员应将 3500r/min 转速保持到倒计时结束。

（7）发动机预热 60 秒倒计时结束时，将进入高怠速下的排放测量阶段，显示屏上出现提示："请减速到 2500r/min"。见提示驾驶员减速，直到转速降到 2500r/min 左右为止。提示将改变："请保持 2500r/min"。下部显示："请插取样探头……"。见此提示，驾驶员应将转速保持在（2500±50）r/min 的范围内。与此同时操作人员将取样探头插入排气管中，深度为 40mm。

（8）插入取样探头后显示屏上部将继续显示："请保持 2500r/min"。而下部提示则改变为："正在取样……××秒"（倒计时，总共 45 秒，前 15 秒为预备阶段，后 30 秒为实际取样阶段）。如果在 30 秒后期间，转速值超过（2500±250）r/min 范围，显示屏上部将出现提示："转速超范围，请保持 2500r/min"。这时仪器将停止取样，直到转速回到（2500±250）r/min 范围内仪器才重新取样。

（9）取样倒计时结束时高怠速下的排放测量完毕，将进入怠速下的排放测量阶段。这时显示屏下部的提示消失，上部将显示："请减速到怠速……"。

（10）显示屏上部出现"请减速到怠速……"的提示时，驾驶员应将车辆减速。当转速下降到 1100r/min 以下时，显示屏上部的提示会改变为："请保持怠速……"，下部将显示："正在取样……××秒"（倒计时，总共 45 秒）。

（11）取样倒计时结束时，怠速下的排放测量完毕。这时显示屏转换为"测量完成"界面，下部显示出："高速""低速""打印""退出"4 个选项。

（12）双怠速测完后，将光标 S 键移动到打印位置，按 K 键，即可打印出全部检测数据。

（13）结束工作。移动光标 S 键到停止位置，按 K 键，检测完毕，再将转速传感器、油温传感器取出，然后将发动机熄火。

### 9.5.5　实训报告：汽油车排放污染物的检测

汽油车排放污染物的检测报告如表 9-6 所示。

表 9-6 汽油车排放污染物的检测报告

| 实训仪器及设备 | | | | 实训日期 | |
|---|---|---|---|---|---|
| 所检车型 | | | | 检测地点 | |
| 一、废气检测数据记录表 | | | | | |
| 国家标准 | CO/% | | HC/ppm | | |
| | 怠速 | 高怠速 | 怠速 | 高怠速 | |
| | | | | | |
| 原始测量值 | | | | | |
| 调整后测量值 | | | | | |
| 原因分析 | | | | | |
| 二、简答：汽油车排放检测不合格，主要有哪些原因？ | | | | | |
| 成绩 | | 指导教师签名 | | 日期 | |

## 任务 9.6  实训：柴油车排放污染物的检测

### 9.6.1  实训目的与要求

（1）熟悉柴油车自由加速试验烟度和排气可见污染物的排放标准。
（2）掌握柴油自由加速烟度值和排气可见污染物检测的基本知识和操作技能。
（3）了解全自动烟度计和不透光计的构造和工作原理。

### 9.6.2  实训设备与器材

（1）全自动烟度计（FBY-2）和不透光计（NHT-1）：各一台。
（2）被检测柴油车：一辆。
（3）标准烟度卡：一盒。
（4）转速表（2000r/min）：一套。
（5）温度测量仪：一套。
（6）调整使用小工具：一套。

### 9.6.3  柴油车自由加速试验烟度和排气可见污染物排放限值

柴油车自由加速试验烟度和排气可见污染物排放限值如表 9-7 和表 9-8 所示。

表 9-7  装配压燃式发动机的车辆自由加速试验烟度排放限值

| 车辆类型 | 烟度值/Rb |
|---|---|
| 1995 年 7 月 1 日以前生产的在用车 | 4.7 |
| 1995 年 7 月 1 日起生产的在用车 | 4.0 |

表 9-8 装配压燃式发动机的车辆自由加速试验排气可见污染物限值

| 车辆类型 | 光吸收系数/m$^{-1}$ |
|---|---|
| 2001 年 1 月 1 日以后上牌照的在用车 | 2.5 |
| 2001 年 1 月 1 日以后上牌照的装配废气涡轮增压器的在用车 | 3.0 |

### 9.6.4 测量原理

（1）烟度计：从柴油机排气管中抽取一定容积的废气，使它通过一张一定面积的白色滤纸，废气中的碳烟存留在滤纸上，并使其染黑，该纸的黑度即代表柴油车的排放烟度。

（2）不透光度计：测量排烟（主要是碳烟微粒）污染程度的原理是使光束通过一段给定长度的排烟，通过测量排烟对光的吸收程度来决定排烟对环境的污染程度。

### 9.6.5 测量前的准备工作

**1．对车辆的准备**

（1）排气系统不得有泄漏。

（2）排气管应能保证取样管的插入深度不小于 300mm。

（3）柴油机应预热到说明书规定的热状态。

**2．仪器全自动烟度计 FBY-2 的准备**

（1）开启电源开关，预热 5 分钟以上，利用"粗调"和"微调"电位器旋钮调到"零"挡位附近。

（2）检查压缩机输出压力表和主机箱体的压力表是否指示在正确的压力上，应为 0.3～0.5Mpa。

（3）校准：将标准烟度卡从校准插口插入（先将拉杆向下拉），烟度卡正面朝上插到底（卡在滤纸上）。按下并转动"粗调"和"微调"旋钮，将电表指针调到标称值处。然后取出标准烟度卡（将拉杆拉下），取出标准烟度卡，校正工作即告完成。取出标准烟度卡后，电表指针回到 C 点或 0 点附近，不管表针是否指 0，校准后不应再旋动"粗调"和"微调"旋钮。

**3．仪器不透光度计 NHT-1 的准备**

（1）接通电源开关，对仪器进行预热 10min（600s 倒计时）。

（2）预热倒计时结束后，仪器将进行自动校准，并进入"主菜单"界面。

（3）进入主菜单后用"↑"键或"↓"键将光标"→"移动到要进入选择的项目，按 K 键，显示屏将显示相应的界面，如图 9-14～图 9-16 所示。

| 主 菜 单 | |
|---|---|
| 1.实时测试 | S |
| 2.自由加速试验（标准） | |
| 3.自由加速试验（联网） | K |
| 4.诊断 | |
| 5.参数设置 | ▲ |
| 6.版本信息 | ▼ |
| 状态 | |
| ↑↓键选择。K 键确认 | |

图 9-14 主菜单

| | 瞬时值 | 最大值 |
|---|---|---|
| 转速（rpm） | 0 | 0 |
| N（%） | 0.0 | 0.0 |
| K（/m） | 0.00 | 0.00 |
| 油温（℃） | 28 | |

状态

↑键清除　↓键校准
K键打印　S键退出

图 9-15　实时测试子菜单

| 光吸收数峰值（/m） | | 瞬时值 | |
|---|---|---|---|
| 1)_____ | 转速 | 0 | r |
| 2)_____ | N | 0.0 | % |
| 3)_____ | K | 0.00 | /m |
| 4)_____ | 油温 | 28 | ℃ |
| 5)_____ | 测量次数 | 0 | |
| 6)_____ | | | |
| 平均值：_____ | | | |

状态

↑键开始　K键打印　S键退出

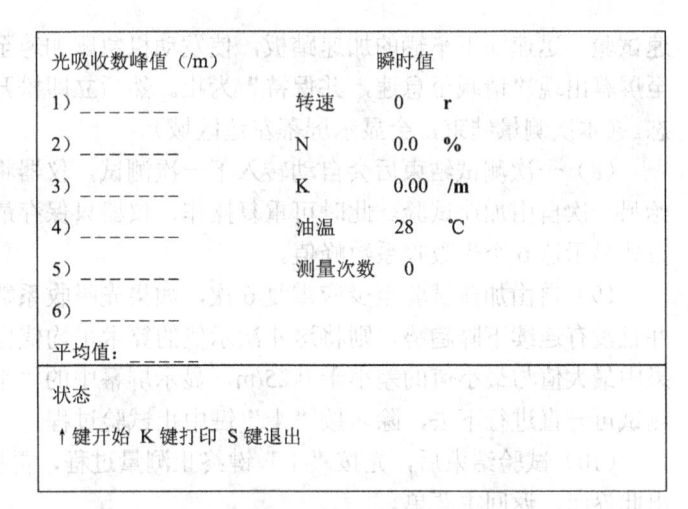

图 9-16　自由加速试验（标准）子菜单

### 9.6.6　检测方法

**1. 全自动烟度计（FBY-2）**

（1）被检测柴油机先由怠速工况将加速踏板急加速踩到底（约4s）迅即松开。如此重复3次，把积存在排气管和消声器中的碳渣吹掉。

（2）将取样探头逆气流固定于排气管内，并使其中心线与排气管轴平行。

（3）将脚踏开关固定在加速踏板上端。

（4）检查数据打印器上的车型选择开关的位置是否与被测车辆相符，检查测量次数选择开关是否与希望的次数一致（一般置于"3"位置）。

（5）测量时，将加速踏板与脚踏开关一并迅速踩到底，至4s时迅即松开加速踏板和脚踏开关，仪器约在12s内将自动完成取样，抽气泵复位、走低、清洗、显示和打印等动作。

（6）操作者可以从数据打印器显示屏上读出结果，也可以从打印纸上读出打印结果。

（7）相隔15s后再第二次踩下加速踏板和脚踏开关，仪器将完成第二次测量。

（8）如此操作3次，打印器便会自动打印出每次的测量值及3次读数的算术平均值，即为该工况下的排气烟度值。

**2. 不透光度计 NHT-1**

（1）在仪器主菜单中，将光标"→"移动到自由加速试验（标准）项目上，再按K键，仪器屏幕出现自由加速试验（标准）子菜单上；

（2）将转速传感器的钳子夹在高压油泵分缸某一高压油管上。

（3）拔出发动机油标尺，将油温探头插入该孔内（油温探头的长度与油标尺的长度相等）。

（4）将测量单元和取样探头摆放在被测车辆排气管旁待用。

（5）按"↑"键开始测试，屏幕将提示："正在校准，请稍等"，表示仪器正在进行校准操作。

（6）校正完成后，仪器将提示："校准完成，请插入探头，并保持怠速"。此时操作员应将取样探头插入排气管中，并使汽车发动机转速保持在怠速状态，然后按K键确认。仪器将提示："正在检测，请稍等"。

（7）怠速状况检测完成后，仪器将提示："请加速"。见此提示后，操作员可开始自由加速试验。迅速踩下车辆的加速踏板，使发动机急剧加速至最高额定转速，并保持该转速。直至屏幕出现"请减至怠速，并保持"为止。然后立即松开加速踏板，使发动机恢复至怠速状态。（本次测量结束，会显示屏幕左边区域）

（8）一次测试结束后会自动转入下一次测试，仪器将显示："请加速"，操作员可重新开始另一次自由加速试验。此时可重复操作，仪器只保存最近连续6次的测量数据，并以滚动方式显示这6个光吸收系数峰值。

（9）自由加速试验至少应重复6次，如果光吸收系数示值连续4次在0.25/m的带宽内，并且没有连续下降趋势，则将这4次示值的算术平均值作为测量结果。只要连续4次测量结果中最大值与最小值的差小于0.25/m，显示屏幕中的"平均值"一栏就会有数据出现。否则测试可一直进行下去，除非按"↓"键中止试验过程。

（10）试验结束后，先按"↓"键终止测量过程，再按K键打印试验结果，按"S"键退出此界面，返回主菜单。

### 9.6.7 实训报告：柴油车排放污染物的检测

柴油车排放污染物的检测如表9-9所示。

表9-9 柴油车排放污染物的检测报告

| 实训仪器及设备 | | | | 实训日期 | |
|---|---|---|---|---|---|
| 所检车型 | | | | 试验地点 | |
| 限值标准 | | | | | |
| 一、检测数据记录表 | | | | | |
| 检测记录 | 第一次 | 第二次 | 第三次 | | 平均值 |
| | | | | | |
| 实训结果分析 | | | | | |
| 二、简答：柴油车排放检测不合格，主要有哪些原因？ | | | | | |
| 成绩 | | 指导教师签名 | | | 日期 |

## 任务9.7 实训：汽车噪声的检测

### 9.7.1 实训目的与要求

（1）掌握汽车噪声的检测标准。
（2）了解声级计的构造及使用方法。
（3）掌握汽车扬声器及车外噪声的检测方法。

## 9.7.2 实训设备与器材

（1）声级计（HY104型）和手提式声级计（ND2）：各一台。
（2）被检在用车：一辆。
（3）检测场地（25m×15m）：一块。

## 9.7.3 实训操作方法

声级计如图9-17所示，汽车扬声器声级的测量点位置如图9-18所示。

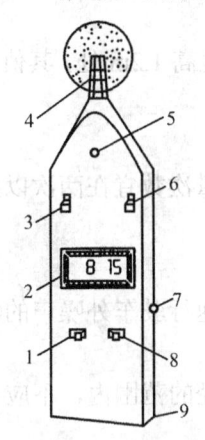

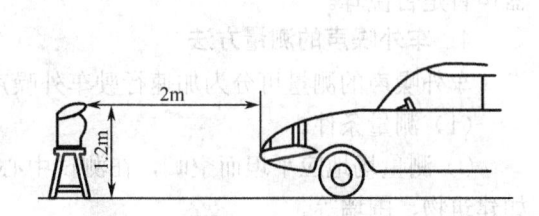

1—电源开关；2—显示器；3—量程开关；4—传声器；
5—灵敏度调节电位计；6—读数/保持开关；
7—复位按钮；8—时间计权开关；9—电池盖板

图9-17 声级计　　　　　　图9-18 汽车扬声器声级的测量点位置

**1．有关标准**

（1）车外最大允许噪声级：汽车加速行驶时，车外最大允许噪声级应符合表9-10的规定。

表9-10 车外最大允许噪声级　　　　　　　　　　　单位：dB

| 车辆种类 | | 噪声级 |
|---|---|---|
| 载货汽车 | 8t≤载质量<15t | 89 |
| | 3.5t≤载质量<8t | 86 |
| | 载质量<3.5t | 84 |
| | 轻型越野车 | 84 |
| 大客车 | 4t<总质量<11t | 86 |
| | 总质量≤4t | 83 |
| | 轿车 | 82 |
| | 摩托车 | 84 |
| | 轮式拖拉机（44kW以下） | 86 |

（2）车内最大允许噪声级：客车车内最大噪声级≤82dB。
（3）汽车驾驶员耳旁噪声级：汽车驾驶员耳旁噪声级应≤90dB。
（4）机动车扬声器声级：机动车扬声器声级在距车前2m、离地高1.2m处，其值应为90~115dB。

## 2. 仪器的检查与校正

（1）打开电源开关，预热仪器 5 分钟以上。

（2）根据被测声音的大小，将量程开关置于合适的挡位（从高量程到低量程）。

（3）将时间阻尼开关置于标准规定的位置（如声级比较稳定，置于"F"快挡，如声级不稳定则置于"S"慢挡）。

（4）计权网络，需按测量标准的规定，置于 dB（A）挡。

（5）调整好声级计的量程后，将读数开关或频率计权开关置于"保持"，并按复位键将仪器复位（此时仪器即工作于最大保持状态，即显示值为自仪器复位来所测声级的最大值）。

## 3. 车辆扬声器噪声测量方法

（1）机动车扬声器声级，测量该声级在距车前 2m、离地高 1.2m 处，其值应为 90～115dB（A）。

（2）声级计应置于 dB（A）计权网络，"快"挡位置。

（3）测量时应注意不被偶然的其他声源值所干扰，测量次数宜在两次以上，并监听扬声器声音是否悦耳。

## 4. 车外噪声的测量方法

车外噪声的测量可分为加速行驶车外噪声的测量与匀速行驶车外噪声的测量两种。

（1）测量条件。

① 测量场地应平坦而空旷，在测试中心以 25m 为半径的范围内，不应有大的反射物，如建筑物、围墙等。

② 测试场地跑道应有 20m 以上的平直、干燥的沥青路面或混凝土路面。路面坡度不超过 0.5%。

③ 本底噪声（周围环境噪声）应比所测车辆噪声至少低 10dB，并保证测量不被偶然的其他声源干扰。

④ 为避免风噪声干扰，可采用防风罩，但应注意防风罩对声级计灵敏度的影响。

⑤ 声级计附近除测量者外，不应有其他人员，如必不缺少时则必须在测量者背后。

⑥ 被测车辆不载重。测量时发动机应处于正常温度。车辆带有其他辅助设备都是噪声源，测量时是否开动，应按正常情况而定。

（2）测量场地及测定位置。

声级计位于 20m 跑道中心 $O$ 点两侧，各距中线 7.5m，距地面的高度为 1.2m，用三脚架固定。声级计话筒平行于路面，其轴线垂直于车辆行驶方向。

噪声测量场地示意图如图 9-19 所示。

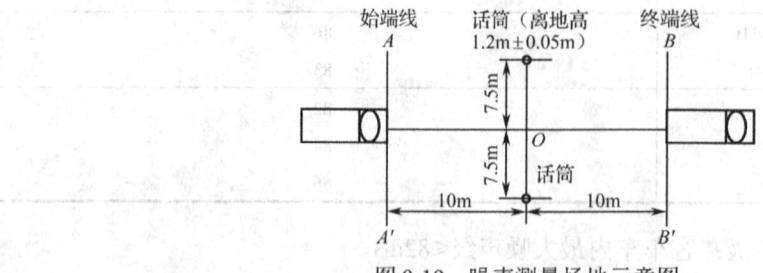

图 9-19 噪声测量场地示意图

（3）加速行驶车外噪声的测量方法。

车辆应按下列规定条件稳定地达到始端线。

① 行驶挡位：前进挡位为 4 挡以上的车辆用第 3 挡，前进挡位为 4 或 4 挡以下的用第 2 挡。

② 发动机的转速为发动机标定转速的 3/4。如果此时车速超过了 50km/h，则车辆应以 50km/h 的车速稳定地到达始端线。

③ 从车辆前端到达始端线开始，立即将加速踏板踩到底或节流阀全开，直线加速行驶，当车辆后端到达终端线时立即停止加速。

④ 声级计用"A"计权网络，"快"挡进行测量，读取车辆驶过时的声级计表头最大读数。

⑤ 同样的测量往返各进行一次。车辆同侧两次测量结果之差不应大于 2dB。4 次测量结果的平均值作为被测车辆的最大噪声级。

（4）匀速车外噪声的测量方法。

① 车辆用常用的挡位，加速踏板保持稳定，以 50km/h 的车速匀速通过测量区域。

② 声级计用"A"计取网络，"快"挡进行测量，读取车辆驶过时声级计表头的最大读数。

③ 同样的测量往返各进行一次。车辆同侧两次测量结果之差不应大于 2dB。4 次测量值的平均值即为该车的匀速车外的噪声。

### 9.7.4 实训报告：汽车噪声的检测

汽车噪声的检测报告如表 9-11 所示。

表 9-11 汽车噪声的检测报告

| 实训仪器及设备 | | | | | 实训日期 | | |
|---|---|---|---|---|---|---|---|
| 车辆型号 | | | | | 检测地点 | | |
| 发动机标定转速 | | | | | 路面状况 | | |
| 加速起始发动机转速 | | | | | 本底噪声 | | |
| 匀速行驶车速 | | | | | 额定载质量 | | |
| 前进挡数 | | | | | 风速 | | |
| 汽车噪声检测数据分析记录表 ||||||||
| 测量项目 | 测量位置 | 次数 | 噪声级/dB（A） || 平均值/dB（A） || 分析判断 |
| 加速行驶 | 左侧 | 1 | |||||
| | | 2 | |||||
| | 右侧 | 1 | |||||
| | | 2 | |||||
| 匀速行驶 | 左侧 | 1 | |||||
| | | 2 | |||||
| | 右侧 | 1 | |||||
| | | 2 | |||||
| 扬声器噪声级：1.    2.    3. ||||||||
| 车辆最大行驶噪声级：1.    2.    3. ||||||||
| 成绩 | | | 指导教师 | | | 日期 | |

## 思 考 题

1. 汽车发动机的主要有害排放物有哪些？
2. 简述汽车有害排放物产生的原因。
3. 检测汽油机的排放有哪几种方法？各自规范的步骤是什么？
4. 如何检测柴油机的排放？
5. 声级计由哪几部分组成？

# 参考文献

[1] 张琴友. 汽车使用性能与检测[M]. 北京：中国铁道出版社，2012

[2] 吕凤军. 汽车性能与检测技术[M]. 北京：北京邮电大学出版社，2012

[3] 李恒宾，王海峰. 汽车检测与诊断技术[M]. 北京：北京邮电大学出版社，2012

[4] 吴兴敏，马旭辉. 汽车整车性能检测[M]. 北京：机械工业出版社，2012

[5] 朱福根. 汽车性能与检测技术[M]. 北京：北京邮电大学出版社，2008

[6] 仇雅莉. 汽车检测诊断技术与设备[M]. 北京：电子工业出版社，2005

[7] 余志生. 汽车理论[M]. 北京：机械工业出版社，2009

[8] 李军. 汽车使用性能与检测技术[M]. 北京：人民交通出版社，2002

[9] 方锡邦. 汽车检测技术与设备[M]. 北京：人民交通出版社，2005

[10] 郭彬. 汽车使用性能与检测技术[M]. 西安：西安电子科技大学出版社，2007

[11] 明平顺，杨万福. 现代汽车检测技术[M]. 北京：人民交通出版社，2001

[12] 付百学. 汽车试验技术[M]. 北京：北京理工大学出版社，2007

[13] 杨永先. 汽车故障诊断与综合检测[M]. 北京：人民交通出版社，2006

[14] 黄会奇. 汽车使用性能与检测[M]. 北京：电子工业出版社，2003

[15] 杨益明. 汽车检测设备与维修[M]. 北京：人民交通出版社，2005

[16] 邹小明. 汽车检测诊断技术[M]. 北京：人民交通出版社，2006

[17] 乔维高，苏楚奇. 现代汽车电子装置结构原理与维修[M]. 北京：高等教育出版社，2004

[18] 公安部道路交通管理标准化技术委员会. GB 7258—2012《机动车运行安全技术条件》理解与实施[M]. 北京：中国标准出版社，2012

[19] GB 7258—2017《机动车运行安全技术条件》

[20] GB 21861—2014《机动车安全技术检验项目和方法》

[21] GB 18565—2016《道路运输车辆综合性能要求和检验方法》

[22] GB 3847—2005《车用压燃式发动机和压燃式发动机汽车排气烟度排放限值及测量方法》

[23] JT/T 198—2016《道路运输车辆技术等级划分和评定要求》

[24] GB/T 18344—2016《汽车维护、检测、诊断技术规范》

[25] GB 19578—2014《乘用车燃料消耗量限值》

[26] JT 711—2016《营运客车燃料消耗量限值及测量方法》

[27] JT 719—2016《营运货车燃料消耗量限值及测量方法》

[28] GB 20997—2015《轻型商用车辆燃料消耗量限值》

[29] GB/T 18566—2011《道路运输车辆燃料消耗量检测评价方法》

[30] GB/T 12545.1—2008《汽车燃料消耗量试验方法 第1部分：乘用车燃料消耗量试验方法》

[31] GB 18285—2005《点燃式发动机汽车排气污染物排放限值及测量方法（双怠速法及

简易工况法)》
[32] GB 18352.1—2001《轻型汽车污染物排放限值及测量方法（Ⅰ）》
[33] GB 18352.2—2001《轻型汽车污染物排放限值及测量方法（Ⅱ）》
[34] GB 18352.3—2005《轻型汽车污染物排放限值及测量方法（中国第Ⅲ、Ⅳ阶段）》
[35] GB 18352.5—2013《轻型汽车污染物排放限值及测量方法（中国第五阶段）》
[36] GB 18352.6—2016《轻型汽车污染物排放限值及测量方法（中国第六阶段）》
[37] HJ/T 290—2006《汽油车简易瞬态工况法排气污染物测量设备技术要求》
[38] GB/T 18697—2002《声学 汽车车内噪声测量方法》
[39] JT/T 1094—2016《营运客车安全技术条件》

# 反侵权盗版声明

电子工业出版社依法对本作品享有专有出版权。任何未经权利人书面许可，复制、销售或通过信息网络传播本作品的行为，歪曲、篡改、剽窃本作品的行为，均违反《中华人民共和国著作权法》，其行为人应承担相应的民事责任和行政责任，构成犯罪的，将被依法追究刑事责任。

为了维护市场秩序，保护权利人的合法权益，我社将依法查处和打击侵权盗版的单位和个人。欢迎社会各界人士积极举报侵权盗版行为，本社将奖励举报有功人员，并保证举报人的信息不被泄露。

举报电话：（010）88254396；（010）88258888
传　　真：（010）88254397
E-mail：　dbqq@phei.com.cn
通信地址：北京市海淀区万寿路173信箱
　　　　　电子工业出版社总编办公室
邮　　编：100036